MÜNSTERISCHE BEITRÄGE
ZUR RECHTS- UND STAATSWISSENSCHAFT

HERAUSGEGEBEN VON DER
RECHTS- UND STAATSWISSENSCHAFTLICHEN FAKULTÄT DER
WESTFÄLISCHEN WILHELMS-UNIVERSITÄT IN MÜNSTER

19

1974
WALTER DE GRUYTER · BERLIN · NEW YORK

BEGINN UND ENDE DES LEBENS ALS RECHTSBEGRIFFE

von

KLAUS SAERBECK

1974

WALTER DE GRUYTER · BERLIN · NEW YORK

D 6

ISBN 3 11 004621 0

Printed in Germany.

Satz und Druck: Felgentreff & Goebel
Buchbinderei: Wübben & Co., Berlin

VORWORT

Die vorliegende Abhandlung wurde im Jahre 1973 vom Fachbereich Rechtswissenschaft der Westfälischen Wilhelms-Universität als Dissertation angenommen. Sie wurde mit einem Universitätspreis ausgezeichnet.

An dieser Stelle möchte ich Herrn Prof. Dr. Harry Westermann für die vielfache wissenschaftliche Förderung danken, die er mir bei der Anfertigung der Arbeit hat zuteil werden lassen. Mein Dank gilt ferner dem Lande Nordrhein-Westfalen für die Gewährung eines Druckkostenzuschusses.

Hamm, im Dezember 1973

Klaus Saerbeck

INHALT

3. ABSCHNITT
Ende des Lebens als Rechtsbegriff

ABKÜRZUNGSVERZEICHNIS

AcP	Archiv für die civilistische Praxis, zit. nach Band, Jahr und Seite
AE	Alternativentwurf eines Strafgesetzbuches, Straftaten gegen die Person, Tübingen 1970
Amer. J. Anat.	American Journal of Anatomics, zit. nach Band, Jahr und Seite
AöR	Archiv des öffentlichen Rechts, zit. nach Band, Jahr und Seite
Arch. Gynäk.	Archiv für Gynäkologie, zit. nach Band, Jahr und Seite
Ärztl. Forsch.	Die Ärztliche Forschung — Zeitschrift, zit. nach Band, Jahr und Seite
AT	Allgemeiner Teil
AtomG	Gesetz über die friedliche Verwendung der Kernenergie und den Schutz gegen ihre Gefahren vom 23. 12. 1959, BGBl. I, S. 814
AVO	Ausführungsverordnung
Beil.	Beilage
BGBl. I	Bundesgesetzblatt — Teil 1
BGHSt	Amtliche Sammlung der Entscheidungen des Bundesgerichtshofs in Strafsachen, zit. nach Band und Seite
BGHZ	Amtliche Sammlung der Entscheidungen des Bundesgerichtshofs in Zivilsachen, zit. nach Band und Seite
BSG	Bundessozialgericht
BSGE	Amtliche Sammlung der Entscheidungen des Bundessozialgerichts, zit. nach Band und Seite
BT	Besonderer Teil
Chirurg	Der Chirurg — Zeitschrift, zit. nach Jahr und Seite
DÄ	Deutsches Ärzteblatt, zit. nach Jahr und Seite
Diss.	Dissertation
DMW	Deutsche Medizinische Wochenschrift, zit. nach Jahr und Seite
Dokumente	Dokumente — Sammlung, hrsg. von der Forschungsstelle für Völkerrecht und ausländische öffentliche Rechte der Universität Hamburg
DZGerMed	Deutsche Zeitschrift für die gesamte gerichtliche Medizin, zit. nach Jahr und Seite
Erg. Anat. Entwickl. Gesch.	Ergebnisse der Anatomie und der Entwicklungsgeschichte — Zeitschrift, zit. nach Band, Jahr und Seite
FamRZ	Ehe und Familie im privaten und öffentlichen Recht — Zeitschrift für das gesamte Familienrecht, zit. nach Jahr und Seite
GA	Archiv für Strafrecht und Strafprozeß, begr. von Goltdammer, zit. nach Jahr und Seite
Fortschr. d. Med.	Die Fortschritte der Medizin — Zeitschrift, zit. nach Band, Jahr und Seite
Gruchot	Beiträge zur Erläuterung des Deutschen Rechts, begr. von Gruchot, zit. nach Jahr und Seite

Gynäk. Rdsch.	Gynäkologische Rundschau — Zeitschrift, zit. nach Band, Jahr und Seite
HaftpflG	Reichshaftpflichtgesetz vom 7. 6. 1871, in RGBl. I, S. 207
Hippokrates	Hippokrates — Zeitschrift, zit. nach Jahr und Seite
Iherings Jb	Iherings Jahrbücher für die Dogmatik des Bürgerlichen Rechts, zit. nach Band, Jahr und Seite
JR	Juristische Rundschau, zit. nach Jahr und Seite
JuS	Juristische Schulung, zit. nach Jahr und Seite
JWG	Jugendwohlfahrtgesetz vom 9. 7. 1922, in RGBl. I, S. 633
Klin. Woche	Die klinische Woche — Zeitschrift, zit. nach Band, Jahr und Seite
LK	Leipziger Kommentar
LuftVG	Luftverkehrsgesetz in der Fassung vom 4. 11. 1968 — BGBl. I, S. 1113
MDR	Monatsschrift für Deutsches Recht, zit. nach Jahr und Seite
Med. Klin.	Die Medizinische Klinik — Zeitschrift, zit. nach Jahr und Seite
Mot. I	Motive zu dem Entwurf eines Bürgerlichen Gesetzbuches für das Deutsche Reich — Bd. I. — Allgemeiner Teil, Amtliche Ausgabe, Berlin—Leipzig 1888
MSchrKrim.	Monatsschrift für Kriminologie, zit. nach Jahr und Seite
Nervenarzt	Der Nervenarzt — Zeitschrift, zit. nach Jahr und Seite
NJW	Neue Juristische Wochenschrift, zit. nach Jahr und Seite
österrGB	Allgemeines Gesetzbuch für die gesamten Erblande der österreichischen Monarchie, gültig vom 1. 1. 1812
preußALR	Allgemeines Landrecht für die preußischen Staaten vom 1. 6. 1794
PStG	Personenstandsgesetz in der Fassung vom 8. 8. 1957 — BGBl. I, S. 1125
RdJ	Recht der Jugend — Zeitschrift, zit. nach Jahr und Seite
RGBl. I	Reichsgesetzblatt — Teil 1
RGSt	Amtliche Sammlung der Entscheidungen des Reichsgerichts in Strafsachen, zit. nach Band und Seite
RzW	Rechtsprechung zum Wiedergutmachungsrecht — Beilage zur NJW, zit. nach Jahr und Seite
sächsGB	Bürgerliches Gesetzbuch für das Königreich Sachsen vom 1. 3. 1865
SchwJZ	Schweizerische Juristenzeitung, zit. nach Jahr und Seite
Studium Generale	Studium Generale — Zeitschrift für interdisziplinäre Studien, zit. nach Band, Jahr und Seite
StVG	Straßenverkehrsgesetz vom 19. 12. 1952 — BGBl. I S. 837
VerschG	Verschollenheitsgesetz vom 15. 1. 1951 — BGBl. I S. 63
ZBl. Gynäk.	Zentralblatt für die gesamte Gynäkologie, zit. nach Band, Jahr und Seite
ZRP	Zeitschrift für Rechtspolitik — Beilagen zur NJW, zit. nach Jahr und Seite
ZStW	Zeitschrift für die gesamte Strafrechts-Wissenschaft, zit. nach Band, Jahr und Seite

LITERATURVERZEICHNIS

Ahlfeld, Friedrich — Nasciturus, Leipzig 1906.

Bagel — Zur rechtlichen Stellung der noch nicht erzeugten Deszendens, in: Gruchot 52 (1908), S. 193 ff.

Baumann, Jürgen — Strafrecht, Allgemeiner Teil, 5. Aufl., Bielefeld 1968.

Bayer, R. — Abortiveier durch Ovipathien und Embryopathien, in: Zbl. Gynäk. 86 (1964), S. 281 ff.

Becker, Walter — Zur Problematik des Lebensbeginns, in: FamRZ 1968, S. 409 ff.

Bemmann, Günter — Zur Frage der Strafwürdigkeit der Abtreibung, in: ZStW 83 (1971), S. 81 ff.

Blechschmidt, Erich — Vom Ei zum Embryo — Die Gestaltungskraft des menschlichen Keims, Hamburg 1970.

Bocheński, I. M. — Die zeitgenössischen Denkmethoden, 4. Aufl., Bern—München 1969.

Boenig-Bertolini — Leitfaden der Entwicklungsgeschichte des Menschen, Leipzig 1960.

Bockelmann, Paul — Strafrecht des Arztes, Stuttgart 1968.

Bogs, Walter — Der Rechtsschutz des Ungeborenen unter besonderer Berücksichtigung des Sozialrechts, in: RdJ 1963, S. 296 ff.

Bregulla, K. — Das menschliche Ei, in: Arch. Gynäk. 208 (1969), S. 57 ff.

Brecher, Fritz — Subjekt und Verband, in: Festschrift für Alfred Hueck, Berlin—München 1959, S. 23 ff.

Brox, Hans — Erbrecht, Köln—Berlin—Bonn—München 1966.

v. Bubnoff — Organtransplantation aus der Sicht des Strafrechts, in: GA 1968, S. 65 ff.

Buddecke, Eckhart — Grundriß der Biochemie, Berlin 1970.

Büchner, Franz — Allgemeine Pathologie, 5. Aufl., München—Berlin—Wien 1966.

v. Caemmerer, Ernst — Wandlungen des Deliktsrechts, in: Hundert Jahre Deutsches Rechtsleben, Festschrift zum hundertjährigen Bestehen des Deutschen Juristentages, Bd. II, S. 49 ff., Karlsruhe 1960.

Coing, Helmut — Grundzüge der Rechtsphilosophie, Berlin 1950.

ders. — Der Rechtsbegriff der menschlichen Person und die Theorie der Menschenrechte, in: Beiträge zur Rechtsforschung — Deutsche Landesreferate, Tübingen 1950, S. 191 ff.

Conrad, Hermann — Deutsche Rechtsgeschichte, 1. Bd. Frühzeit und Mittelalter, Karlsruhe 1954.

ders. — Individuum und Gemeinschaft in der Privatrechtsordnung des 18. und beginnenden 19. Jahrhunderts, in: Schriftenreihe der juristischen Studiengesellschaft Karlsruhe, Heft 18, Karlsruhe 1956.

Deynet — Die Rechtsstellung des nasciturus und der noch nicht erzeugten Person im deutschen, französischen, englischen und schottischen Recht, Schriftenreihe der wissenschaftlichen Gesellschaft für Personenstandswesen und verwandte Gebiete, Frankfurt—Berlin 1960.

Dietz, Gerhard — Gerichtliche Medizin, 5. Aufl., Leipzig 1970.

Döring, Gerd K. — Empfängnisverhütung, 5. Aufl., Stuttgart 1971.

Dreher — Strafgesetzbuch, 33. Aufl., München 1972.

Dürig, Günter — Der Grundrechtssatz von der Menschenwürde, in: AöR 181 (1956), S. 117 ff.

Ebbinghaus, Julius — Rechtsfähigkeit des Menschen, in: Kant-Studien 49 (1957/58), S. 36 ff.

Ehrhardt, Helmut — Euthanasie, in: Arzt und Recht, hrsg. von H. Göppinger, München 1966, S. 96 ff.

Eichholz, Jürgen — Zur Transplantation von Leichenteilen aus zivilrechtlicher Sicht, in: NJW 1968, S. 2272 ff.

Engelhardt, Hanns — Das Lebensrecht des nasciturus und das Verbot der Schwangerschaftsunterbrechung, in: FamRZ 1958, S. 266 ff.

Engisch, Karl — Einführung in die Rechtswissenschaft, 3. Aufl., Stuttgart 1956.

ders. — Die normativen Tatbestandselemente im Strafrecht, in: Festschrift für Mezger, München—Berlin 1954, S. 127 ff.

ders. — Die Relativität der Rechtsbegriffe, in: Beiträge zur Rechtsforschung — Deutsche Landesreferate, Tübingen 1958, S. 59 ff.

ders. — Rechtsfragen zur homologen Organtransplantation, in: Der Chirurg 1967, S. 65 ff.

Enneccerus—Lehmann — Lehrbuch des Bürgerlichen Rechts, 2. Bd. — Recht der Schuldverhältnisse, 15. Bearbtg., Tübingen 1958.

Enneccerus—Nipperdey — Lehrbuch des Bürgerlichen Rechts, 1. Bd. — Allgemeiner Teil, 15. Bearbtg., Tübingen 1959.

Erman, Walter — Handkommentar zum Bürgerlichen Gesetzbuch in zwei Bänden, 4. Aufl., Münster 1967.

Esser, Josef — Schuldrecht — Besonderer Teil, Bd. II, 4. Aufl., Karlsruhe 1971.

ders. — Wert und Bedeutung der Rechtsfiktion, Frankfurt am Main 1940.

ders. — Grundsatz und Norm in der richterlichen Fortbildung des Privatrechts, 2. Aufl., Tübingen 1964.

ders. — Zur Methodenlehre des Zivilrechts, in: Studium Generale 1959, S. 97 ff.

Fabricius, Fritz — Gedanken zur Höchstrichterlichen Rechtsprechung betreffend den nasciturus, in: FamRZ 1963, S. 403 ff.

ders. — Relativität der Rechtsfähigkeit, München—Berlin 1963.

ders. — Besprechung zu BSGE 18, 55, in: FamRZ 1963, S. 236.

Feer, Emil — Lehrbuch der Kinderheilkunde, hrsg. von G. Joppich, 22. Aufl., Stuttgart 1971.

Firsching — Besprechung zu Wolf—Naujoks, Anfang und Ende der Rechtsfähigkeit des Menschen, in: FamRZ 1957, S. 102 ff.

Forster, Christoph — Geburtenregelung und Abtreibung, Diss., München 1968.

v. Freitag-Löringhoff, Bruno — Logik, 4. Aufl., Stuttgart 1966.

Geilen, Gerd — Neue juristisch-medizinische Grenzprobleme, in: JZ 1968, S. 145 ff.

ders. — Das Leben des Menschen in den Grenzen des Rechts, in: FamRZ 1968, S. 121 ff.

ders. — Probleme der Organtransplantation in: JZ 1971, S. 41 ff.

Gerlach, J. — Individualtod — Partialtod — vita reducta, in: MMW 1968, S. 980 ff.

ders. — Syndrome des Sterbens und der vita reducta, in: MMW 1969, S. 169.

ders. — Bedeutet Gehirntod auch menschlicher Tod?, in: Fortschritte der Medizin 88 (1970), S. 399 ff.

Hachenburg, Max — Das Bürgerliche Gesetzbuch für das Deutsche Reich, Vorträge, 2. Aufl., Mannheim 1900.

Haeckel, Ernst — Natürliche Schöpfungsgeschichte, 1. Bd. — Allgemeine Entwicklungslehre, Berlin 1902.

Hamann, Andreas — Das Grundgesetz für die Bundesrepublik Deutschland, 3. Aufl., Berlin—Neuwied—Darmstadt 1956.

Hanack, Ernst-Walter — Künstliche Eingriffe in die Fruchtbarkeit, in: Arzt und Recht, hrsg. von H. Göppinger, München 1966, S. 11 ff.

ders. — Zur strafrechtlichen Problematik von Beginn und Ende des menschlichen Lebens, in: Der Nervenarzt 1969, S. 505 ff.

ders. — Todeszeitbestimmung, Reanimation und Organtransplantation, in: DÄ 1969, S. 1320 ff.

ders. — Rechtsprobleme bei Organtransplantationen, in: Studium Generale 23 (1970), S. 428 ff.

Hansen, Gerhard — Gerichtliche Medizin, Leipzig 1954.

Heck, Philipp — Begriffsbildung und Interessenjurisprudenz, Tübingen 1932.

Heldrich, Andreas — Deliktsschutz des Ungeborenen, in: JZ 1965, S. 593 ff.

Henkel, Heinrich — Einführung in die Rechtsphilosophie, München 1964.

Hertig—Rock—Adams — A description of 34 human ova within the first 17 days of development, in: Amer. J. Anat. 98 (1956), S. 435 ff.

Herzog, Roman — Der Verfassungsauftrag zum Schutz des ungeborenen Lebens, in: JR 1969, S. 441.

Hinderling, Hans — Die Transplantation von Organen als Rechtsproblem, in: SchwJZ 1968, S. 65 ff.

Heldmann — Plädoyer für die Abschaffung des § 218 StGB, in: ZRP 1971, S. 208.

Jescheck, Hans-Heinrich — Lehrbuch des Strafrechts, Allgemeiner Teil, Berlin 1969.

Kaiser, Günther — Juristische und rechtspolitische Probleme der Transplantation und Reanimation, in: Med. Klinik 1967, S. 643.

ders. — in: Familie und Geburtenregelung, hrsg. von Blobel, Flittner und Tölle, München 1969, S. 119 ff.

Kallmann, Rainer — Rechtsprobleme bei der Organtransplantation, in: FamRZ 1969, S. 572 ff.

Kaser, Max — Das Römische Privatrecht, in: Handbuch der Altertumswissenschaft, Teil 3, Bd. 3, Abs. 1, München 1955.

Kaufmann, Armin — Tatbestandsmäßigkeit und Verursachung im Contergan-verfahren, in: JZ 1971, S. 569 ff.

Käufer—Penin — Todeszeitbestimmung bei dissoziiertem Gehirntod, in: DMW 1968, S. 679 ff.

ders. — Cerebraler Zirkulationsstillstand bei Hirntod durch Hypoxydosen, in: Fortschritte der Medizin 87 (1969), S. 713 ff.

Keller—Wiskott — Lehrbuch der Kinderheilkunde, 3. Aufl., Stuttgart 1969.

Kießling, Walter — Verfügungen über den Leichnam oder Totensorge, in: NJW 1969, S. 533 ff.

Knorr, Karl — Kritische Phasen zwischen Befruchtung und Implantation, in: Ärztl. Forsch. 23 (1969), S. 217 ff.

Kobyletzki—Gellen — Zur Vorhersage des embryonalen Entwicklungsstandes beim Menschen, in: Arch. Gynäk. 209 (1970/71), S. 293 ff.

Kohler, Josef — Lehrbuch des Bürgerlichen Rechts, 1. Bd. — Allgemeiner Teil, Berlin 1906.

Kohlhaas, Max — Rechtsfragen zur Transplantation von Körperorganen, in: NJW 1967, S. 1489 ff.

Kommentar — Kommentar zum Bonner Grundgesetz (Bonner Kommentar), hrsg. von H. J. Abraham, O. Bühler u. a., fortgeführt von Kurt Wernicke, Loseblattsammlung, Hamburg 1954 ff.

Kosenow, W. — Probleme der Entstehung angeborener Mißbildungen, in: Hippokrates 1966, S. 921 ff.

v. Kress, Hans — Das Problem des Todes, in: Handbuch der Allgemeinen Pathologie, 1. Bd. — Prolegomena zu einer Allgemeinen Pathologie, Berlin—Heidelberg—New York 1969, S. 205 ff.

Kress—Heinitz — Ärztliche Fragen der Organtransplantation, Rechtliche Fragen der Organtransplantation, Berlin 1970.

Krone, H. A. — Die Bedeutung der Präimplantationsphase, in: Zbl. Gynäk. 90 (1968), S. 849.

Krüger, Herbert — Allgemeine Staatslehre, 2. Aufl., Stuttgart—Berlin—Köln—Mainz 1960.

Krüger, Hildegard — Besprechung zu Wolf-Naujoks, Anfang und Ende der Rechtsfähigkeit des Menschen, in: FamRZ 1957, S. 102 ff.

Lackner—Maassen — Strafgesetzbuch, 7. Aufl., München 1972.

Lang-Hinrichsen, Dietrich — Zum strafrechtlichen Rechtsschutz des Lebens vor der Geburt, in: JR 1970, S. 365 ff.

Langman, Jan — Medizinische Embryologie, Stuttgart 1970.

Larenz, Karl — Allgemeiner Teil des deutschen Bürgerlichen Rechts, München 1967.

ders. — Lehrbuch des Schuldrechts, Bd. I — Allgemeiner Teil, 10. Aufl., München 1970. Bd. II — Besonderer Teil, 10. Aufl., München 1972.

ders. — Methodenlehre der Rechtswissenschaft, 2. Aufl., Berlin—Heidelberg—New York 1969.

Laufs, Adolf — Haftung für Nachkommenschaftsschäden nach § 823 BGB, in: NJW 1965, S. 1053 ff.

Lay, Hans-Werner — Zum Begriff der Leibesfrucht in § 218 StGB, in: JZ 1970, S. 456 ff.

Leipziger Kommentar — Strafgesetzbuch, begr. von Ebermayer, Rosenberg, Nagler, hrsg. von Baldus und Wilms, 9. Aufl., Berlin 1970.

Lenckner, Theodor — Ärztliche Hilfeleistungspflicht und Pflichtenkollision, in: Med. Klinik 64 (1969), S. 1000 ff.

Letterer, Erich — Allgemeine Pathologie, Stuttgart 1959.

Liebhardt, E. — Zivilrechtliche Probleme an der Grenze zwischen Leben und Tod, in: DZGerMed 1966, S. 31 ff.

Lüttger, Hans — Der Beginn des Lebens und das Strafrecht, in: JR 1969, S. 445 ff.

ders. — Der Beginn der Geburt und das Strafrecht — Probleme an der Grenze zwischen Leibesfruchtcharakter und Menschenqualität, in: JR 1971, S. 133 ff.

ders. — Der Tod und das Strafrecht, in: JR 1971, S. 309 ff.

v. Mangoldt—Klein — Das Bonner Grundgesetz, 2. Aufl., Berlin—Frankfurt 1957.

Martius, Heinrich — Lehrbuch der Geburtshilfe, 7. Aufl., Stuttgart 1971.

Maßhoff, Wilhelm — Zum Problem des Todes, in: MMW 1968, S. 2473 ff.

Maunz—Dürig—Herzog — Grundgesetz, Loseblattsammlung, München—Berlin 1964 ff.

Maurach, Reinhart — Deutsches Strafrecht, Bd. I — Allgemeiner Teil, 4. Aufl., Karlsruhe 1971. Bd. II — Besonderer Teil, 5. Aufl., Karlsruhe 1969.

Meier, Ernst — Die Definition des Foetaltodes nach dem Vorschlag der Weltgesundheitsorganisation, in: Allgemeines Statistisches Archiv 38 (1954), S. 225 ff.

Mezger—Blei — Strafrecht, Bd. II — Besonderer Teil, 8. Aufl., Berlin 1964.

Mitteis—Liebrich — Deutsches Privatrecht, 5. Aufl., München 1968.

Mollaret, P. — Über die äußersten Möglichkeiten der Wiederbelebung — Die Grenzen zwischen Leben und Tod, in: MMW 1962, S. 1539 ff.

Müller, Erich — Gesundheit und Krankheit, in: Handbuch der Allgemeinen Pathologie, 1. Bd. — Prolegomena einer Allgemeinen Pathologie, Berlin—Heidelberg—New York 1969, S. 51 ff.

Müller-Erzbach, Rudolf — Wohin führt die Interessenjurisprudenz?, Tübingen 1932.

ders. — Die Relativität der Begriffe und ihre Begrenzung durch den Zweck des Gesetzes, in: Iherings Jb 61 (1912), S. 343 ff.

Neuer, Ferdinand K. — Der privatrechtliche Schutz der Leibesfrucht gegen rechtswidrige Angriffe, in: RdJ 1963, S. 305 ff.

Nipperdey, Hans-Karl — Die Würde des Menschen, in: Neumann—Nipperdey—Scheuner, Handbuch der Theorie und Praxis der Grundrechte, 2. Bd. — Menschenrechte, Berlin 1955, S. 1 ff.

Oertmann, Paul — Kommentar zum Bürgerlichen Gesetzbuch, Allgemeiner Teil, 3. Aufl., Berlin 1927.

Palandt — Bürgerliches Gesetzbuch, Kurzkommentar, Bearbeiter Danckelmann u. a., 30. Aufl., München—Berlin 1971.

Peters, Karl — Besprechung zu BSG, NJW 1959, S. 2135, in: RdJ 1960, S. 269.

Pribilla, O. — Juristische, ärztliche und ethische Fragen zur Todesfeststellung, in: DÄ 1968, S. 2256 ff., S. 2318 ff., S. 2396 ff.

Pschyrembel, Willibald — Klinisches Wörterbuch, 185.—250. Aufl., Berlin 1969.

ders. — Praktische Geburtshilfe, 12./13. Aufl., Berlin 1967.

Raape, Leo — Besprechung zu Wolf—Naujoks, Anfang und Ende der Rechtsfähigkeit des Menschen, in: JZ 1956, S. 671 f.

Radbruch, Gustav — Rechtsphilosophie, 6. Aufl., Stuttgart 1963.

RGRK — Das Bürgerliche Gesetzbuch — Kommentar, hrsg. von Reichsgerichtsräten und Bundesrichtern, II. Bd., 2. Teil — Einzelne Schuldverhältnisse, 11. Aufl., Berlin 1960.

Rheinstein, Max — Rechtswidrige Erzeugung menschlichen Lebens — Ein neuer Grund deliktischer Haftung, in: Festschrift für F. v. Hippel, Tübingen 1967, S. 373 ff.

Rickert, Heinrich — Zur Lehre von der Definition, 3. Aufl., Tübingen 1929.

Rohwer-Kahlmann, Harry — Die Rechtsstellung des nasciturus in der Unfallversicherung, in: JuS 1961, S. 285.

ders. — Besprechung zu BSGE 18, S. 55, in: NJW 1963, S. 1894.

Roxin, Claus — An der Grenze von Begehung und Unterlassung, in: Festschrift für Engisch, Frankfurt 1969, S. 380 ff.

Rudolphi, Hans-Joachim — Straftaten gegen das werdende Leben, in: ZStW 83 (1971), S. 105 ff.

Sax, Walter — Über Rechtsbegriffe — Gedanken zur Grenze rechtlicher Begriffsbildung, in: Festschrift für Nottarp, Karlsruhe 1961, S. 133 ff.

Schleyer — Todeszeitbestimmung, in: Ponsold, Lehrbuch der gerichtlichen Medizin, 3. Aufl., Stuttgart 1967, S. 290 ff.

Schmidt, Rudolf — Der Schutz der Leibesfrucht gegen unerlaubte Handlungen, in: JZ 1952, S. 167 ff.

ders. — Anmerkung zu BGH 8, S. 243 ff., in: JZ 1953, S. 308.

ders. — Besprechung von Wolf—Naujoks, Anfang und Ende der Rechtsfähigkeit des Menschen, in: AcP 155 (1956), S. 73 ff.

Schmidtlein, Hans — Die Natur der menschlichen Leibesfrucht, Diss., München 1966.

Schmitt, Rudolf — Geburtenregelung und Abtreibung, in: FamRZ 1970, S. 530 ff.

Schneider—Maßhoff—Neuhaus — Klinische und morphologische Aspekte des Hirntodes, in: Klin. Woche 47 (1969), S. 844 ff.

Schönig, Roger — Zur Feststellung des Todeszeitpunktes, in: NJW 1968, S. 189 ff.

Schönke—Schröder — Strafgesetzbuch — Kommentar, 16. Aufl., München—Berlin 1972.

Schubert, Gerhard — Genschädigungen und deren biologische Bedeutung, in: Studium Generale 12 (1959), S. 194 ff.

Schwalm, Georg — Über den Begriff des menschlichen Lebens aus der Sicht des Juristen, in: MDR 1968, S. 277 ff.

Selb, Walter — Schädigung des Menschen vor der Geburt — Ein Problem der Rechtsfähigkeit?, in: AcP 166 (1966), S. 76 ff.

Soergel—Siebert — Bürgerliches Gesetzbuch — Kommentar, hrsg. von W. Siebert, Bd. I, 10. Aufl., 1967, Bd. II, 10. Aufl., 1967, Stuttgart—Berlin—Köln—Mainz.

Spann, W. — Strafrechtliche Probleme an der Grenze von Leben und Tod, in: DZGerMed 1966, S. 26 ff.

ders. — Vorstellungen zur Gesetzgebung über den tatsächlichen Todeszeitpunkt, in: MMW 1969, S. 2253 ff.

Spann—Kugler—Liebhardt — Tod und elektrische Stille im EEG, in: MMW 1967, S. 2161 ff.

Spann—Liebhardt — Reanimation und Feststellung des Todeszeitpunktes, in: MMW 1966, S. 1410 ff.

ders. — Rechtliche Probleme bei der Organtransplantation, in: MMW 1967, S. 672 ff.

Stark, Dietrich — Embryologie, 2. Aufl., Stuttgart 1965.

ders. — Die Frühphase der menschlichen Embryonalentwicklung und ihre Bedeutung für die Beurteilung der Säugerontogenese, in: Erg. Anat. Entwickl. Gesch. 35 (1956), S. 133 ff.

v. Staudinger — Kommentar zum Bürgerlichen Gesetzbuch, I. Bd. — Allgemeiner Teil, 11. Aufl., Berlin 1957. V. Bd. — Teil 1 — Erbrecht, 11. Aufl., Berlin 1954.

Stegner, H. E.	Die funktionelle Wechselwirkung zwischen Tube und befruchtetem Ei, in: Arch. Gynäk. 207 (1969), S. 136 ff.
Stoeckel, Walter	Lehrbuch der Geburtshilfe, hrsg. von H. Kraatz, 14. Aufl., Stuttgart 1967.
Stoll, Hans	Zur Deliktshaftung für vorgeburtliche Gesundheitsschäden, in: Festschrift für Nipperdey, Bd. 1, München—Berlin 1965, S. 739 ff.
Stoll, Heinrich	Begriff und Konstruktion in der Lehre der Interessenjurisprudenz, in: AcP Beil. zu Bd. 133 (1931), S. 60 ff.
Stör, Eckhart	Der Deliktsschutz des Ungeborenen, Diss., München 1968.
Stratenwerth, Günter	Zum Begriff des Todes, in: Festschrift für Engisch, Frankfurt 1969, S. 528 ff.
Strauss, F.	Die Ovarimplantation beim Menschen, in: Gynäk. Rsch. 1 (1964), S. 3 ff.
Strutz, Eberhard	Intrauterinpessare, orale Ovulationshemmer und Hormontabletten, in: MSchrKrim 1969, S. 83 ff.
Sunder-Plassmann, P.	Fortschritte der Medizin und die Grenzen der ärztlichen Pflicht, in: Jahresschrift der Gesellschaft zur Förderung der Westfälischen Wilhelms-Universität, 1968, S. 71 ff.
Töndury, Gian	Embryopathien, Berlin—Göttingen—Heidelberg 1962.
Trockel, Horst	Das Recht zur Vornahme einer Organtransplantation, in: MDR 1969, S. 811 ff.
Vasterling, H. W.	Praktische Spermatologie, Stuttgart 1960.
Wawersik, Jürgen	Kriterien des Todes, in: Studium Generale 23 (1970), S. 319 ff.
ders.	Todeszeitpunkt und Organtransplantation, in: DÄ 1969, S. 1315 ff.
Weimar, Wilhelm	Haftpflichtansprüche des Kindes im Mutterleib, in: MDR 1962, S. 780 ff.
Welzel, Hans	Das Deutsche Strafrecht, 11. Aufl., Berlin 1969.
Wessels, Johannes	Strafrecht — Allgemeiner Teil, 2. Aufl., Karlsruhe 1972.
Westermann, Harm Peter	Das allgemeine Persönlichkeitsrecht nach dem Tode seines Trägers, in: FamRZ 1969, S. 561 ff.
Westermann, Harry	Bürgerliches Recht — Allgemeiner Teil, Karlsruhe 1970.
ders.	Sachenrecht, 5. Aufl., Karlsruhe 1966.

ders. Interessenkollisionen und ihre richterliche Wertung bei den Sicherungsrechten an Fahrnissen und Forderungen, in: Schriftenreihe der juristischen Studiengesellschaft Karlsruhe, Heft 11, Karlsruhe 1954.

ders. Wesen und Grenzen der richterlichen Streitentscheidung, Münster 1955.

ders. Person und Persönlichkeit als Wert im Zivilrecht, Arbeitsgemeinschaft für Forschung des Landes Nordrhein-Westfalen, Heft 47, Köln 1957.

ders. Fortschritte der Medizin und die Grenzen der ärztlichen Pflicht, in: Jahresschrift der Gesellschaft zur Förderung der Westfälischen Wilhelm-Universität, 1968, S. 87 ff.

Wolf, Erik Der Sachbegriff im Strafrecht, in: Festgabe zum 50jährigen Bestehen des Reichsgerichts, 5. Bd., Berlin—Leipzig 1929, S. 44 ff.

Wolf—Naujoks Anfang und Ende der Rechtsfähigkeit des Menschen, Frankfurter wissenschaftliche Beiträge, Bd. 11, Frankfurt 1955.

Wolff, Hans J. Verwaltungsrecht, 1. Bd., 8. Aufl., München—Berlin 1971.

Zimmer, Fritz Beginn des Lebens, in: DÄ 1968, S. 449 ff.

Zimmer—Brusis Eine biologische Definition der Schwangerschaft, in: DÄ 1970, S. 839.

Zippelius, Reinhold Das Wesen des Rechts, München 1965.

EINLEITUNG

Eine Abhandlung zu dem Thema „Beginn und Ende des Lebens als Rechtsbegriffe“ ist in dem Grenzbereich zwischen Rechts- und Naturwissenschaften anzusiedeln. Sie beinhaltet den Versuch, die durch die enormen Fortschritte der modernen Medizin aufgeworfenen Fragen „Wann beginnt der Mensch? — Wann ist sein Ende?“ im Recht zu beantworten. Es gilt, die alten rechtlichen Definitionen der Grenzen der menschlichen Existenz, die unter veränderten Gegebenheiten zu einem juristischen Problem geworden sind, mit kritischem Verständnis einer neuen Wirklichkeit anzupassen.

Die Rechtswissenschaft allein vermag diese Aufgabe nicht zu bewältigen. Sie ist auf die Erfahrungssätze der Medizin und der ihr benachbarten Wissensgebiete angewiesen, hat deren Einsichten in Betracht zu ziehen und mit zur Grundlage ihrer Überlegungen und Entscheidungen zu machen. Nur im Dialog zwischen beiden Disziplinen kann der Weg zu einer sachgerechten Lösung der entstandenen rechtlichen Probleme gewiesen werden, ein Weg, der um so schwerer zu beschreiten ist, als sowohl eigenständige medizinische wie juristische Denkweisen miteinander in Einklang zu bringen sind.

1. Angeregt wurde diese Untersuchung durch den tiefgreifenden Wandel in den medizinisch-biologischen Erkenntnissen vom Werden und Vergehen des Menschen, von den bislang unvorstellbaren Möglichkeiten, die im Positiven wie im Negativen eine moderne Technologie zur Beeinflussung der Entwicklung zeigt.

Skizzenhaft sei das Können angedeutet, eines der Urrätsel der Menschheit, die Entstehung und Entfaltung des Lebens, zu erklären. Man hat die Genstrukturen der Zellen und die Funktionen der einzelnen Gene für die aktuelle Ausprägung des Individuums entschlüsselt. Man kennt die Reaktionen bei der Verschmelzung zweier geschlechtsverschiedener Gameten und den biodynamischen Prozeß, in welchem sich die erste Keimzelle zur menschlichen Gestalt differenziert.

Unsere Erfahrungen vom Tod hören nicht mehr nur bei dem Stillstand von Kreislauf und Atmung auf, sondern wir sehen den Prozeß, in welchem bestimmte, lebenswichtige Organsysteme in einer bestimmten Reihenfolge bis zum endgültigen Erlöschen ihre Funktionalität verlieren.

Der Bogen der medizinischen Möglichkeiten, durch äußere Eingriffe den Ablauf des werdenden Lebens zu manipulieren, spannt sich von gezielt herbeizuführenden Mutationen im Erbgut des Menschen über künstliche

Eingriffe in die Fruchtbarkeit, als Empfängnisverhütung mit der „Antibabypille“ oder als hormonelle und mechanische Nidationshemmung durch die „morning-after-pill“ und Intrauterinpessare.

Angeborene Mißbildungen können auf genetischen Veränderungen oder anomalen Chromosomzusammensetzungen beruhen. Umweltfaktoren wirken nach der Zeugung schädigend auf die Leibesfrucht ein, wenn die Mutter mechanischen Verletzungen ausgesetzt war oder wenn durch den mütterlichen Organismus Krankheitserreger und entwicklungsstörende Substanzen, wie zum Beispiel gewisse Medikamente, Rauschgifte usw. auf das entstehende Leben übertragen worden sind. So sei in diesem Zusammenhang an das Schlafmittel „Contergan“ erinnert, das für Wachstumsstörungen bei noch ungeborenen Kindern verantwortlich gemacht wird[1].

An der Grenze zum Tod ermöglichen Reanimationsmaßnahmen[2] die Wiederbelebung klinisch toter Menschen. Ausgefallene Organe und Organfunktionen können in medizinischen Eingriffen reaktiviert oder durch Apparate, beispielsweise die Herz-Lungen-Maschine, Respiratoren usw. und durch homologe Organtransplantate ersetzt werden.

Insgesamt gesehen haben die Errungenschaften der Medizin in unserem Bewußtsein bestehende Unterschiede zwischen dem Leben selbst, seinen Vorstufen und seinem Ende verwischt und bislang unbestrittene Vorstellungen über Beginn und Ende der menschlichen Existenz ins Wanken gebracht. Die heute erkannte innere Dynamik des Lebens weist auf die Notwendigkeit hin, eine Wirklichkeit neu begreifen und Grenzen in einer differenzierenden Rechtsbehandlung neu bestimmen zu müssen. Sie wirft die Frage auf, ob die überlieferte juristische Konzeption der Behandlung des menschlichen Daseins geeignet ist, den Herausforderungen einer Manipulation des Individuums angemessen zu antworten.

2. Vor einem solchen Hintergrund erfassen die Begriffe „Beginn und Ende des Lebens“ als Rechtsbegriffe den Menschen in den Kategorien des Rechts. Sie beschreiben in Ausdrücken und Wendungen wie „... wer noch nicht lebte, aber bereits erzeugt war ...“[3], „Vollendung der Geburt“[4] oder „Tod“[5] die biologischen Grenzen unseres Daseins, an welche die Rechtsordnung Beginn und Ende der juristischen Qualität des Menschseins, das Rechtspersonsein, geknüpft hat.

---

[1] Vgl. dazu den Einstellungsbeschluß im „Contergan-Prozeß“ durch das LG Aachen vom 18. 12. 1970, in: JZ 1971, 507 ff. (511).

[2] Der Ausdruck „Reanimation“ ist zwar ungenau, er hat sich aber für lebenserhaltende Maßnahmen eingebürgert, so daß er hier beibehalten werden soll.

[3] Vgl. § 1923 II BGB.

[4] Vgl. § 1 BGB.

[5] Vgl. § 1922 BGB.

Als Rechtsperson[6] ist der Mensch der Mittelpunkt der Rechtsordnung und das Subjekt ihrer Rechtssätze. Ihm kommen als Mitglied der Rechtsgemeinschaft besondere rechtliche Eigenschaften zu, die die materielle Bedeutung der Grenzen des Lebens über die Erfahrung einer allein natürlich zu begreifenden Tatsache hinausheben und in einer weiteren, juristischen Dimension anzeigen, wie lange der Mensch die Vorteile und den Schutz seines Personseins genießt.

Eine Neubestimmung der Rechtsbegriffe „Beginn und Ende des Lebens"[7] hat auf Grund dessen zwei Problemkreise zu berücksichtigen.

Zum einen sind die biologischen Stationen, denen das Gesetz die Bedeutung einer rechtlichen Zäsur zuweist, begrifflich abzuklären. Es ist zu fragen, welche Vorstellungen mit den jeweiligen Ausdrücken verbunden und welche Ereignisse aus dem Lebensprozeß dementsprechend als rechtlich maßgebend anzusehen sind.

Der Gesetzgeber hat nun teilweise schon in seinen Begriffsformulierungen, wie zum Beispiel in § 1 BGB mit „Vollendung der Geburt", klargestellt, welches Ereignis für ihn der Ansatzpunkt der gesetzlichen Regelung sein soll. Schwierigkeiten tauchen dagegen bei unbestimmten Begriffen auf. Denn er meinte, ihre inhaltsbestimmenden Merkmale könnten ohne weiteres aus den medizinisch-biologischen Erkenntnissen übernommen werden, wie beispielsweise in § 1922 BGB bei dem Begriff „Tod", und verzichtete deswegen auf eine nähere inhaltliche Erläuterung. Hier gilt es insbesondere, die Einzelheiten der menschlichen Entwicklung zu erkennen und in einer von ihnen die rechtliche Zäsur zu fixieren.

Zum anderen erwächst den Rechtsbegriffen „Beginn und Ende des Lebens" eine Abgrenzungsfunktion, soweit sie die Grenzen des Rechtspersonseins des Menschen anzeigen. Zwar sind Personsein und Menschsein generell als identisch anzusehen[8]. Aber gleichzeitig stellt die Rechtsordnung formelle Voraussetzungen hinsichtlich der notwendigen aktuellen Ausprägungen des Individuums auf, von denen sie das Menschsein abhängig macht. Es kommt so zu einer differenzierenden Beurteilung der einzelnen menschlichen Entwicklungsstufen, wie zum Beispiel bei dem nasciturus und dem Geborenen.

Grundsätzlich ist deshalb zu fragen, welche Konsequenzen sich aus der zeitlichen Begrenzung des Personseins auf nur eine Spanne des Lebens erge-

---

[6] Vgl. zum Begriff der Person *Westermann*, H., Person und Persönlichkeit als Wert im Zivilrecht, S. 8 f.

[7] Die Begriffe „Beginn und Ende des Lebens" werden hier zunächst für die Gesamtheit der rechtswissenschaftlichen Begriffe, die den Menschen in Zeit und Raum erfassen, verwandt.

[8] Vgl. *Westermann*, H., Person und Persönlichkeit, S. 7.

ben, ob auf diese Weise der Anwendungsbereich der einzelnen Rechtssätze interessengerecht gegeneinander abgegrenzt wird oder ob die medizinisch-biologischen Entwicklungen Fallkonstellationen haben entstehen lassen, die um einer sachgerechten Lösung willen eine andere Abschichtung als im Gesetz vorgesehen erforderlich machen. In diesem Rahmen wird beispielsweise der Deliktschutz des nasciturus bei vorgeburtlichen Schädigungen zu erörtern sein.

3. Die Untersuchung zu den Rechtsbegriffen „Beginn und Ende des Lebens" hat sich an den unterschiedlichen Auswirkungen im Rechtspersonsein des Menschen zu orientieren[9]. Sie folgt damit der gesetzlichen Regelung, die je nachdem differenziert, ob es um die Rechtsfähigkeit des Menschen oder um den Schutz der menschlichen Existenz gegenüber gefährdenden Angriffen geht. Zum Beispiel beginnt nach § 1 BGB die Rechtsfähigkeit des Menschen erst mit der „Vollendung der Geburt", während das Strafrecht bereits den Menschen in der gesamten Geburtsphase schützt. Denn nach § 217 StGB ist der „Beginn der Geburt" die maßgebende Zäsur.

Kennen verschiedene Gesetze einen verschiedenen Begriff des Menschen, so ist das Ergebnis in einer unterschiedlichen Willensentscheidung des Gesetzgebers begründet, die in „dem ordnenden Werten und wertenden Ordnen liegt"[10]. Diese gilt es jeweils zu konkretisieren und aus ihr die wesentlichen Ansatzpunkte für die inhaltliche Gestaltung der Grenzen des Lebens, insbesondere der nicht näher bestimmten Begriffe, wie „Tod", zu gewinnen. In einer problemorientierten Lösung muß der Zeitraum gesucht werden, in dem nach der Wertung des Gesetzes dem menschlichen Leben die Anerkennung durch das Recht zukommen soll. Dies schließt die — hier erst thesenförmig behauptete — Möglichkeit mit ein, daß ein sprachlich gleichlautender Begriff, der auf dem gleichen Lebensvorgang beruht, wie zum Beispiel „Tod", in verschiedenen Normen eine verschiedene inhaltliche Bedeutung erhalten kann.

4. In der gestellten Definitionsaufgabe liegt die Beschreibung typischer, sozialer Situationen ihrem Wesen nach, eine Wertung über konkrete Tatbestände und Interessenlagen in den einzelnen Rechtsinstituten nach den im Recht enthaltenen Werturteilen. Damit ist aber der Rahmen einer rein erklärenden Tatsachendarstellung gesprengt. Um so dringender wird gleichzeitig eine Auseinandersetzung mit der Methode der Bestimmung der Rechtsbegriffe „Beginn und Ende des Lebens". Sie kann nicht nur bei einer philologischen Interpretation, die auf die empirische Feststellung von Fakten

[9] Vgl. dazu auch RGSt v. 29. 10. 1900 in RGStE 33, 435 ff. (436).

[10] *Westermann*, H., Wesen und Grenzen der richterlichen Streitentscheidung, S. 10.

gerichtet ist, stehenbleiben, sondern hat als juristische Interpretation aus der „ratio legis“ den Sinngehalt eines Geschehnisses zu ermitteln und aus dieser den Schlüssel zum Verständnis des Willens des Gesetzgebers zu entwickeln.

1. ABSCHNITT

Methodische Grundlagen der Untersuchung

Die methodischen Überlegungen haben von der Tatsache auszugehen, daß die Rechtsbegriffe „Beginn und Ende des Lebens", die im juristischen Sprachgebrauch teilweise auch als „empirische Allgemeinbegriffe"[1] bezeichnet werden, Gegenstände der natürlichen Welt abbilden, die für den Definierenden „wirklich, grundsätzlich wahrnehmbar oder sonstwie erfahrbar sind"[2].

I. WESEN EMPIRISCHER ALLGEMEINBEGRIFFE

Waren die empirischen Allgemeinbegriffe deswegen ursprünglich außerhalb der Rechtswissenschaft vorgeformte „Alltagsbegriffe"[3] beschreibender Art, so verlieh ihnen die Übernahme aus der natürlichen Begriffswelt in den Rechtssatz den Charakter von Rechtsbegriffen[4]. Und schon der sprachliche Ausdruck „Rechtsbegriff" macht deutlich, daß der juristische Bedeutungszusammenhang, in den diese Begriffe hineingestellt wurden, sie auf einen bestimmten Bedeutungsgehalt festgelegt hat. RADBRUCH beschreibt den Vorgang als „teleologische Umformung"[5], in welcher die Begriffe eine Verweisung auf den Sinn der Rechtsnorm erhalten[6].

Als Tatbestandselemente[7] hat der Gesetzgeber sie in abstrakt-allgemeiner Form gefaßt. Er gestaltet in ihr die zu regelnde Materie einfacher und übersichtlicher und erzielt eine gleichmäßige Rechtshandhabung, wenn im

---

[1] so *Coing*, Grundzüge der Rechtsphilosophie, S. 271.

[2] *Engisch*, Einführung in die Rechtswissenschaft, S. 109.

[3] *Heck*, Begriffsbildung und Interessenjurisprudenz, S. 60.

[4] Vgl. des weiteren zur Umwandlung einer „allgemeinen Vorstellung" in einen Rechtsbegriff: *Larenz*, Methodenlehre, S. 215 ff. m. w. N.; ähnlich schon *Müller—Erzbach*, Die Relativität der Begriffe und ihre Begrenzung durch den Zweck des Gesetzes, in: Iherings Jb. 61 (1912), S. 343 ff. (343 f.), sowie *Engisch*, Die Relativität der Rechtsbegriffe, in: Deutsche Landesreferate 1958, S. 59 ff. (59).

[5] *Radbruch*, Rechtsphilosophie, S. 220.

[6] So heute allgemein anerkannt. Vgl. dazu *Larenz*, Methodenlehre, S. 209 Anm. 1 m. w. N.

[7] Die Strafrechtswissenschaft unterscheidet hier zwischen deskriptiven und normativen Tatbestandselementen, ohne eine klare Abgrenzung geben zu können. Vgl. etwa *Wolf*, Erik, Der Sachbegriff im Strafrecht, in: Festgabe zum 50jährigen Bestehen des Reichsgerichts, 1929, 5. Bd., S. 44 ff. (54 f.) und *Engisch*, Die normativen Tatbestandselemente im Strafrecht, in: Festschrift für *Mezger*, 1954, S. 127 ff. (134 ff.) mit einem Überblick zur Entwicklung der Lehre.

einzelnen Fall die konkreten Lebensvorgänge den Rechtsbegriffen untergeordnet werden[8].

1. In der Definition der empirischen Allgemeinbegriffe müssen somit die wesentlichen Merkmale enthalten sein, die gleichartigen Lebensverhältnissen gemeinsam und typisch sind[9]. Dies geschieht durch die Erfassung des in Zeit und Raum wiederkehrenden und in jedem Naturvorgang verwirklichten Allgemeinen, indem der Definierende es einmal als das Besondere von der konkreten Einheit abstrahiert und von dem Unwesentlichen unterscheidet und indem er zum anderen in der Vielfalt der Erscheinungen eine Verbindung des Gleichen mit dem Gleichen herstellt[10].

2. Jedoch findet bei den Begriffen „Beginn und Ende des Lebens" die Auswahl der einzelnen Merkmale nicht nur rein empirisch statt — etwa allein durch ein ontologisches Urteil über das Wesen des Gegenstandes, in welchem der in der Begriffsaussage erfaßte Inhalt als mit einer unmittelbaren Erfahrungstatsache übereinstimmend bezeichnet wird. Denn die Rechtsbegriffe spiegeln ebenso die Regelung wider, die diese Tatsachen erfahren sollen und sind Sinn und Zweck, den das Gesetz gerade mit der Begriffsbildung verfolgt, in ihrer inhaltlichen Gestaltung unterworfen[11]. Der Begriff wird bezogen „auf den besonderen Rechtssatz, in dem er vorkommt, auf dessen ratio und Zusammenhang mit anderen Rechtsätzen"[12].

Wegen der Überlagerung der Erkenntnisfunktion durch die Sollensfunktion[13] darf sich das abstrahierte Allgemeine nicht absolut identisch mit dem von der Meinung unabhängigen Sein begreifen. Es ist festzuhalten, daß „der Begriff und seine Tragweite sich mit dem Standpunkt wandeln müssen, der bei der Begriffsbildung und -verwendung eingenommen wird"[14]. Jeder Rechtsbegriff wird relativiert und erhält eine gewisse „Bedingtheit und Elastizität"[15]. Ob eine Biene im Sinne des § 833 BGB ein Tier ist, entscheidet sich nach der Teleologie des Gesetzes und nicht nach der zoologischen Artbestimmung.

---

[8] Vgl. zum Zweck der Begriffsbildung *Stoll*, Heinrich, Begriff und Konstruktion in der Lehre der Interessenjurisprudenz, in: AcP, Beil. zu Bd. 133 (1931), S. 60 ff. (88 ff.).

[9] Vgl. zur Bildung abstrakt-allgemeiner Begriffe *v. Freytag—Löringhoff*, Logik, S. 51; *Bocheński*, Zeitgenössische Denkmethoden, S. 58 u. 95.

[10] Vgl. so *Zippelius*, Wesen des Rechts, S. 4.

[11] Vgl. *Rickert*, Zur Lehre von der Definition, S. 37; *Larenz*, Methodenlehre, S. 412 f.

[12] so *Engisch*, in: Deutsche Landesreferate, 1958, S. 68.

[13] Vgl. zu ihrer Unterscheidung im einzelnen *Sax*, Über Rechtsbegriffe, in: Festschrift für *Nottarp*, 1961, S. 133 ff. (134).

[14] so *Müller—Erzbach*, Wohin führt die Interessenjurisprudenz?, S. 72.

[15] so *Müller—Erzbach*, in: Iherings Jb. 61 (1912), S. 350.

II. GRUNDSÄTZE FÜR DIE AUSWAHL DER BEGRIFFSMERKMALE EMPIRISCHER ALLGEMEINBEGRIFFE

Beinhaltet der Rechtsbegriff einen Komplex von Urteilen[1], so hängt die eindeutige Erfassung des Begriffsinhaltes von deren gedanklicher Zusammenfassung ab, in welcher der Dualismus zwischen dem materialen Sein und dem Recht als geistige Ordnung zu überwinden ist. Um dieses zu erreichen, ist das bisher Gesagte weiterzuentwickeln.

1. Der abstrakt allgemeine Begriff bildet den gemeinten Gegenstand nicht in der ganzen Fülle seiner anschaulichen Individualität ab, sondern erfaßt ihn nur in einer begrenzten Auswahl aus ihr[2]. Der Begriffsinhalt gibt nicht mehr wieder als die Summe der unter einem bestimmten Gesichtspunkt als wesentlich angesehenen Merkmale.

Demnach beruht die Verbindung des in einem eigenen Bereich existierenden Seins mit dem Begriffsinhalt auf einem dritten idealen Kriterium. In dem vergleichenden Denkakt findet neben der logischen Operation eine wertende Tätigkeit statt. In ihr erst werden die einzelnen Merkmale mit den Wertattributen wesentlich oder unwesentlich versehen, so daß in Wahrheit der Gegenstand nicht objektiv abgebildet wird, sondern seine Merkmale im Begriffsinhalt nach subjektiven Zwecken ausgewählt werden.

Eine solche Ordnung des Seins erfordert einen Maßstab, der den Zweck und die Art der Begriffsbildung bestimmt. Und wie ein Vergleich mit dem Begriffsgegenstand zeigt, ist dann das Wichtige bei jeder Definition nicht allein das Erkenntnisobjekt, sondern auch der Wertmaßstab. Er stellt die entscheidende Frage, was das spezifische Wesen einer Sache ist, ihm wird im Begriffsinhalt geantwortet. Er nimmt eine außerhalb des Seins liegende und durch die jeweiligen wissenschaftlichen Bedürfnisse geprägte Wertung auf, bezieht sie auf den Erkenntnisgegenstand und konkretisiert so als Mittel zur Herstellung einer sinnvollen Ordnung die einzelnen Zwecke[3].

2. Aus diesen Überlegungen erwächst die Frage, welchen Kriterien der auswählende Wertmaßstab eines Rechtsbegriffes unterliegt. Die Antwort hat bei der Tatsache anzusetzen, daß die empirischen Allgemeinbegriffe in der tatbestandlichen Beschreibung von Lebenserscheinungen und sozialen Situationen Bindeglieder zwischen dem Leben und dem Rechtssatz sind,

---

[1] Vgl. *Stoll*, Heinrich, in: AcP, Beil. zu Bd. 133 (1931), S. 104.

[2] Vgl. dazu *Larenz*, Methodenlehre, S. 413.

[3] *Wolf*, Erik, in: Festausgabe für das Reichsgericht, 5. Bd., S. 55, weist darauf hin, daß auch die Erfahrungstatsachen nicht schlechthin Gegebenes seien, sondern dem Reich einer wertbezogenen Kultur entstammten.

daß mit ihrer Hilfe sowohl ein Gebot abstrakt formuliert als auch seine Einhaltung überprüft wird. In dieser Funktion sind sie ebenso typische Vertreter eines normativen Elementes wie die Norm selbst, sind sie der „abgekürzte Ausdruck für bestimmte Interessenlagen und deren Wertungen"[4]. Deshalb muß bei ihrer inhaltlichen Bestimmung die jeweilige Sollensforderung, die sich im Rechtssatz konkretisiert, mitberücksichtigt werden.

a) Diese Sollensforderung kann ausgehend von der Normtheorie der Bewertungsjurisprudenz, die im Anschluß an die Interessenjurisprudenz vor allem H. WESTERMANN[5] entwickelt hat, folgendermaßen beschrieben werden:

Die Norm ist als Rechtsfolgeanordnung eine gesetzgeberische Entscheidung über gegensätzliche, menschliche Interessen. Ihre Grundlage ist ein Werturteil über die sozialen Kräfte, das seinerseits in der Gerechtigkeitsvorstellung des Gesetzgebers begründet ist. Die Norm bedeutet demnach die situationsgebundene Konkretisierung der Gerechtigkeitsidee[6]. Um ihre Sollensforderung im Einzelfall zu ermitteln, kommt es wesentlich darauf an, durch eine Normanalyse die jeweiligen Bewertungsfaktoren zu erkennen und in ihrer systematischen Stellung herauszuarbeiten.

Die sich ergebenden Wertentscheidungen stehen in keinem zufälligen Nebeneinander, sondern sind innerlich aufeinander bezogen. Ihnen liegt ein System zugrunde, das nicht in der Ableitung aus einem logischen Über-Unterordnungsverhältnis besteht, sondern in dem die rechtlichen Sinnzusammenhänge der Interessenlagen und ihrer Bewertungen sichtbar gemacht sind. Entscheidendes Kriterium ist die Funktionsgerechtigkeit, die innere Übereinstimmung der Normen untereinander mit Rücksicht auf ihren spezifischen, rechtlichen Gehalt[7].

b) Daran anknüpfend bedeutet die Definition der Rechtsbegriffe „Beginn und Ende des Lebens" wie immer die situationsgebundene Verwirklichung von Gerechtigkeitsvorstellungen des Gesetzgebers. Der Begriffsinhalt ist das Ergebnis einer Entscheidung über die einzelnen Möglichkeiten, aus der Fülle des Seins heraus einen real erfahrbaren Gegenstand darzustellen. Die Auswahl beruht auf einem Werturteil, das nach den vom Gesetzgeber jeweils verfolgten Zwecken besagt, welche Merkmale für die Begriffsbildung wesentlich oder unwesentlich sind. Um die grundlegenden Gerechtigkeitsvor-

---

[4] *Stoll,* Heinrich, in: AcP, Beil. zu Bd. 133 (1931), S. 89.

[5] Wesen und Grenzen der richterlichen Streitentscheidung im Zivilrecht, S. 13 ff., und Interessenkollisionen und ihre richterliche Wertung bei den Sicherungsrechten an Fahrnissen und Forderungen, S. 4 ff.

[6] Vgl. *Westermann,* H., Wesen und Grenzen, S. 17.

[7] Vgl. *Esser,* Grundsatz und Norm in der richterlichen Fortbildung des Privatrechts, S. 5 u. 219.

stellungen zu konkretisieren, ist aus dem Systemzusammenhang die Stellung des Einzelproblems im Verhältnis zu anderen sichtbar zu machen und der einzelne Begriff in das sinnhafte Gefüge der Rechtsnormen und -institute einzufügen[8]. Erst dieser Bewertungsmaßstab überformt die natürlichen Sachverhalte und bezieht die empirischen Allgemeinbegriffe, wie es in der Literatur ausgesagt wird[9], auf den besonderen Rechtssatz, in dem sie vorkommen, auf seinen Zweck und seine Funktion.

In dem wertenden Urteil begegnen sich somit die Wahrheit aus dem Sein und die Richtigkeit aus dem Recht, auf die jeder empirische Allgemeinbegriff ausgerichtet ist. Läßt auch der abstrakt-allgemeine Begriff in seiner dogmatischen Form diese Bezüge nicht ohne weiteres erkennen, so werden sie doch bei jeder Rechtsanwendung durch den Richter verwirklicht. Seine Entscheidung enthält ihre Richtigkeit durch den Nachvollzug der bewußt oder unbewußt bei der Begriffsbestimmung mitgedachten Prämissen[10].

3. In einer sachgerechten Orientierung an der Lebenswirklichkeit sind aus dem realen Sein die für die Begriffe „Beginn und Ende des Lebens" bestimmenden Merkmale auszuwählen. Ein Verstoß dagegen würde zu lebensfremden und damit zweckwidrigen Begriffen führen[11]. Um aber der Sollensfunktion gerecht zu werden, sind als konkrete „Folgerungen aus der Gerechtigkeitsidee"[12] Wertmaßstäbe zu ziehen. Ihre Faktoren sind in der Auslegung zu ermitteln.

Da aber die grundlegenden Gerechtigkeitsvorstellungen oftmals ebenso generell wie abstrakt sind, werden sie in ihrer Allgemeinheit nichts über die einzelnen Gegensätze aussagen und müssen für den Einzelfall konkretisiert werden. Das setzt die Auflösung der Gerechtigkeitsentscheidung in zusammengehörige und aufeinander abgestimmte Einzelprobleme, die Analyse der beteiligten Interessen und ihre Bewertung in der Norm, die Entwicklung spezieller Maßstäbe für jeden Problemkreis voraus. Es ist nach den rechtlichen Sinnzusammenhängen und Ordnungsgesichtspunkten zu fragen. Es sind Gesichtspunkte der Zumutbarkeit, Zweckmäßigkeit und Praktikabilität

---

[8] Vgl. *Larenz*, Methodenlehre, S. 459.

[9] Vgl. für viele: *Engisch*, Deutsche Landesreferate 1958, S. 68; *Radbruch*, Rechtsphilosophie, S. 219 f.; *Larenz*, Methodenlehre, S. 209; *Heck*, Begriffsbildung und Interessenjurisprudenz, S. 60.

[10] Vgl. *Esser*, Zur Methodenlehre des Zivilrechts, in: Studium Generale 1959, S. 97 ff. (104).

[11] Das Recht ist insofern an die Schranken des materiellen Seins gebunden und darf als geistiges Sein die niederrangigen Strukturen nicht durchbrechen, wenn es Lebenssachverhalte zum Gegenstand seiner Regelung macht. Vgl. dazu *Zippelius*, Wesen des Rechts, S. 54; *Henkel*, Rechtsphilosophie, S. 71; *Radbruch*, Rechtsphilosophie, S. 219 f.

[12] *Westermann*, H., Wesen und Grenzen, S. 17.

wie Erfordernisse der Rechtssicherheit zu berücksichtigen. Denn jeder Begriff soll in seiner inhaltlichen Gestaltung auf möglichst einfache Weise der sinnvollen Ordnung des Zusammenlebens und der Realisierung seines Wertschutzes dienen[13].

Das Denken konzentriert sich auf die Sinnbedeutung des Begriffs, bezieht seine Funktion und seine Bindungen mit ein. Der Begriffsinhalt ist nicht mehr absolut vorgegeben, sondern hat sich den sachlichen Verschiedenheiten der Normen, in denen er Verwendung findet, den jeweiligen Zweckvorstellungen und Bedürfnissen der Rechtsordnung anzupassen.

Daher ist es falsch, „aus der Gleichförmigkeit der Worte, Zeichen und Ausdrücke innerhalb des Gesetzes Schlüsse auf einen gleichen Inhalt ziehen zu wollen. Es ist falsch, aus der Übereinstimmung des gesetzlichen Sprachgebrauchs mit dem alltäglichen Sprachgebrauch sichere Schlüsse auf die Bedeutung der Rechtsbegriffe ableiten zu wollen“[14].

Eine solche Definitionsmethode erlaubt aber, die Rechtsbegriffe „Beginn und Ende des Lebens“ in der fortschreitenden Differenzierung unseres Daseins unter Berücksichtigung der sich wandelnden Werterkenntnis immer wieder neu zu bestimmen, damit sie dem „Leben in allen Stücken gewachsen bleiben“[15].

---

[13] Vgl. dazu *Engisch*, in: Deutsche Landesreferate 1958, S. 62; ebenso in ähnlich gelagerten Fragen *Enneccerus—Nipperdey*, § 58 III.

[14] so *Engisch*, in: Deutsche Landesreferate 1958, S. 69; vgl. auch *Stoll*, Heinrich, in: AcP, Beil. zu Bd. 133 (1931), S. 103 f.

[15] *Müller—Erzbach*, in: Iherings Jb. 1961 (1912), S. 350.

2. ABSCHNITT

Beginn des Lebens als Rechtsbegriff

Die inhaltliche Gestaltung des Rechtsbegriffs „Beginn des Lebens" beruht auf der Erkenntnis der biologischen Grundlagen, an die das Gesetz bei seiner rechtlichen Ordnung angeknüpft hat. Allein die Orientierung an den Realitäten des menschlichen Seins erlaubt die sachgerechte Lösung der Frage, wie die Grenzen des Lebens im Recht zu ziehen sind.

A. MEDIZINISCH-BIOLOGISCHE GRUNDLAGEN

Die medizinische Fachrichtung, die sich speziell mit der Entwicklung des menschlichen Individuums von seinen Anfängen bis zu seiner Geburt beschäftigt, wird als „Entwicklungsgeschichte des Menschen" oder als „Embryologie" bezeichnet[1]. In ihr wird gezeigt, wie der menschliche Organismus beginnend mit dem Einzellenstadium in der Befruchtung unter ständigen morphologischen Veränderungen im Schutz des mütterlichen Organismus seine endgültige „menschliche" Gestalt annimmt.

Die medizinische Literatur unterteilt die allgemeine Entwicklungsgeschichte in eine Vorentwicklung und eine Keimentwicklung[1a]. Weiterhin trennt sie das innerhalb der Gebärmutter entstehende Leben mit der achten Entwicklungswoche in zwei Phasen. Sie spricht vorher von der Embryonalperiode und danach von der Fetalperiode. Ist der Fetus nach etwa neun Monaten soweit ausgereift, daß er von der Mutter getrennt zu leben vermag, erfolgt die Geburt.

Bei dieser Einteilung darf nicht vergessen werden, daß es sich um ziemlich willkürliche Abgrenzungen handelt, während der Entwicklungsvorgang kontinuierlich abläuft. Die einzelnen Zäsuren vermögen daher nicht mehr als nur Momentaufnahmen aus einem dynamischen Geschehen wiederzugeben und stellen keine Abschnitte zwischen den einzelnen Phasen dar.

---

[1] Vgl. zum folgenden die Gesamtdarstellungen bei: *Blechschmidt,* Vom Ei zum Embryo; *Boenig—Bertolini,* Leitfaden der Entwicklungsgeschichte des Menschen; *Langmann,* Medizinische Embryologie; *Martius,* Lehrbuch der Geburtshilfe; *Pschyrembel,* Praktische Geburtshilfe; *Stark,* Embryologie; *Stoeckel,* Lehrbuch der Geburtshilfe, hg. von H. Kraatz.

[1a] Vgl. z. B. die Einteilung bei *Boenig—Bertolini,* Entwicklungsgeschichte, S. VII bis X.

I. VORENTWICKLUNG

Als Vorentwicklung oder Präimplantationsphase bezeichnet der Mediziner die Zeitspanne zwischen der Verschmelzung zweier geschlechtsverschiedener menschlicher Keimzellen, die auch Gameten genannt werden, zu einer neuen Zelle, der Zygote, und der Einnistung des befruchteten Eies in der Gebärmutter. Damit es dazu kommen kann, müssen folgende Voraussetzungen erfüllt sein: Wachstum und Reifung fortpflanzungsfähiger Keimzellen bei Mann und Frau, die Freigabe der Zellen aus den Keimdrüsen, das Zusammentreffen der Gameten am richtigen Ort, ihre Fähigkeit, miteinander zu verschmelzen, sowie Wachstum und Fortentwicklung der Zygote im Eileiter der Frau verbunden mit einer ausreichenden Nahrungsgrundlage.

1. Entwicklung der Keimzellen

Zum Verständnis der Befruchtungsvorgänge genügt es, darauf hinzuweisen, daß die Gameten in den männlichen und weiblichen Geschlechtsorganen in verschiedenen Vermehrungs-, Wachstums- und Reifungsperioden entstehen. Sie gewährleisten, daß genügend Keimzellen vorhanden sind, um die Weitergabe des Lebens zu sichern, daß alle Keimzellen so ausgestattet werden, daß sie bei dem Zusammentreffen miteinander verschmelzen und dem neu entstehenden Keim für eine kurze Zeit eine Ernährungsbasis bieten können. Weiter wird in der Reifungsperiode die Chromosomenzahl, die zunächst wie bei jeder anderen Körperzelle 46 beträgt, halbiert; jede Gamete erhält 22 Autosome und ein Geschlechtschromosom als Träger der Erbanlagen, der Gene[2].

2. Befruchtung

Die Befruchtung, daß heißt die Vereinigung eines Spermatozoon mit einer Oozyte findet normalerweise im „pars ampullaris“ des Eileiters statt[3]. Dorthin schwimmen auf Grund ihrer Beweglichkeit die Samenzellen selbständig über einen etwa 20 cm langen Weg durch den Zervixkanal (Gebärmutterhalskanal) und die Gebärmutter.

Das Ei wird zu dem Ort der Befruchtung durch die Bewegung des Eileiters transportiert, nachdem es im Ovarium herangereift, mit der Ovulation aus den es umgebenden Follikelzellen herausgestoßen ist und die Tube es durch ein vielfältiges Zusammenspiel verschiedener Faktoren aktiv aufgenommen hat[4]. Gewöhnlich reift innerhalb eines Ovarialzyklus von 28 Ta-

[2] Vgl. zu den Einzelheiten *Vasterling*, Praktische Spermatologie, S. 22 ff.

[3] Vgl. *Langman*, Embryologie, S. 23 m. w. N.

[4] Vgl. dazu *Bregulla*, Das menschliche Ei, in: Arch. Gynäk. 208 (1969), S. 57 ff. (58).

gen immer nur ein Ei endgültig heran. Werden mehrere Eier ausgestoßen, wenn entweder im Ovarium zwei Follikel platzen und zwei Eier durch die Tube wandern oder Eier aus beiden Ovarien heranreifen, kommt es zu Zwillings- oder Mehrlingsbildungen[5]. Es ist noch zu erwähnen, daß die Wirkungsweise der „Antibabypille" auf der hormonellen Unterdrückung der Ovulation beruht[6].

Nachdem die Samenzellen, angelockt durch Wirkstoffe, die Oozyte erreicht haben, beginnt in der Imprägnation eine von ihnen mit dem Eindringen. Sie überwindet die verschiedenen, die Eizelle umgebenden Zonen, bohrt sich in das Eiplasma ein und wird gleichzeitig von ihm aufgenommen[7]. Während der Imprägnation erhält die Oozyte ihre vollständige Reife mit der Vollendung der letzten Reifeteilung und ordnet ihre Chromosome im weiblichen Vorkern an. Findet eine Befruchtung nicht statt, degeneriert die Eizelle innerhalb von 24 Stunden nach der Ovulation.

In Reaktion auf die Imprägnation der männlichen Samenzelle beginnt die Verschmelzung der beiden Zellkerne. Das Spermatozoon ist bis in die Nähe des weiblichen Vorkerns vorgedrungen, sein aus stark verdichteter Zellsubstanz bestehender rundlicher Kopf schwillt zum männlichen Vorkern an. Die Chromosome der beiden Vorkerne beginnen sich zu verbinden.

Nach der Vereinigung hat die neugebildete Zelle wiederum einen für den Menschen charakteristischen Satz von 46 Chromosomen. Der noch einzellige Keim unterteilt sich danach schrittweise in Tochterzellen, die der nicht unterteilten Zelle morphologisch und physiologisch ähnlich sind. Mit jedem weiteren Schritt entstehen Paare zueinander fast spiegelbildlicher Zellen, in denen in der ersten und den nachfolgenden Unterteilungen die Ganzheit des Organismus erhalten bleibt[8].

Somit zeitigt die Befruchtung als wichtigste Ergebnisse die Wiederherstellung des normalen, menschlichen Chromosomensatzes, der sich zur Hälfte je aus väterlichen und mütterlichen Chromosomen zusammensetzt, die Bestimmung des Geschlechts und die Entwicklungsanregung im Teilungs- und Wachstumsimpuls für die Zygote[9].

Durch die Gametenverschmelzung ist eine Zelleinheit entstanden, die sich auf Grund des vorhandenen Genpotentials deutlich von den beiden ursprünglichen Zellen unterscheidet. Schon der einzellige Keim ist ein indivi-

---

[5] Vgl. *Boenig—Bertolini*, Entwicklungsgeschichte, S. 119.

[6] Vgl. *Döring*, Empfängnisverhütung, S. 51.

[7] Gleichzeitig verdichtet sich eine der Zonen, die „zona pellucida", zu einer unüberwindlichen Barriere für alle anderen Spermien, so daß immer nur ein Spermatozoon zur Befruchtung in das Ei gelangt.

[8] Vgl. *Zimmer*, Der Beginn des Lebens, in: DÄ 1968, S. 449 ff. (450).

[9] Vgl. *Boenig—Bertolini*, Entwicklungsgeschichte, S. 44.

dueller Organismus. Er besitzt Gestaltungskräfte, die in der Lage sind, alle Zellen des neuen Individuums zu bilden und so den späteren, vollendeten, menschlichen Organismus hervorzubringen. In der langsamen schrittweisen Gestaltwerdung entsteht niemals etwas eigentlich Neues, sondern nur Modifikationen eines bereits Vorhandenen[10].

3. Präimplantationsphase und Implantation

Die Zeitdauer der ersten Zellteilung beträgt ungefähr 30 Stunden[11]. Die nachfolgende Zellvermehrung läuft jedoch schneller ab. Es entsteht schließlich ein locker gefügter Zellhaufen, bei dem die einzelnen Zellen durch eine Zwischenzellsubstanz miteinander in Verbindung stehen und ein Stoffwechselfeld aufbauen[12].

Wenn die Zygote nach etwa drei Tagen das 12- bis 16-Zellen-Stadium erreicht hat, staut sich im Inneren des Keimes zwischen den Zellen Flüssigkeit. Die Interzellularräume konfluieren und beginnen eine einheitliche Höhle zu bilden. Es lassen sich nun eine zentral liegende innere Zellmasse und eine diese umgebende äußere Zellschicht unterscheiden. Etwa zu diesem Zeitpunkt hat der Keim seine Bildungsreise durch den Eileiter, die in ihrem determinierten Zeitplan für die Nidationsfähigkeit notwendig ist, beendet und erreicht die Gebärmutter. Dorthin ist er, da er keine Eigenbeweglichkeit besitzt, durch die Eileitermuskulatur bewegt worden[13].

In der Präimplantationsphase benötigt der junge Keim Aufbaustoffe und Energie, die bei der Arbeit der Entwicklungsdynamik verbraucht wird. Weil die Zygote selbst eine zu geringe Ernährungsbasis hat, ist sie mittels des Stoffwechsels auf Ernährungszufuhr von außen angewiesen. Dabei kann die Feststellung getroffen werden, daß die aufgenommene Nahrung dem Keim nicht zufließt, sondern er sie sich vielmehr aus seiner Umgebung entnehmen muß. Sie ist in Tubensekreten enthalten, die während der Wanderung das Ei in einer Sekretionswelle begleiten[14]. In jeder Phase der Entwicklung wird so ein Angebot zur Verfügung gestellt, das dem jeweiligen Energiebedarf und dem Stoffwechselbedarf der Zygote entspricht. Diese örtliche und zeit-

---

[10] Vgl. dazu *Blechschmidt,* Vom Ei zum Embryo, S. 36.

[11] Vgl. im einzelnen *Krone,* Die Bedeutung der Präimplantationsphase, in: Zbl. Gynäk. 90 (1968), S. 849 ff. (849).

[12] Bei Zerstörung dieses Stoffwechselfeldes entfallen die gegenseitigen Hemmungen der Stoffwechseltätigkeiten beider Zellen. Als Folge beginnt sich jede Zelle wie der einzellige Keim zu entwickeln. Es kommt zur Entstehung von eineiigen Mehrlingen. Vgl. *Ottow—Kraussold,* in: *Stoeckels* Lehrbuch der Geburtshilfe, Teil I, S. 329 ff.

[13] Vgl. *Stegner,* Die funktionelle Wechselwirkung zwischen Tube und befruchtetem Ei, in: Arch. Gynäk. 207 (1969), S. 136 ff. (136).

[14] Vgl. *Krone,* in: Zbl. Gynäk. 90 (1968), S. 850.

liche Synchronisation von Substratforderung der Frucht und Stoffangebot des Tubensekrets ist für die regelrechte Keimlingsentwicklung von lebenswichtiger Bedeutung[15]. Fällt sie aus, stirbt der Keim ab. Auf der Disregulation dieser Synchronisation beruht aller Wahrscheinlichkeit nach die Wirkungsweise der nidationsverhindernden Mittel, wie der Intrauterinpessare und der „morning-after-pill"[16].

Vier bis fünf Tage nach der Befruchtung gruppieren sich die Zellmassen neu. Die innere Zellmasse, die man jetzt als Embryoblast bezeichnet, nimmt eine exzentrische Lage ein. Die äußere Zellschicht oder der Trophoblast bildet die Wand. Aus ihr wächst die Placentaanlage, die zum Stoffwechsel- und Ernährungsorgan des Embryos wird. Dadurch entsteht eine blasenförmige Gestalt des Keimes, den man deswegen Blastozyste nennt.

Bevor die eigentliche Implantation einsetzt, bewegt sich die Blastozyste noch etwa zwei bis drei Tage von chemotaktischen Einflüssen geleitet frei und ohne Kontakt im Uterus. Erst dann beginnt, sechs bis sieben Tage nach der Befruchtung, die Implantation oder Nidation. Dazu legt sich die Blastozyste meist mit ihrem Embryonalpol an der Innenwand des Uterus, dem Endometrium, an. Trophoblast und Uterusepithel verkleben in der Kontaktaufnahme. Die kugelförmige Gestalt flacht ab, bis ein großer Teil der Trophoblastzellen breitflächig an die obere Zellschicht der Gebärmutterschleimhaut angeheftet ist. Die Blastozyste saugt sich gleichsam an. Im weiteren Verlauf dringt sie vollständig zwischen die Epithelzellen in die Uterusschleimhaut ein und ist etwa dreizehn Tage nach der Befruchtung vollständig im Endometrium verankert. Die Stelle, an welcher die Implantation stattgefunden hat, wächst wieder zu[17].

Das Endometrium muß bei der Ankunft des befruchteten Eies zur Implantation geeignet sein, das heißt, es muß sich auf dem Gipfel der Sekretionsphase befinden. Dazu wird die Schleimhaut der Gebärmutter in zyklischen Veränderungen von 28 Tagen dicker und gefäßreicher und bildet Nahrungs- und Wachstumsstoffe für eine eventuelle Aufnahme einer befruchteten Eizelle. Die mütterlichen Funktionen haben sich ganz auf die Ernährung der Frucht eingestellt[18]. Wird die Oozyte nicht befruchtet, löst sich das vorbereitete Gewebe und wird in der Menstruation aus dem Uterus ausgestoßen.

---

[15] Vgl. *Stegner*, in: Arch. Gynäk. 207 (1969), S. 151.

[16] Vgl. *Döring*, Empfängnisverhütung, S. 32 u. S. 72.

[17] Vgl. dazu *Strauss*, Die Ovoimplantation beim Menschen, in: Gynäk. Rdsch. 1 (1964), S. 3 ff. (4 ff.).

[18] Vgl. *Zimmer—Brusis*, Eine biologische Definition der Schwangerschaft, in: DÄ 1970, S. 839 ff. (839).

II. KEIMENTWICKLUNG

Nachdem sich als Ergebnis einer wechselseitigen Beeinflussung von fetalen und maternalen Aktivitäten die Blastozyste in der Uterusschleimhaut festgesetzt hat, beginnen sich Embryoblast und Trophoblast in unterschiedlicher Weise zu entwickeln. Auf die Schilderung des weiteren Wachstums des Trophoblasten zur Zotten- und Placentaanlage, die die Ernährung des Embryos durch komplizierte Stoffwechselmechanismen mit dem mütterlichen Organismus sicherstellen, soll hier verzichtet werden.

1. Embryonalperiode

In Embryoblasten lassen sich nunmehr Beobachtungen anstellen, wie in der dritten Entwicklungswoche aus den Zellen eine Keimscheibe von zwei aufeinanderliegenden Zellschichten entsteht: dem Entoderm und dem Ektoderm. Weil aber das Flächenwachstum des Keimes außen schneller zunimmt als innen, bildet sich zwischen Entoderm und Ektoderm ein Zwischenraum, in dem auf dem Primitivstreifen das Mesoderm heranwächst. Es gleicht das differente Flächenwachstum der beiden Keimscheiben aus.

Aus den drei Keimblättern, dem Entoderm, dem Ektoderm und dem Mesoderm entwickelt sich zwischen der vierten und achten Woche eine Reihe von spezifischen Organanlagen, bis gegen Ende des zweiten Monats die endgültige Körperform in ihren Hauptzügen sichtbar wird. Die gebildeten Organe zeigen morphologische Unterschiede, wie auch die physiologischen Aufgaben, die die drei Keimblätter während der Embryonalperiode zu erfüllen haben, verschieden sind[1].

a) Das Ektoderm gestaltet Organe des Schutzes und der Reizaufnahme, also solche, die die Beziehung des Körpers zur Außenwelt regeln. In diesem Bezirk entsteht ein Neuralrohr, in welchem die Anlage des Zentralnervensystems gesehen wird, mit zwei Abschnitten, von denen der eine die Anlage des Rückenmarkes und der andere die ersten Hirnbläschen mit Ansätzen für die Bildung von Augen und Ohren enthält.

Das Entoderm liefert jene Organe, die im weitesten Sinne die notwendigen Nahrungsstoffe aufnehmen und so umbauen, daß der Körper sie verwenden kann. Von ihm stammen die Mundregion, Speiseröhre, Kehlkopf, Lunge, Magen, Leber und Darmtrakt.

Das Mesoderm dient der Stoffwechselvermittlung, der Weitergabe der Nahrung innerhalb des Körpers, der Ausscheidung der Abfallstoffe und der

[1] Vgl. *Stark,* Die Frühphase der menschlichen Embryonalperiode und ihre Beurteilung für die Bedeutung der Säugerontogenese, in: Erg. Anat. Entwickl. Gesch. 35 (1956), S. 133 ff.

Stützung des Körpers. Hier entstehen der Knochenbau, die Muskulatur und das Bindegewebe, Herz, Brust- und Bauchfell, Niere und Harnblase[2].

b) Diese Entwicklung des Embryos wirft die Frage auf, welche entwicklungsdynamischen Kräfte die Anstöße zur Differenzierung der ersten Zellen in die einzelnen Organanlagen des Menschen geben. Denn es ist bekannt, daß in der ersten Phase des Lebens die Zellen noch undifferenziert sind und eine jede von ihnen die Potenz hat, den ganzen Embryo zu bilden, sie ist omnipotent. Und erst in kleinen Schritten werden immer wieder neue Lagebeziehungen zur Umwelt, neue Formen und Strukturen entwickelt, die die jeweilige Entwicklungsrichtung zeigen. Dabei sind die entstehenden Differenzierungen eine Einschränkung der ursprünglichen Entwicklungsfähigkeiten, mit der die Potenzen der einzelnen Zellen absinken.

Es wird nun die These aufgestellt, daß alle organischen Differenzierungen äußere Differenzierungen sind und deshalb lageabhängig[3]. Allein auf Grund ihrer Lage nehmen die verschiedenen Zellen des Eies eine festgelegte Entwicklungsrichtung ein, nicht etwa weil vorgefertigte Organanlagen in ihnen vorhanden wären. Man spricht von präsumptiven Organbezirken und meint damit, daß an bestimmten Stellen unter normalen Umständen die dort vorhandenen Potenzen bestimmte und stets gleiche Organe bilden.

Die undifferenzierten Zellen werden durch Kontakt mit Nachbarzellen in einem Stoffwechselfeld zur Differenzierung angeregt, während dagegen schon weiterentwickelte Zellen nicht mehr an eine neue Umgebung anpassungsfähig sind und deshalb als determiniert betrachtet werden müssen. Sind alle Zellen einmal induziert, dann haben die einzelnen Organbezirke ihre Bestimmung erhalten, die Zellen aber verlieren ihre Gleichartigkeit. Es entstehen so in einem entwicklungsdynamischen Prozeß immer neue Strukturen, die ihrerseits wiederum als Induktoren wirksam werden. Das ganze Entwicklungsgeschehen läuft in einer Kettenreaktion ab, bei der jeder Entwicklungsschritt durch den vorhergehenden verursacht ist und seinerseits wieder Ursache für den folgenden ist.

Die Differenzierung der einzelnen Zellen nach der Induktion geschieht durch die Aktivierung bestimmter Genabschnitte auf den Chromosomen. Da man sowohl in den Kernen der undifferenzierten als auch der differenzierten Zellen alle Informationen beobachten kann, die für die Entwicklung des Embryos notwendig sind, wird vermutet, daß bei den Differenzierungsschritten einzelne in den Genen gespeicherte Informationen abgerufen wer-

---

[2] Vgl. Überblick bei *Boenig—Bertolini,* Entwicklungsgeschichte, S. 88.

[3] Vgl. zum folgenden *Boenig—Bertolini,* a. a. O., S. 68; *Langman,* Embryologie, S. 104 f. m. w. N.

den, andere nicht benötigte durch das Vorhandensein eines Repressors blokkiert werden. So kann ein Gen erst dann wirksam werden, wenn die Repressorwirkung aufgehoben ist, wobei in den einzelnen Entwicklungsstadien eine verschiedene Anzahl von jenen freigesetzt wird.

Diese Forschungsergebnisse beweisen, daß das von *Haeckel*[4] aufgestellte „biogenetische Grundgesetz" unzutreffend ist. Nach diesem soll die individuelle Entwicklung, die der Organismus durchläuft, eine kurze gedrängte Wiederholung der Stammesgeschichte sein, welche die Generationen der Lebewesen auf der Erde im Laufe der Erdgeschichte durchgemacht haben. Die daraus gezogenen Folgerungen besagen, daß dem Keim erst auf einer bestimmten Entwicklungsstufe die Akzidenz des Menschseins zukäme.

Jedoch ist der menschliche Keim von Anfang an menschlich angelegt. Er hat schon im Einzellenstadium speziesspezifische Merkmale eines Menschen und die biologischen Kriterien des zellularen Lebens, nämlich Stoffwechsel und Wachstum. Seine weitere Entfaltung ist lediglich die Umwandlung der vorhandenen Anlagen. Was Entwicklung genannt wird, ist nicht der Fortschritt im Sinne einer individuellen Höherentwicklung aus vermeintlich unwesentlichen oder wesensanderen Anfängen. Daher gehen die Überlegungen, wann aus dem menschlichen Keim ein Mensch werde, von einer falschen Fragestellung aus. Ein Mensch wird biologisch gesehen nicht ein Mensch, sondern ist ein Mensch, und zwar in jeder Phase seiner Entwicklung[5].

2. Fetalperiode

Mit dem Beginn des dritten Lebensmonates ist die Differenzierung der wichtigsten Organanlagen — bis auf das Kleinhirn und Stammhirn — abgeschlossen. In der äußeren Gestalt des Embryos hat ein tiefgreifender Wandel stattgefunden. Die Frucht besitzt nun ein unverkennbares menschliches Aussehen und hat eine Größe von ungefähr 30 mm. Man spricht jetzt vom Fetus[6].

Nach der Fertigstellung der Struktur bauen sich auf der Basis der embryonalen Leistungen die einzelnen Funktionen und das Schema des

---

[4] Vgl. *Haeckel*, Natürliche Schöpfungsgeschichte, 1. Bd., Allgemeine Entwicklungslehren, S. 309.

Auf seine Theorie wird hingewiesen, um von vornherein Mißverständnisse über die Entwicklung des Lebens ausräumen zu können.

Vgl. dazu auch die ausführliche Behandlung bei *Schmidtlein*, Die Natur der menschlichen Leibesfrucht, Diss. München 1966, S. 38 ff.

[5] Vgl. *Blechschmidt*, Vom Ei zum Embryo, S. 34 ff. u. 49 f.

[6] Vgl. *Kobyletzki—Gellen*, Zur Vorhersage des embryonalen Entwicklungsstandes beim Menschen, in: Arch. Gynäk. 209 (1970/71), S. 293.

Erwachsenen auf. Jedes Organ hat sowohl eine Lageentwicklung als auch eine von ihr abhängige Form- und Strukturentwicklung zu durchlaufen. Äußerlich ist diese Periode durch ein schnelles Wachstum gekennzeichnet. Die Gliedmaßen erreichen ihre relative Länge im Vergleich zum übrigen Körper.

3. Mißbildungen und ihre Ursachen

Von besonderer Bedeutung für die rechtlichen Erörterungen ist die Behandlung der angeborenen Mißbildungen und ihrer Ursachen. Unter Mißbildungen versteht man im medizinischen Sprachgebrauch „die Auswirkungen von Störungen der Formbildung des ganzen Keimlingskörpers oder einzelner seiner Teile, die zur Entstehung von Formen geführt haben, welche die gewöhnliche Variationsbreite überschreiten“[7].

Schadensfaktoren liegen in Umwelteinflüssen, obwohl der menschliche Embryo durch den Uterus, die Eihäute und die Placenta gegen äußere mechanische Verletzungen geschützt ist und die Placenta ihn gegen schädliche Stoffe innerhalb des mütterlichen Organismus abschirmt[8]. Die Ursache kann in einem Mangel an essentiellen Bau- und Wirkstoffen gegeben sein, wenn der Übertritt dieser Stoffe vom mütterlichen Organismus zur Leibesfrucht behindert ist. Beispielsweise ist ein solcher Entstehungsmechanismus bei Virusinfektionen anzunehmen. Erreger reißen Fermente und Materialien zum Aufbau ihrer Lebenssubstanz an sich, so daß für die Körperzellen selbst eine Enzym- und Eiweißblockade eintritt[9].

Weiter können direkte Zellschäden den Keim in seiner Entwicklung beeinträchtigen. Es kommen Einwirkungen von strahlender Energie, Ultraschall, Temperaturschwankungen sowie die verschiedensten Gifte und Medikamente in Betracht[10].

Daneben stehen als Ursachen für angeborene Mißbildungen Erbfaktoren und Chromosomanomalien[11].

Es wird geschätzt, daß etwa zwei bis drei Prozent aller lebendig geborenen Kinder charakteristische Mißbildungen aufweisen. Von diesen sind insgesamt etwa zehn Prozent auf Umweltfaktoren, weitere zehn Prozent

---

[7] Vgl. so *Boenig—Bertolini*, Entwicklungsgeschichte, S. 68.

[8] Vgl. zu den einzelnen Faktoren *Kosenow*, Probleme der Entstehung angeborener Mißbildungen, in: Hippokrates, 1966, S. 921 ff. (923 ff.); *Töndury*, Embryopathien.

[9] Vgl. *Pache*, Pathologie der Vorgeburtsperiode, in: *Keller—Wiskott*, Lehrbuch der Kinderheilkunde, S. 104.

[10] Vgl. *Pache*, a. a. O.

[11] Vgl. *Wiedemann*, Pathologie der Vererbung und Konstitutionspathologie, in: Feer, Lehrbuch der Kinderheilkunde, S. 137 ff.

auf genetische und chromosomale Faktoren zurückzuführen. Die verbleibenden achtzig Prozent werden wahrscheinlich durch ein komplexes Zusammenspiel von genetischen Einflüssen und Umweltfaktoren verursacht[12].

Die Wirkung der verschiedenen Noxen ist weniger von ihrer Art abhängig als vor allem von dem Zeitpunkt des Schadens, dem teratogenistischen Terminationspunkt[13]. Sie ist nicht artspezifisch, sondern phasenspezifisch.

In der Progenese tritt eine Genopathie auf, wenn infolge chemischer oder physikalischer Noxen spontane Mutationen induziert werden und der Kern der Samen- oder Eizelle durch die Umlagerung von Genen eine Schädigung erleidet, die auf die kommende Generation vererbt wird. Genopathien bilden in der Regel Letalfaktoren und führen meist schon zum intrauterinen Fruchttod. Andere bleiben häufig in der geschädigten Generation latent, vererben sich aber rezessiv weiter. Deswegen ist eine Mißbildung auf Grund einer Genopathie nur schwer nachzuweisen[14].

Exogene Störungen in der Entwicklung der Keimzellen, die Gametopathien genannt werden, finden ihr wichtigstes Beispiel in den Chromosomaberrationen und -anomalien. Trennen sich bei den Reifeteilungen die einzelnen Chromosompaare nicht, so fehlt nachher in einer der Gameten ein entsprechendes Chromosom, während in der anderen ein doppelter Satz verbleibt. Vereinigt sich eine solche Zelle dann mit einer normalen Geschlechtszelle, so ist das genetische Material in allen Körperzellen des werdenden Menschen gestört. Gleiches gilt für die Befruchtung, wenn bei der Vereinigung der Chromosome Störungen auftreten. Daraus resultieren multiple Mißbildungen, Geschlechtsanomalien und Schwachsinnszustände.

Während der Blastogenese, also vom Anfang der individuellen Ontogenese in der Befruchtung, der Phase der Zellteilungen der befruchteten Eizelle auf ihrer Wanderung bis über die Nidation hinaus, gibt es für die Wirkungsweise mißbildender Faktoren nach allgemeiner Auffassung folgende Möglichkeiten: Entweder liegt infolge primärer Anlagefehler oder sekundärer Determinationsschädigungen[15] eine so große Schädigung vor, daß die Weiterentwicklung des Eies insgesamt in Frage gestellt ist, die größte Zahl

---

[12] Statistische Angaben nach *Langman*, Embryologie, S. 81.

[13] Vgl. *Bayer*, Abortiveier durch Ovipathien und Embryopathien, in: Zbl. Gynäk. 86 (1964), S. 281 ff. (283).

[14] Vgl. *Schubert*, Genschädigungen und deren biologische Bedeutung, in: Studium Generale, 1959, S. 194 ff. (196 f.).

[15] Eine sekundäre Determinationsschädigung tritt beispielsweise auf, wenn bei der Eiwanderung der richtige Nährstoff nicht zur richtigen Zeit am richtigen Ort zur Verfügung gestellt wurde. Vgl. *Bayer*, in: Zbl. Gynäk. 86 (1964), S. 281.

der Zellen degeneriert und der Keim schließlich abstirbt. Oder aber es werden nur wenige Zellen in Mitleidenschaft gezogen, so daß auf Grund ihrer Regulationsfähigkeit, die auf die Omnipotenz in diesem Stadium zurückzuführen ist, eine vollständige Regeneration erwartet werden kann. Der Schaden wird kompensiert und der schädigende Faktor noch in der Präimplantationsphase ausgeschaltet. Dennoch wird man totale oder partielle Doppelbildungen, Störungen in der Achsenstruktur in dieser Zeit ansetzen müssen[16].

Die tödlichen Störungen scheinen in dieser Zeit sehr groß zu sein, so daß darin ein regulatorisches Prinzip der Natur gesehen werden könnte, welches die Geburt mißgebildeter Kinder selten sein läßt. Wie hoch aber der Anteil ist, kann nicht mit Sicherheit gesagt werden.

Nach japanischen Angaben sollen in der kritischen Phase während der ersten vier Wochen nach der Befruchtung mehr als 30 Prozent aller Conceptus zugrunde gehen[17]. Zu erwähnen wären weiter die Forschungsergebnisse des amerikanischen Gynäkologen *Hertig* und seiner Mitarbeiter[18], die sich eingehend mit der Entwicklung des menschlichen Keimes in seiner Frühphase beschäftigt haben. Sie beobachteten insgesamt 34 befruchtete Eier innerhalb der ersten 17 Entwicklungstage. Von ihnen befanden sich noch acht in der Präimplantationsphase. Jedoch schienen nur vier von diesen acht Zygoten normal zu sein, während die übrigen vier Zeichen von Zelldegenerationen aufgewiesen hätten. Sie wären wahrscheinlich nicht zur Nidation gelangt. Von den 26 implantierten Blastozysten wären neun fehlgebildet. Meist hätte sich der Trophoblast so schlecht entwickelt, daß ein weiteres Wachstum des Keimes in Frage gestellt gewesen wäre. Diese Eier hätten vermutlich mit der nächsten Menstruation abgehen müssen.

Die sichersten Kenntnisse über die Bedeutung vorgeburtlicher Schädigungsfolgen bestehen in der Embryonalperiode. Die Stoffwechselvorgänge sind aktiviert, und von den sich differenzierenden Zellen werden besondere Entwicklungsleistungen verlangt. Aber gerade deswegen sind auch die meisten teratogenen Stoffe, sei es, daß sie erst in diesem Zeitraum in den mütterlichen Organismus gelangen, sei es, daß sie dort gespeichert wurden, hochwirksam. Die Art der erzeugten Mißbildungen hängt davon ab, welche Organanlage zur Zeit der Wirkung seine sensible Differenzierungsphase

---

[16] Vgl. dazu *Langman*, Embryologie, S. 95 f. m. w. N.; *Pache*, in: *Keller—Wiskott*, S. 106.

[17] nach *Knorr*, Kritische Phasen zwischen Befruchtung und Implantation, in: Ärztl. Forsch. 23 (1969), S. 217 ff.

[18] Vgl. *Hertig—Rock—Adams*, A description of 34 human ova within the first 17 days of development, in: Amer. J. Anat. 98 (1956), S. 435 ff. (451).

durchlaufen hatte. Auch die Embryopathie endet in vielen Fällen mit dem Fruchttod[19].

Im dritten Entwicklungsabschnitt, der Fetalperiode, ist die Differenzierung der meisten Organe, ausgenommen des Klein- und Stammhirns, abgeschlossen. Zu typischen Mißbildungen kann es nicht mehr kommen. Schädigungen wirken sich in der Form angeborener Krankheiten aus, deren Erscheinungsformen im Gegensatz zu den bisherigen Schwangerschaftsperioden Entzündungen und Narbenbildungen sind[20].

Neben diesen typischen angeborenen Mißbildungen und Krankheiten ist noch auf die Erscheinung der sogenannten Molen hinzuweisen. Es handelt sich bei ihnen um entwicklungsunfähige Schwangerschaftsprodukte, die infolge einer Störung der Trophoblastenentwicklung nur zur Bildung des Trophoblasten, also zur Ausprägung von Placenta und Eihäuten befähigt waren, nicht aber zur Entwicklung des Embryoblast. Auch wenn teilweise eine Embryonalanlage nachgewiesen werden kann, so ist sie nicht entwicklungsfähig und stirbt ab, weil eine ordnungsgemäße Ernährung der Frucht nicht stattfindet[21].

III. GEBURT

Hat der Fetus jene Entwicklungsstufe vollendet, auf der ihm ein extrauterines Leben möglich ist, wird er in der Geburt mitsamt seinen Placenta- und Zottenanlagen aus dem mütterlichen Körper ausgestoßen. Der Geburtsvorgang wird dadurch eingeleitet, daß die Muskulatur der Gebärmutter, die bisher als Fruchthalter das werdende Leben geschützt hat, in rhythmischer Kontraktion und Retraktion zur Wehentätigkeit erwacht und zum Fruchtaustreiber wird[1]. Nach der Eröffnung des Geburtskanals in der Eröffnungsperiode verläßt das Kind in der Austreibungsperiode den Uterus[2]. Es folgt

---

[19] Vgl. *Kosenow,* in: Hippokrates, 1966, S. 921 f.; *Bayer,* in: Zbl. Gynäk. 86 (1964), S. 297.

[20] Vgl. dazu *Loeschke,* Erkrankungen des Neugeborenen, in: Feer, Lehrbuch der Kinderheilkunde, S. 94 ff.

[21] Vgl. *Kyank,* Pathologie der Placenta, in: Stoeckels Lehrbuch der Geburtshilfe, Teil II, S. 456 f.

[1] Vgl. im einzelnen zur Geburt *Martius,* Lehrbuch der Geburtshilfe, S. 328; *Pschyrembel,* Praktische Geburtshilfe, S. 75 ff.; *Stoeckel—Kraatz,* Die normale Geburt, in: Stoeckels Lehrbuch der Geburtshilfe, Teil I, S. 195 ff.

[2] Für den Gynäkologen beginnt die Eröffnungsperiode mit dem langsamen Einsetzen anhaltender und regelmäßiger Geburtswehen. Da sich aber der Übergang der Schwangerschaftswehen in die geburtswirksamen Eröffnungswehen innerhalb mehrerer Tage vollzieht, ist der Beginn der Geburt zeitlich nur schwerlich genau und nur ex-post festzustellen.

Vgl. dazu auch *Martius,* Lehrbuch der Geburtshilfe, S. 287.

die Nachgeburtsperiode, in welcher die noch im Uterus befindliche Placenta mit den Nabelschnurresten und den Eihäuten abgelöst und ausgestoßen wird.

Die Eröffnungsperiode dauert in der Regel bei Erstgebärenden 13 bis 18 Stunden, bei Mehrgebärenden 6 bis 9 Stunden, während die Dauer der Austreibungsperiode bei der Erstgebärenden mit 2 bis 3 Stunden, bei der Mehrgebärenden mit 1 Stunde angegeben wird[3].

B. INHALT DES RECHTSBEGRIFFES „BEGINN DES LEBENS“

Das Werden des Menschen in einem sich über mehrere Stadien vollziehenden Vorgang wirft für den Juristen das Problem auf, von welchem Zeitpunkt der Entwicklung an das Leben in unserer Rechtsordnung einen Wert verkörpern soll, wo der Anfang des Schutzes und der Förderung des Menschen im Recht zu setzen ist. Seine Lösung vollzieht sich in der Definition der Rechtsbegriffe über den Beginn des Lebens. Hierfür sind nach dem Ergebnis der methodischen Überlegungen zur Auswahl der inhaltsbestimmenden Merkmale spezifische Bewertungsmaßstäbe zu suchen, die den Wertungsfaktoren, welche der Gesetzgeber bei der Normierung der einzelnen Lebensverhältnisse vorgezeichnet hat, entsprechen. Deren Bestimmung dient das rechtstechnische Mittel, die grundlegenden Einzelprobleme aufzugliedern, sie zu konkretisieren und somit die jeweils im Begriffsinhalt zu treffende Entscheidung aus dem umfassenden Sinnzusammenhang ableitbar und nachprüfbar zu machen. Eine solche Methode bedingt eine Auseinandersetzung mit Zweck und Gehalt der Rechtssätze, in denen der Rechtsbegriff „Beginn des Lebens“ Anwendung findet.

I. BEGINN DES LEBENS — BEGINN DES PERSONSEINS

Unsere Rechtsordnung stellt auf den Menschen als den obersten Wert ab und hat an den Tatbestand des Menschseins die Rechtsfolge des Personseins geknüpft. Die Grundlage dieser Entscheidung bildet die allgemeine Werterkenntnis vom Menschen als sich selbst bewußter und mit freiem Willen entscheidender Persönlichkeit[1]. Der Mensch hat einen Selbstwert und ist nicht nur ein Wert als Mittel für andere, er hat Würde. Ihm ist um seiner selbst willen ein Raum freier und selbstverantwortlicher Entfaltung zuzuweisen.

Diese Zuständigkeitsentscheidung zugunsten des Individuums ist in Artikel 1 des Grundgesetzes verankert: „Die Würde des Menschen ist unantast-

---

[3] Vgl. Angaben bei *Stoeckel—Kraatz*, in: Stoeckels Lehrbuch der Geburtshilfe, S. 220.

[1] Beachte zur Entwicklung des Personenbegriffs den Überblick bei *Coing*, Der Rechtsbegriff der menschlichen Person und die Theorie der Menschenrechte, in: Deutsche Landesreferate 1950, S. 191 ff. (195 f.).

bar. Sie zu achten und zu schützen ist Verpflichtung aller staatlicher Gewalt"[2]. Wirkt diese Norm auch eher als die Proklamation einer Wertgrundlage wie eine konkrete Rechtsfolgeanordnung, ist doch dieser „vor- und außerrechtlich"[3] gegebene Satz die „Basis für ein ganzes Wertsystem"[4].

Die Anerkennung der Rechtspersönlichkeit des Menschen und seiner Individualfreiheit durch das Recht drückt sich im Zivilrecht in der Rechtsfähigkeit aus, die als Ergebnis einer generalisierenden und systematisierenden Abstraktion in § 1 BGB an die Spitze des Gesetzes gestellt ist[5]. Der Mensch wird zum Zuordnungssubjekt, er erhält die Eigenschaft, Träger subjektiver Rechte und rechtlicher Pflichten sein zu können[6]. Die Rechtsfähigkeit schafft so die Voraussetzung, daß der Mensch frei handelnd am Sozialleben teilzunehmen vermag und nicht nur ein schutzloses Objekt ist.

Die sich aus der Rechtspersönlichkeit ergebenden Konsequenzen beinhalten weiter die Forderung, daß der Mensch in seiner Würde und in seinem Sein nicht verletzt werden darf. Das Personsein umschließt einen Rechtskreis, zu dem das Recht auf Nichtverletzung der Person in ihrem äußeren Dasein, in ihrem Leben, in ihrer Gesundheit und ihrer Freiheit gehört. Diese Werte sind durch die Rechtsgemeinschaft zu schützen und durch ihre Mitglieder zu achten[7]. Dabei ist der Staat nicht nur selbst verpflichtet, rechtswidrige Eingriffe zu unterlassen, sondern hat auch Angriffe Dritter abzuwehren und unter Strafe zu stellen, hat dem einzelnen seinen strafrechtlichen Schutz zu gewähren[8].

Der Mensch genießt als Person somit einen zweifachen Wert im Recht[9]. Das Personsein konkretisiert sich in den Normen, indem einmal der Vorteil der Rechtsfähigkeit im Vordergrund steht, wie im Zivilrecht, und indem

---

[2] Vgl. zu Art. 1 Abs. 1 GG *Dürig*, in: *Maunz—Dürig—Herzog*, GG, Art. 1 Abs. 1 Anm. 5 ff.; *Klein*, in: v. *Mangoldt—Klein*, GG, S. 149 ff.

[3] Vgl. so *Wolff*, H. J., Verwaltungsrecht I, § 33 I b.

[4] *Dürig*, Der Grundrechtssatz von der Menschenwürde, in: AöR 81 (1956), S. 117 ff. (119).

[5] Vgl. dazu *Westermann*, H., Person und Persönlichkeit, S. 8 f.

[6] Vgl. zum Begriff der Rechtsfähigkeit *Enneccerus—Nipperdey*, Bürgerliches Recht, § 83 I; *Larenz*, Allgemeiner Teil, S. 36 m. w. N.

[7] Vgl. dazu *Larenz*, Allgemeiner Teil, S. 66 f.

[8] Vgl. so *Krüger*, Herbert, Allgemeine Staatslehre, S. 203.

[9] Allgemein wird in der Literatur der Begriff des Personseins enger gesehen: vgl. *Enneccerus—Nipperdey*, Bürgerliches Recht, § 83 I: „... ein Rechtssubjekt oder was in der Rechtssprache gleichbedeutend ist, eine Person." Ähnlich äußert sich *Coing*, in: Deutsche Landesreferate 1950, S. 192 f.; dagegen weist *Westermann*, H., Person und Persönlichkeit, S. 12, auch auf die weitere Bedeutung hin: „Der Satz von der Rechtsfähigkeit des Menschen wirkt für alle Menschen, die damit ... zum Willenssubjekt und zu Schutzobjekt der Rechtsgemeinschaft werden."

zum anderen aus ihnen der Schutz des Menschen als schutzwürdiges Rechtsgut im Strafrecht folgt. Auf Grund dessen hat der Begriff „Beginn des Lebens" jeweils unterschiedliche Funktionen zu erfüllen[10]: Er hat den Beginn der Rechtsfähigkeit und den Beginn des Schutzes anzuzeigen.

Menschsein und Personsein sind für unser Recht identisch. „Und Mensch ist jedes Lebewesen, das von einem Menschen abstammt[11]." Die Rechtsordnung verzichtet bewußt darauf, den Begriff des Menschen näher zu charakterisieren, da die Ansicht besteht, daß alles, was an menschlichen Eigenschaften bewertend hervorgehoben werden könnte, in jedem Menschen vorhanden und damit potentiell von jedem Menschen zu verwirklichen ist. Und nur ein solch allgemeingültiger Begriff kann einen umfassenden Schutz sichern, bei dem es nicht auf körperliche, geistige oder sittliche Fähigkeiten oder irgendwelche anderen Kriterien ankommt[12].

Dagegen regelt das Gesetz auf Grund des in der Natur des Menschen liegenden Entwicklungsprozesses ausdrücklich den Beginn des Personseins in den einzelnen Rechtsinstituten. Es legt die Voraussetzungen, die an die Entwicklung des Menschen zu stellen sind, fest und bestimmt insoweit im Gegensatz zum Begriff „Mensch" im natürlichen Sinne den Umfang des Begriffes „Mensch" gleich „Person" im rechtlichen Sinne. Es kann auf diese Weise die sich aus dem Personsein ergebenden, konkreten Konsequenzen zeitlich begrenzen, ohne den Satz von der Identität von Menschsein und Personsein aufgeben zu müssen.

Es stellt sich aber die Frage, ob der Gesetzgeber überhaupt den Anwendungsbereich des Personseins einschränken und Ausnahmen vom Umfang der Rechtspersönlichkeit aller zulassen darf oder ob er nicht vielmehr auch in zeitlicher Hinsicht an das Erscheinungsbild des natürlichen Menschseins gebunden ist. Die gegebenen Antworten reichen von einem positivistischen Standpunkt, daß die Rechtspersönlichkeit des Menschen trotz ihres Grundsatzcharakters eine Schöpfung des Gesetzgebers sei, die Person also zur Normenkonstruktion und Fiktion würde, und er daher auch ihre formalen Bedingungen herbeiführen könne[13], bis zur naturrechtlichen Auffassung, daß die rechtliche Ordnung selbst aus dem natürlichen Sein abzuleiten sei und jede Konstruktion, die gegen die Tatsachen der Natur verstieße, dem Wesen des Rechts widersprechen würde[14].

---

[10] Vgl. dazu auch RG v. 29. 10. 1900, in: RGSt 33, S. 435 ff. (436).

[11] Vgl. *Westermann*, H., Person und Persönlichkeit, S. 7.

[12] Vgl. *Westermann*, H., Person und Persönlichkeit, S. 7.

[13] Vgl. *Enneccerus—Nipperdey*, § 83 II; so etwa *Brecher*, Subjekt und Verband, in: Festschrift für *Hueck*, A., 1959, S. 237 ff. (238) m. w. N.

[14] Vgl. so *Wolf*, Ernst, in: *Wolf—Naujoks*, Anfang und Ende der Rechtsfähigkeit des Menschen, S. 74 ff.

II. BEGINN DES LEBENS ALS BEGINN DER RECHTSFÄHIGKEIT

Der Gedanke der allgemeinen Rechtsfähigkeit des Menschen hat sich als Frucht der deutschen Rechtsphilosophie des 18. Jahrhunderts mit dem Allgemeinen Bürgerlichen Gesetzbuch für die gesamten deutschen Erblande der österreichischen Monarchie von 1811[1] in der Rechtswissenschaft durchgesetzt[2]. Er war den Verfassern des Bürgerlichen Gesetzbuches schon so selbstverständlich, daß sie ihn nicht mehr eigens aussprachen, sondern lediglich in § 1 den Beginn der Rechtsfähigkeit festlegten[3].

Die Rechtsfähigkeit bedeutet die Fähigkeit des Menschen, Zuordnungssubjekt, Träger von Rechten und Pflichten sein zu können, sie erwerben und über sie verfügen zu können. Begrifflich würde es zwar genügen, wenn der Mensch Subjekt nur eines Rechtssatzes wäre, wenn ihm nur durch eine einzige Norm eine Pflicht oder ein Recht zugeordnet würde. Aber der materielle Gehalt des Kulturrechtsgedankens ist nicht erreicht, wenn es sich allein um die Zuordnung einzelner Rechte und Pflichten eines Rechtsgebietes handelt, wenn also jedesmal von neuem festgestellt werden muß, ob der Mensch am Rechtsverkehr teilnehmen kann. Man wird ihm nur gerecht werden, wenn das Normensystem eines Rechtsgebietes ausnahmslos auf den Menschen als Rechtsperson bezogen ist, wenn der Mensch allein die Eigenschaft besitzt, Träger von Rechten und Pflichten sein zu können[4].

Die formale Voraussetzung, an welche unsere Rechtsordnung den Beginn der Rechtsfähigkeit anknüpft, ist der Beginn „eines selbständigen, von dem Mutterleib getrennten Daseins"[5] des Menschen. Sie ist nach § 1 BGB mit der Vollendung der Geburt gegeben. Der Gesetzgeber hat diesen Zeitpunkt ausdrücklich bestimmt, weil für die rechtliche Behandlung mehrere Möglichkeiten zur Wahl standen[6]. So hätte er daran denken können, wie in § 217 StGB das Menschsein im Rechtssinne mit dem Beginn der Geburt anzusetzen. Er hätte den Zeitpunkt der Befruchtung wählen können oder ein nach der Geburt offenkundig eintretendes Ereignis, wie zum Beispiel nach sächsischem

---

[1] Sein § 16 bestimmt: „Jeder Mensch hat angeborene, schon durch die Vernunft einleuchtende Rechte und ist daher als Person zu betrachten."

[2] Vgl. dazu auch *Conrad*, Individuum und Gemeinschaft in der Privatrechtsordnung des 18. und beginnenden 19. Jahrhunderts.

[3] Vgl. *Enneccerus—Nipperdey*, § 84 II m. w. N.

[4] Vgl. zum Inhalt und Umfang der allgemeinen Rechtsfähigkeit *Fabricius*, Relativität der Rechtsfähigkeit, S. 50 ff.

[5] Mot. zum BGB I, S. 28.

[6] Vgl. *Westermann*, H., BGB — Allgemeiner Teil. S. 2.

Volksrecht das neugeborene Kind erst die Wände des Hauses beschreien mußte, so daß vier Zeugen es hören konnten[7].

Mit der Festsetzung der Vollendung der Geburt als dem Beginn der Rechtsfähigkeit hat der Gesetzgeber gleichzeitig die Entscheidung getroffen, daß die Leibesfrucht nicht Trägerin von Rechten und Pflichten, nicht Zuordnungssubjekt von Normen sein kann. Nur soweit schutzwürdige Interessen als für sie belangvoll angesehen wurden, ist dieser Grundsatz durchbrochen und sind in Einzelvorschriften dem nasciturus bestimmte Rechte gesichert worden. Rechtstechnisch wählte man das Mittel der Fiktion, in welcher das ungeborene Kind dem geborenen Menschen gleichgestellt wurde.

1. Grundsätzliche Entscheidung des Zivilrechts: § 1 BGB „Vollendung der Geburt"

§ 1 BGB bezeichnet als Zäsur das biologische Ereignis der Vollendung der Geburt[8]. Durch die Wahl eines solchen Anknüpfungspunktes wird die fortlaufende menschliche Entwicklung rechtlich in zwei Abschnitte aufgeteilt, die jedoch biologisch nicht unbedingt wesensverschieden sind. So hat beispielsweise die Leibesfrucht kurz vor der Geburt alle Organanlagen und Funktionen entwickelt, die für das extrauterine Leben notwendig sind. Sie zeigt einen Kreislauf und intrauterine Bewegungen der Lunge, ihr Nervensystem arbeitet.

Das Gesetz wertet dagegen diese Tatsachen für das rechtliche Zusammenleben als unerheblich, stellt als Voraussetzung für das Menschsein im Rechtssinne das extrauterine Leben auf und spricht dem nasciturus ein Menschsein ab. Es erscheint daher nur noch als eine logische Konsequenz aus dem vom Gesetz festgelegten Begriff, wenn der nasciturus nicht rechtsfähig ist. In sprachlicher Folgerung umschreibt das Gesetz dann auch die Existenz der Leibesfrucht mit Wendungen wie „... wer noch nicht geboren, aber bereits erzeugt war"[9] und ähnlichen Formulierungen. § 331 II BGB nennt einen Dritten, der noch nicht geboren ist, und § 1923 II BGB denjenigen, der „... zur Zeit des Erbfalls noch nicht lebte".

a) Naturrechtliche Einwendungen und ihre Kritik

Gegen diese unterschiedliche Wertung von geborenem und ungeborenem Leben, die entgegen den biologischen Gegebenheiten gesetzesterminologisch

[7] Vgl. dazu *Conrad*, Deutsche Rechtsgeschichte, S. 529.
[8] Vgl. dazu *Böhle—Stamschräder*, in: *Erman*, BGB, § 1 Anm. 1.
[9] so z. B. § 844 Abs. 2 Anm. 2 BGB.

in der Leugnung des menschlichen Lebens der Leibesfrucht gipfelt, wendet sich vom Standpunkt des Naturrechts Ernst *Wolf*[10].

aa) Er argumentiert folgendermaßen: Das ungeborene Kind sei biologisch gesehen vom Augenblick der Zeugung an ein Mensch, weil in diesem Moment bereits Leben, und zwar menschliches Leben zur Entstehung gelange.

Wesentliche Unterschiede zum geborenen Menschen gebe es nicht. Insbesondere sei es willkürlich, in der Geburt ein so bedeutsames Ereignis zu sehen, daß nur der lebend geborene Mensch rechtsfähig sein könne[11]. Menschsein und Rechtsfähigkeit fielen aber zeitlich zusammen. Denn die Rechtsfähigkeit sei nur naturrechtlich zu bestimmen, nicht positivistisch. Sie sei eine dem Menschen von Natur aus „eigene Eigenschaft"[12]. Sie habe ihren Ursprung in der menschlichen Natur und nicht im staatlichen Willen. Kein Mensch könne ohne Rechtsfähigkeit bleiben. Sie beginne mit seinem Leben und ende mit seinem Tod. Jede Bestimmung, die die Rechtsfähigkeit später beginnen und früher enden ließe, wäre eine zeitliche Vorenthaltung der Rechtsfähigkeit und damit naturrechtlich unwirksam[13]. Wenn § 1 BGB die Rechtsfähigkeit erst mit der Vollendung der Geburt verbinde, so widerspreche er den natürlichen Gegebenheiten und damit auch dem Naturrecht. Die Rechtsfähigkeit beginne mithin schon mit der Zeugung des Menschen[14]. Außerdem sei darauf abzustellen, was das Gesetz tatsächlich gemeint habe. Dies zeige sich in zahlreichen Einzelvorschriften, die dem nasciturus Rechte gewähren und dadurch die grundsätzliche Regelung des BGB außer Kraft setzten. Sie würden generell die Rechtsfähigkeit des nasciturus anerkennen. Es geht daher nicht an, „per definitionem zu leugnen, was de facto anerkannt"[15] wird.

bb) Mit diesen Äußerungen hat Ernst *Wolf* eine belebte Diskussion um die Rechtsstellung des nasciturus eingeleitet, wenn auch seine Thesen in der Literatur auf fast einhellige Ablehnung gestoßen sind[16]. Insbesondere *Deynet*[17] hat den Versuch einer grundsätzlicheren Kritik unternommen. Er

---

[10] in: *Wolf—Naujoks*, Anfang und Ende der Rechtsfähigkeit des Menschen, S. 47 ff.

[11] *Wolf*, Ernst, a. a. O., S. 143 ff. Dabei stützt sich Wolf im wesentlichen auf die Aussagen der Gynäkologen *Ahlfeld*, Nasciturus, und *Naujoks* in derselben Schrift.

[12] ebd., S. 61 f.

[13] ebd., S. 68.

[14] ebd., S. 146.

[15] ebd., S. 146 ff., 149.

[16] Vgl. Besprechungen von *Schmidt*, R., in: AcP 155, S. 73 ff.; *Raape*, L., in: JZ 1956, S. 671; *Firsching*, in: FamRZ 1957, S. 102; *Krüger*, Hildegard, in: FamRZ 1957, S. 103.

[17] *Deynet*, Die Rechtsstellung des nasciturus, S. 15 ff.

trägt vor, daß das Naturrecht weder geeignet sei, positives Recht außer Kraft zu setzen, noch allgemeinverbindliches Recht aus der Natur der Sache allein abgeleitet werden könne. Es bestehe auch kein Bedürfnis dazu, da die positive Rechtsordnung sehr wohl das Anliegen zu erfüllen vermöge, einem jedem Menschen, auch dem Ausländer und Staatenlosen, die Rechtsfähigkeit zu verleihen, ohne daß ein überstaatliches Recht herangezogen werden müsse[18].

Schon wenn man die Rechtsfähigkeit als eine natürliche Eigenschaft des Menschen auffasse, werde man dem Wesen des Rechts nicht gerecht. Er fährt fort, daß jedes subjektive Recht zumindest zwei Rechtssubjekte voraussetze, den Berechtigten und denjenigen, der das subjektive Recht zu achten habe. Recht sei deswegen ein soziales Phänomen und entstehe nur in der zur Rechtsbildung befähigten Gemeinschaft. „Subjektive Rechte können deshalb nicht natürliche Eigenschaften des Menschen sein, weil der Mensch sie nicht als Einzelwesen, sondern als Glied einer Rechtsgemeinschaft besitzt[19]."

Das Recht als Gemeinschaftsordnung müsse daher notwendig einen der Natur des Menschen als Gemeinschaftswesen entsprechenden Inhalt haben. Das richtige Recht könne aber keineswegs aus der menschlichen Natur erkannt werden, weil das Bild vom Menschen sich im Laufe der Geschichte ständig wandele. Das möge zwar nicht auf einer Relativität der Werte beruhen, sondern nur auf einer Relativität des Wertbewußtseins, aber sie mache die dem Recht als Grundstrukturen zugrunde liegenden Axiome kulturgebunden und damit veränderlich[20].

Deynet führt weiter aus, daß das Recht nicht gelten könne, wenn es nicht als solches anerkannt werde. Nur wenn durch eine allgemeine Überzeugung oder durch einen Willensakt seine Durchsetzbarkeit garantiert sei, könne es seine ordnende Funktion entfalten, sonst bliebe es höchstens als sittliches Postulat ein Leitbild für den Gesetzgeber[21].

cc) Diese beiden Ansichten zeigen deutlich, wieweit die Auffassung von der Stellung des Menschen in der Rechtsgemeinschaft und ihre Begründung aus dem Wesen des Rechts divergieren können. Für Ernst *Wolf* ist das Personsein die Folge einer natürlichen Eigenschaft des Menschen; eine inhaltliche und wertmäßige Trennung der Begriffe „Person" und „Mensch" nicht möglich, weil sie gegen die natürliche Ganzheit des Menschen verstoße. Die Natur des Menschen ist nicht nur eine faktische Vorgegebenheit, sondern auch Richtmaß des Rechts. *Deynet* dagegen hält das Recht für ein soziales

---

18 ebd., S. 18; ebenso *Raape,* L., in: JZ 1956, S. 672.

19 ebd., S. 19.

20 ebd., S. 19 f.

21 ebd., S. 20.

Phänomen, dessen Geltung die Bedingung für die Möglichkeit des menschlichen Zusammenlebens darstellt und das daher die Ableitung der Rechtsfähigkeit nur aus dem Zusammenhang der Teilnahme an der Rechtsgemeinschaft und der Wertung in ihr erlaube.

Ohne die naturrechtlichen Fragen ausdiskutieren zu wollen, seien hier einige Zweifel an der These von Ernst *Wolf* erlaubt. Schon gegen den Versuch, in einer naturgegebenen Anlage des Menschen einen Gradmesser für das, was gelten soll, zu sehen, ließe sich der Kantsche Einwand bringen, daß man nicht aus dem, was ist, schließen kann, was sein soll[22]. Aber auch weiter beschränkt sich sein Begriff vom Menschen und seinen Eigenschaften nicht auf eine natürliche Wirklichkeit, verstanden in einem medizinisch-biologischen Sinn, sondern beinhaltet daneben noch spezifisch ethische Kriterien, wie Würde und Freiheit des Menschen, die wertmäßig begründet werden müssen. Indem man diese Wertungen mit dem Bild des Menschen verbindet — mögen sie auch notwendige Grundlage für rechtlich erwünschte Verhaltensmuster des einen Individuums zum anderen sein —, setzt man bestimmte Prämissen, die nachher als naturrechtliche Folgerungen aus den Eigenschaften des Menschen im Wege eines Zirkelschlusses herausgeholt werden. Daher muß es in der Tat fraglich bleiben, ob brauchbare überpositive Wertungen in Sachstrukturen zu finden sind.

Bei den sogenannten Postulaten des Naturrechts mag es sich vielmehr um in der Rechtsgemeinschaft verwurzelte Gerechtigkeitsvorstellungen handeln, deren Geltung unabänderlich und unbestritten ist. Auf sie muß der Gesetzgeber Rücksicht nehmen, wenn er sich „nicht mit Sittlichkeit und Kultur in Widerspruch setzen will"[23].

Aber selbst wenn man ein Bild des Menschen zugrunde legen wollte, in welchem die Würde des Menschen als Prämisse verankert ist, aus dem der Nachweis gelingen könnte, daß das Naturrecht die Rechtsfähigkeit geböte, so dürfte daraus immer noch nicht gefolgert werden, daß § 1 BGB unbeachtlich ist. Wie R. *Schmidt* ausführt, könne das Naturrecht nur elementare Grundentscheidungen treffen, es dürfe aber keinen Versuch machen, Sachregeln, die Einzelheiten von Rechtsmaterien ordnen, als allgemeingültig zu behaupten[24]. Das Recht hat insoweit eine Ordnungsfunktion zu erfüllen, es hat Fragen der Rechtssicherheit, Zweckmäßigkeit und Praktikabilität zu berücksichtigen. Dieser Ordnungsaufgabe entspricht es ohne weiteres, wenn die Rechtsfähigkeit an das leicht beweisbare Ereignis der Vollendung der Geburt

---

[22] Vgl. dazu auch *Zippelius*, Wesen des Rechts, S. 75.
[23] *Coing*, in: Deutsche Landesreferate 1950, S. 205.
[24] *Schmidt*, R., in: AcP 195, S. 73; ebenso *Enneccerus—Nipperdey*, § 33 V.

angeknüpft wird. Und mag auch der Aufbau des menschlichen Organismus im Augenblick der Zeugung beginnen, so erscheint es nicht völlig willkürlich, den Beginn des Personseins mit der Vollendung der Geburt anzusetzen. Dies entspricht einer allgemein verbreiteten Ansicht, erst den Geborenen als das eigentliche menschliche Individuum anzusehen[25]. Dann wird man auch kaum behaupten können, daß die prinzipielle Versagung der Rechtsfähigkeit für die Leibesfrucht in einem unerträglichen Widerspruch zu den grundlegenden Rechtsprinzipien steht, so daß sie unbeachtlich wäre, zumal ihr nicht entnommen werden kann, daß der nasciturus vor der Geburt schutzlos sein soll[26].

Im übrigen ließe sich auf die praktischen Unzulänglichkeiten einer unbedingten Vollrechtsfähigkeit des ungeborenen Kindes von der Befruchtung an hinweisen. Die damit verbundene Erbenstellung wäre unbefriedigend, da zum Beispiel in der ersten Entwicklungsphase keinerlei Beweis über die Existenz des werdenden Menschen geführt werden könnte; Ernst *Wolf* rückt daher auch von diesen Konsequenzen ab und schlägt eine weichere Lösung vor, in welcher er die Eigenschaft, Erbe sein zu können, durch die Geburt bedingt sehen will[27].

b) Voraussetzungen des Begriffs „Vollendung der Geburt“

Der Inhalt des Begriffs „Vollendung der Geburt“ ist nach den medizinisch-biologischen Erkenntnissen in verschiedenen Richtungen auslegungsfähig. Er könnte das Ende der Austreibungsperiode, der Nachgeburtsperiode oder das physiologische Ende des fetalen Lebens mit seiner Abhängigkeit vom mütterlichen Kreislauf meinen. Es darf aber davon ausgegangen werden, daß die Geburt mit den Motiven zum BGB der „auf dem natürlichen oder künstlichen Wege herbeigeführten Trennung vom Mutterleib“[28] vollendet ist. Zum maßgebenden Zeitpunkt wird so der Beginn des extrauterinen Daseins. Da die Trennung nur räumlich verstanden sein soll, aber nicht physiologisch, kommt es nicht auf die Auflösung des organismischen Zusammenhangs zwischen Mutter und Kind mit der Abnabelung an[29]. Dementsprechend lassen sich als Mindestvoraussetzungen für die Erlangung der Rechtsfähigkeit gemäß § 1 BGB folgende Momente nennen: Ein Kind muß

---

[25] Vgl. so auch *Fabricius,* Relativität der Rechtsfähigkeit, S. 114.

[26] Vgl. *Westermann,* H., BGB, AT, S. 2; siehe auch *Heldrich,* Deliktschutz des Ungeborenen, in: JZ 1965, S. 595.

[27] so in *Wolf—Naujoks,* S. 232.

[28] Mot. z. BGB I, S. 28.

[29] Vgl. auch *Enneccerus—Nipperdey,* § 84 III; *Böhle—Stamschräder,* in: *Erman,* § 1 Anm. 1.

den Mutterleib verlassen haben und zu diesem Zeitpunkt leben, während die Lebensfähigkeit selbst nicht erforderlich ist.

aa) Geburt eines Kindes

Ein Kind ist jedes Lebewesen, das von „Menschen erzeugt und geboren ist“[30]. Das gemeine Recht kannte noch als weiteres Erfordernis der Rechtsfähigkeit die menschliche Form und Bildung des geborenen Kindes und versagte dem sogenannten „monstrum“ oder „prodigium“ die Rechtsfähigkeit[31]. Nachdem die medizinische Wissenschaft aber den Begriff der Monströsität als gegenstandslos bezeichnet hat, da es Geburten ohne menschliche Form nicht gebe und ein noch so mißgestaltetes Kind immer ein Mensch sei, verzichteten die Verfasser des Bürgerlichen Gesetzbuches auf eine Grenzziehung zwischen dem „monstrum“ und der Mißgeburt. Die Bestimmung sei zu unsicher, als daß davon die Entscheidung über die Rechtsfähigkeit abhängig gemacht werden dürfte[32]. Und allein durch den Verzicht auf ein weiteres Identifizierungsmerkmal, wie es die „menschliche Bildung“ gewesen wäre, ist eine Relativierung und Aufweichung des Begriffs „Mensch“ zu verhindern. So bleibt sichergestellt, daß absolut jeder, der von einem Menschen abstammt, den Schutz und die Vorteile des Personseins genießt[33].

Dennoch wird in der Literatur von dem Erfordernis der menschlichen Gestalt nicht vollständig abgesehen. Ernst *Wolf*[34] weist unter Bezugnahme auf den Gynäkologen *Ahlfeld*[35] auf Schwangerschaftsprodukte, wie Molen und Acardiacii, hin und meint, sie könnten schwerlich als Menschen angesehen werden. Ebenso fordert *Deynet*[36] gestaltliche Voraussetzungen und bezeichnet nur solche Bildungen, die ein Herz haben, als Menschen.

Zur Klarstellung sei an dieser Stelle noch einmal darauf hingewiesen, daß Molen als Anlagestörungen der menschlichen Eizelle entstehen, wenn sich in der ersten Schwangerschaftsperiode nur die Zellverbände des Trophoblasten entwickelt haben. Sie bilden dann zwar gänzlich die kindlichen Ernährungsanlagen zur Mutter, wie Placenta, Eihäute und Mutterkuchen, sind aber wegen physiologischer Defekte nicht in der Lage, eine ausreichende Versorgung der Embryoblastzellen sicherzustellen. Es vermag sich dann entweder aus der Blastozyste kein Embryo zu bilden oder aber der Embryo stirbt in einem frühen Stadium ab. Molen können monatelang wie die sich

[30] Mot. z. BGB I, S. 28.
[31] Vgl. *Riezler—Coing*, in: *Staudinger*, BGB, § 1 Anm. 7 m. w. N.
[32] Mot. z. BGB I, S. 29.
[33] Vgl. *Westermann*, H., Person und Persönlichkeit, S. 7.
[34] in: *Wolf—Naujoks*, S. 88.
[35] Rechtsstellung des nasciturus, S. 42.
[36] *Nasciturus*, S. 29—32.

entwickelnde Frucht im Uterus getragen werden, bevor sie ähnlich wie in einer Fehlgeburt aus dem Uterus ausgestoßen werden[37].

Eine Diskussion über die Mencheneigenschaft der Molen geht daher von unzutreffenden Vorstellungen über ihre biologische Funktion aus. Als Trophoblastentwicklungen sind sie zwar Schwangerschaftsprodukte, sie entfalten jedoch keine eigene Entwicklungsdynamik und sind allein der Funktion untergeordnet, eine Stoffwechselverbindung zwischen dem ungeborenen Kind und dem mütterlichen Organismus herzustellen. Können sie aber wegen pathologischer Zustände diese Aufgabe nicht wie in einer normalen Schwangerschaft erfüllen, verkümmert der Embryo. Es ist auch indiskutabel, bei der Nachgeburt, also bei Placenta, Eihäuten und Nabelschnur, die ebenfalls Trophoblastbildung sind, von einem eigenständigen, organischen und menschlichen Leben zu sprechen. Sie wird als das behandelt, was sie ist: ein Mutter und Kind gemeinsames Organ, durch welches das Kind während seines intrauterinen Lebens ernährt wird, das aber nach der Schwangerschaft keine Funktion mehr hat und sinnlos geworden ist. Molen sind daher nicht menschliche Lebewesen im Sinne des § 1 BGB. Zu dieser Feststellung bedarf es keiner weiteren Voraussetzungen, wie „menschliche Gestalt" usw.

Anders verhält es sich bei den Acardii. Ihre Entstehungsgeschichte verläuft anfangs wie eine normale eineiige Mehrlingsschwangerschaft[38]. Während der Blastogenese kommt es zur Teilung der einen befruchteten Eizelle in mehrere Blastozysten. Nun besteht bei eineiigen Mehrlingsschwangerschaften die Besonderheit in der Placentaversorgung, als die placentaren Gefäßbahnen der eineiigen Mehrlinge nicht nur mit der Mutter, sondern auch untereinander in Verbindung stehen. Dadurch wird das Blut aus den arteriellen Gefäßen des einen in die venösen des anderen fetalen Stromgebietes überführt. Erfolgt dieser Blutaustausch nicht normal und hat sich der Kreislauf umgekehrt, dann kann es zur Ausschaltung, Atrophie und allmählichem Schwund des Herzens des einen Mehrlings kommen, der damit in eine „herzlose Mißgeburt"[39] verwandelt wird. Acardii treten als Acardius amorphus, der keine äußere menschliche Gestalt aufweist und als Acardius acephalus, bei dem der Kopf nur in Ansätzen gebildet ist, auf.

In der Regel erliegt der Mehrling den ungünstigen Zirkulations- und Ernährungsverhältnissen. Er wird zwar weitergetragen, geht aber unter

---

[37] Vgl. *Kyank*, Pathologie der Placenta, in: Stoeckels Lehrbuch der Geburtshilfe, Teil II, S. 456 f.

[38] Vgl. dazu *Ottow—Kraussold*, Die Mehrlingsschwangerschaft, in: Stoeckels Lehrbuch der Geburtshilfe, Teil I, S. 338; *Martius*, Lehrbuch der Geburtshilfe, S. 530 u. 603.

[39] *Ottow—Kraussold*, a. a. O., S. 338.

Resorption des Fruchtwassers in den Zustand der Mumifikation über, wird durch den im Amnionsack des lebenden Zwillings herrschenden Druck an die Gebärmutterwand gedrückt und kommt als Fetus papyraceus mit der Nachgeburt des lebenden Mehrlings zur Welt.

Treten diese Fälle in der medizinischen Praxis schon sehr selten auf[40], so sind sie in der juristischen noch nicht relevant geworden[41]. In der Literatur sprechen die obengenannten Autoren den Acardii die Menscheneigenschaft ab. So meinen Ernst *Wolf*[42] und *Deynet*[43], zur Körperbildung gehören neben der äußeren Gestalt auch die inneren Organe, wie Herz, Gefäße und Gehirn. Bei ihrem Fehlen sei kein Mensch vorhanden. Diese Prämissen, die Voraussetzungen für das Menschsein aufstellen, engen den Begriff ohne sachliche Notwendigkeiten ein und verstoßen gegen den Willen des Gesetzgebers, von jeder Einschränkung des Satzes abzusehen, daß jedes Lebewesen, das von einem Menschen abstamme, ein Mensch sei und daß der Begriff der Monströsität wegen der gegebenen Abgrenzungsschwierigkeiten als gegenstandslos zu betrachten sei[44]. Acardii sind echte menschliche Individualentwicklungen aus dem Embryoblasten, die ein eigenes organisches Leben führen, auch wenn teratogene Faktoren eine normale Entwicklung und Differenzierung verhindert haben.

Zeigt sich nach der Geburt noch Leben, so ist es nicht möglich, an Hand vorhandener oder nichtvorhandener Organe eine Trennungslinie zu ziehen und zu sagen, wann eine menschliche Gestalt normal ist und wann nicht. Entscheiden kann allein das Leben, das heißt die Funktion des Gesamtorganismus. Ebensowenig wie an der Schwelle zum Tod schon der Verlust einer Organfunktion eine Aussage über den Tod des Individuums herleiten läßt, ebensowenig kann das Fehlen eines lebenswichtigen Organs über die Menscheneigenschaft entscheiden. Allein die Abstammung des Lebewesens ist ein taugliches Abgrenzungskriterium[45].

Im übrigen kommt Ernst *Wolf* in Schwierigkeiten, wenn er einmal von der naturrechtlichen These ausgeht, schon der nasciturus sei mit der Befruchtung rechtsfähig, der Acardius aber sei kein Mensch und damit nicht rechtsfähig, obwohl sich sein Schicksal erst im weiteren biologischen Verlauf der Schwangerschaft entscheidet. Notwendigerweise muß er dem Acardius die einmal erworbene Rechtsfähigkeit wieder absprechen.

---

[40] Es finden sich z. B. in der neueren medizinischen Literatur keine Beschreibungen.
[41] Die Rechtsprechung hat diese Problematik noch nicht behandelt.
[42] in: *Wolf—Naujoks*, S. 88.
[43] Rechtsstellung des nasciturus, S. 41.
[44] Mot. z. BGB I, S. 28.
[45] Vgl. auch *Enneccerus—Nipperdey*, § 84 III m. w. N.

bb) Vollendung der Geburt

Vollendet ist die Geburt im Rechtssinne dann, wenn das Kind vollständig den Mutterleib verlassen hat[46]. Es kommt allein auf die räumliche Trennung an, so daß weder der Beginn einer physiologisch selbständigen Existenz noch die Abnabelung Voraussetzung ist.

Zur Klarstellung sei darauf hingewiesen, daß die physiologisch selbständige Existenz beginnt, wenn sich der kindliche Organismus mit dem Einsetzen der Lungenatmung und der damit verbundenen Umstellung des Kreislaufs auf das extrauterine Leben eingerichtet hat. Dies kann vor der Vollendung der Geburt gegeben sein, falls sich beispielsweise die Placenta und die Eihäute während der Austreibungsperiode vom Uterus lösen. So kann dieser Zeitpunkt nach der räumlichen Trennung eintreten, falls das Neugeborene noch einige Zeit über die Nabelschnur von der Mutter mit ernährt wird.

Aus diesen Gründen ist aber auch das Ereignis der räumlichen Trennung das einzig beweissichere im Geburtsvorgang.

Eine Schnittentbindung ist der normalen Geburt gleichzustellen. Die Geburt ist mit der Entnahme des Kindes aus dem Mutterleib vollendet.

cc) Leben des Kindes bei Vollendung der Geburt

Da schon allein durch die räumliche Trennung von Mutter und Kind die Geburt im Rechtssinne vollendet ist, muß als weiteres, eigentlich selbstverständliche Erfordernis, das Leben des Kindes nach der Vollendung der Geburt gegeben sein. Die Frage nach dem Leben ist aus dem ganzheitlichen Befund der Funktionen des Organismus zu entscheiden. Hat das Kind mit der Vollendung der Geburt ein Lebenszeichen irgendwelcher Art von sich gegeben, auch wenn es unmittelbar danach gestorben ist, liegt eine Lebendgeburt vor[47]. Ein Foetaltod ist dagegen gegeben, wenn das Kind zwar vor und während der Geburt gelebt hat, aber vor der Vollendung der Geburt und der räumlichen Trennung gestorben ist[48]. Es darf aber nicht verkannt werden, daß die materiell-rechtliche Frage, was Leben sei, verdrängt wird von der beweisrechtlichen, wie es festzustellen ist[49].

Aus praktischen Gründen ist als Voraussetzung für den Erwerb der Rechtsfähigkeit die Lebensfähigkeit des neugeborenen Kindes nicht in das Bürgerliche Gesetzbuch übernommen worden. Denn die Frage, ob ein lebendgeborenes, aber sofort wieder verstorbenes Kind lebensfähig gewesen war

---

[46] Vgl. dazu oben S. 32.

[47] Vgl. *Schulze—v. Lasaulx*, in: *Soergel—Siebert*, BGB, § 1 Anm. 1 m. w. N.

[48] *Riezler—Coing*, in: *Staudinger*, BGB, § 1 Anm. 3.

[49] Vgl. hierzu auch *Enneccerus—Nipperdey*, § 84 III.

oder nicht, läßt sich in der Regel nicht mit Sicherheit beantworten[50]. Soweit ausländische Rechte das Erfordernis der Lebensfähigkeit kennen, liegt ihnen der Gedanke zugrunde, daß die Rechtsfähigkeit dem Kinde um seiner selbst willen verliehen sei. Ein Kind, das nur geboren werde, um zu sterben, solle keine Rechtspersönlichkeit erlangen. Man müsse verhindern, daß durch die Geburt lebensunfähiger Kinder die Erbfolge verändert werde, auch wenn die Unbestimmtheit des Begriffes der Lebensfähigkeit in Kauf zu nehmen sei[51].

Das Bürgerliche Gesetzbuch kennt keine Vermutung für die Lebendgeburt. Wer sich darauf beruft, muß beweisen, daß das Kind gelebt hat[52]. Der Unterscheidung zwischen der Lebendgeburt und dem Foetaltod kommt daher hinsichtlich der Beweiszeichen eine besondere Bedeutung zu. Unser Personenstandsrecht läßt im Anschluß an die von der Weltgesundheitsorganisation gegebene Definition der Lebendgeburt die freie Beweiswürdigung aller Lebenszeichen zu. Die Definition lautet im einzelnen[53]:

„Eine Lebendgeburt liegt vor, wenn das aus einer Empfängnis Hervorgegangene, unabhängig von der Dauer der Schwangerschaft, aus dem Mutterleib vollständig ausgestoßen oder entnommen wurde, nach der Scheidung vom Mutterleib jedoch atmet oder ein anderes Zeichen des Lebens zeigt, so Herzschlag, Pulsation der Nabelschnur oder deutliche Bewegung willkürlicher Muskeln, wobei es keine Rolle spielt, ob die Nabelschnur durchschnitten worden ist oder nicht, desgleichen, ob die Placenta noch anliegt oder nicht. Jedes aus einer solchen Geburt Hervorgegangene wird als Lebendgeburt angesehen."

„Ein Foetaltod liegt vor, wenn das aus einer Empfängnis Hervorgegangene, unabhängig von der Dauer der Schwangerschaft, abstirbt, bevor es aus dem Mutterleib vollständig ausgestoßen oder aus dem Mutterleib entnommen wurde; der Tod wird angezeigt durch die Tatsache, daß die Frucht nach der Scheidung vom Mutterleib nicht atmet oder irgendein anderes Zeichen des Lebens zeigt, so Herzschlag, Pulsation der Nabelschnur oder deutliche Bewegung willkürlicher Muskeln."

Diese klassischen Beweiszeichen[54] für das Leben des Kindes hat im wesentlichen der § 29 der AVO zum PStG vom 1. August 1957[55] übernommen:

---

[50] Mot. z. BGB I, S. 28.

[51] Vgl. Überblick über das französische, englische und schottische Recht in dieser Frage bei *Deynet*, Rechtsstellung des nasciturus, S. 50 ff.

[52] Vgl. *Danckelmann*, in: *Palandt*, § 1 Anm. 2.

[53] nach *Naujoks*, in: *Wolf—Naujoks*, S. 22.

[54] Vgl. *Enneccerus—Nipperdey*, § 84 III.

[55] Vgl. BGBl. 1957 I, S. 1139.

„Eine Lebendgeburt liegt vor, wenn bei einem Kinde nach der Scheidung aus dem Mutterleib entweder das Herz geschlagen oder die Nabelschnur pulsiert oder die Lungenatmung eingesetzt hat."

Die Nichtberücksichtigung der Bewegung willkürlicher Muskeln bedeutet keine Einschränkung des Beweises, sondern die negative Bewertung eines Beweiszeichens, da krampfhafte Zuckungen noch längere Zeit nach dem Erlöschen der Funktionen möglich sind. Durch diese neue Fassung des Personenstandsgesetzes wurde im Gegensatz zum alten Zustand, wonach die Lebendgeburt allein aus der Lungenatmung bewiesen werden konnte, materielle Lage und Beweisrecht in Übereinstimmung gebracht[56].

2. Sicherung vermögensrechtlich-technischer Interessen des nasciturus

Aus der grundsätzlichen Entscheidung des BGB in § 1, daß die Rechtsfähigkeit des Menschen erst mit der Vollendung der Geburt beginnt, folgt umgekehrt, daß der nasciturus, auch wenn er schon ein natürliches Leben hat, keine Person im Rechtsinne ist. Er kann kein Zuordnungssubjekt von Rechten und Pflichten sein. Diese Anknüpfung des Beginns der Rechtsfähigkeit bringt es mit sich, daß eine vergleichbare Interessenlage bei einem Menschen kurz vor und kurz nach der Geburt unterschiedlich behandelt wird, nicht so sehr, weil eine unterschiedliche Bewertung der Sachverhalte in rechtlicher Hinsicht am Platze wäre, sondern weil sich zufällig die zeitliche Reihenfolge bestimmter Ereignisse verschoben hat[57]. Ein Ergebnis auf Grund unabwägbarer Zufälle ist aber willkürlich und unangemessen, es verletzt schutzwürdige und -bedürftige Belange der Leibesfrucht.

Um daher berechtigte Interessen der Leibesfrucht zu schützen, hat der Gesetzgeber den Grundsatz von § 1 BGB eingeschränkt und dem „werdenden Menschen auf privatrechtlichem Gebiet eine gewisse Berücksichtigung zuteil"[58] werden lassen.

a) In der rechtstechnischen Lösung der vorliegenden Problematik verzichteten die Verfasser des Bürgerlichen Gesetzbuches darauf, wie im gemeinen Recht zugunsten der Leibesfrucht, die allgemeine Maxime des Inhaltes „nasciturus pro iam nato habetur, quotiens de commodis ipsius agitur" aufzustellen[59]. Denn sie hielten ihre Einschränkung für notwendig, sahen

---

[56] Vgl. *Meier*, E., Die Definition des Foetaltodes nach dem Vorschlag der Weltgesundheitsorganisation, in: Allgemeines Statistisches Archiv, 38 (1954), S. 225 ff.

[57] Vgl. auch das vielgebrachte Argument, daß es nicht einzusehen sei, warum ein kurz vor dem Tod des Erblassers geborenes Kind erben, ein kurz nachher geborenes leer ausgehen solle. So u. a. *Brox*, Erbrecht, Rdn. 95.

[58] Mot. z. BGB I, S. 29.

[59] Vgl. Mot. z. BGB I, S. 29. — Dort sind auch die Kodifikationen aufgezählt, in denen dieser allgemeine Satz Geltung hatte; so z. B. preuß. ALR I 1 § 12; sächs. GB § 32; Österr. GB § 22.

aber keine Möglichkeit, „die Parömie zutreffend zu beschränken"[60]. Sie wählten vielmehr den Weg, in Einzelvorschriften dem ungeborenen Menschen diejenigen Rechte zu sichern, die seiner Interessenlage entsprächen.

Dazu bedient sich das Gesetz jeweils des technischen Mittels der Fiktion, der „gewollten Gleichsetzung eines ungleich Gewußten"[61] und stellt den nasciturus dem bereits geborenen Menschen gleich. Seine Existenz wird für den Zeitpunkt des Anfalls der Rechte fingiert. Die Voraussetzung, unter welcher diese Fiktion wirksam wird, ist die Lebendgeburt. Denn der Gesetzgeber meinte, die Leibesfrucht nicht als wirklich vorhanden ansehen zu können. Er hob in einer zweiten Fiktion die erste wieder auf und behandelte das ungeborene Kind so, als ob es bis zur Geburt nicht Subjekt der anfallenden Rechte gewesen wäre[62]. Befreit man sich von der Fiktionsform des Gesetzes, könnte man sagen, daß entgegen dem Grundsatz von § 1 BGB der nasciturus schon als rechtsfähig behandelt wird. Das Gesetz erkennt ihm der Sache, wenn auch nicht dem Wortlaut nach, eine auf bestimmte Rechtssätze beschränkte Rechtsfähigkeit zu.

b) Gemäß den Absichten wurde der nasciturus zur Wahrung seiner Belange in einer Reihe von Sondervorschriften[63] als geschütztes Subjekt anerkannt.

aa) In der Hauptsache betreffen sie das Gebiet des Erbrechts. Es sei ein „Satz von allgemeiner Geltung, daß in Ansehung des erbrechtlichen Erwerbes eine empfangene, aber noch nicht geborene Person, falls sie später lebend zur Welt kommt, einem geborenen Menschen gleichzustellen" sei[64]. Dementsprechend behandelt § 1923 II BGB den bereits erzeugten, aber noch nicht geborenen Menschen als Erben.

Der nasciturus kann auf Grund gewillkürter Erbfolge — Testament, Erbvertrag oder Vorerbschaft — oder auf Grund gesetzlicher Erbfolge in die Erbenstellung einrücken. Er hat die Möglichkeit, schuldrechtliche Ansprüche zu erwerben, wie einen Vermächtnisanspruch und einen Pflichtteilanspruch.

Zur Sicherung dieser Vermögensfürsorge für den künftigen Menschen hat das Gesetz in verschiedener Hinsicht Vorsorge getroffen:

Neben der Nachlaßpflegschaft zur Wahrung des künftigen Erbrechts wird für den Fall des Pflichtteils oder eines Vermächtnisses nach § 1912 BGB

---

[60] Mot. z. BGB I, S. 29.

[61] *Larenz,* Methodenlehre, S. 199.

[62] Vgl. *Fabricius,* Relativität der Rechtsfähigkeit, S. 144; *Esser,* Wert und Bedeutung der Rechtsfiktion, S. 170 f.

[63] Es handelt sich im einzelnen um §§ 331 II, 844 II 2 BGB (§ 3 II 2 Haftpfl.G, § 10 II 2 StVG, § 35 II 2 LuftVG, § 28 II 2 AtomG), §§ 1912 I, 1918 II, 1923 II 1963, 2043 I, 2101, 2106 II, 2108, 2141, 2178 BGB, § 43 JWG.

[64] Mot. z. BGB I, S. 29.

ein Pfleger eingesetzt, der die Rechte des noch nicht Geborenen wahrnimmt[65]. Die Mutter des zu erwartenden Erben bzw. Nacherben erhält nach §§ 1963, 2141 BGB einen Anspruch auf Unterhalt aus dem Nachlaß bzw. dem Erbteil des Kindes. Gemäß § 2043 BGB muß die Auseinandersetzung einer Erbengemeinschaft so lange aufgeschoben werden, bis Klarheit über die Erbenstellung des werdenden Menschen besteht.

Weiter sind Auslegungsregeln und Ergänzungsvorschriften, die sowohl die testamentarische Erbfolge wie auch Vermächtnisse betreffen, anwendbar.

bb) Im Schuldrecht findet der nasciturus zunächst in der Institution des Vertrages zugunsten Dritter — § 331 II BGB — Berücksichtigung. § 331 I BGB stellt eine Vermutung über den Zeitpunkt des Erwerbes auf und sagt, daß die Leistung mit dem Tode des Versprechensempfängers erfolgen soll[66]. Ist dann der begünstigte Dritte noch nicht geboren, so erwirbt er nach § 331 II BGB das Recht, die Leistung an sich selbst zu fordern mit seiner Geburt. Der Versprechende bleibt solange gebunden.

§ 331 II BGB hat nur scheinbar das Aussehen eines bedingten Versprechens für den Fall der Geburt. Er schützt die gefährdeten Rechte des ungeborenen Dritten, weil die Erben des Versprechensempfängers häufig an der Erfüllung des Versprechens kein Interesse zeigen und geneigt sind, den Schuldner von seiner Verpflichtung, an den Dritten zu leisten, zu befreien. Da der Dritte noch nicht als Rechtssubjekt vorhanden ist und daher auch keine Rechte erwerben kann[67], schafft das Gesetz eine rechtliche Gebundenheit, die bereits vor der Geburt und vor der Erzeugung mit dem Versprechen entsteht[68].

Zweifel tauchen auf, ob auch die in der Literatur zu § 328 BGB vorgenommene Analogie, die Verfügung zugunsten eines Dritten, auf diesen Sachverhalt anwendbar ist. Insbesondere H. *Westermann*[69] ist entgegen der herrschenden Meinung[70] der Auffassung, daß eine Verfügung zugunsten eines Dritten in Analogie zu § 328 BGB angenommen werden könne, soweit bei der Verfügung die Einigung in Frage stehe. Denn § 328 BGB stelle eine Zuordnungsform da, die nicht nur auf den ursprünglichen Erwerb eines

---

[65] Vgl. dazu *Brox*, Erbrecht, Rdn. 766; *Riezler—Coing*, in: *Staudinger*, BGB, § 1 Anm. 12.

[66] Vgl. *Larenz*, Schuldrecht, AT, § 11 II; *Westermann*, H., in: *Erman*, BGB, § 331 Anm. 1.

[67] Vgl. *Bagel*, Zur rechtlichen Stellung der noch nicht erzeugten Deszendenz, in: Gruch. 1908, S. 193 ff. (223).

[68] Vgl. RG vom 9. 3. 1907 in RGZ 65 (1907), S. 277 ff. (281).

[69] *Westermann*, Sachenrecht, § 3 II 4; ihm folgend *Larenz*, Schuldrecht, AT, § 11 IV; *Brox*, Erbrecht, Rdn. 883.

[70] So insbesondere die Rechtsprechung; vgl. BGH vom 29. 1. 1964 in BGHZ 41. S. 95; *Palandt*, Einf. 5 c vor § 329 m. w. N.

Leistungsanspruchs beschränkt sei, sondern für das Willensmoment der Verfügung schlechthin passe. Auch die besondere Interessenlage einer sachenrechtlichen Verfügung schließe die Anwendung nicht aus. Denn in der Regel sei bei einer Verfügung nicht die Einigung offenkundig, vielmehr die Besitz- und Grundbuchveränderungen legten den Verfügungserfolg, nicht aber den Verfügungsvorgang offen. Bei einer Verfügung zugunsten eines Dritten blieben aber die weiteren Vollzugselemente, die die Verfügung offenkundig machten, unberührt[71]. Hinzufügen ließe sich, daß sich aus der systematischen Stellung des § 328 BGB im Schuldrecht keine Bedenken herleiten lassen, da auch im Allgemeinen Teil des Schuldrechts mit Abtretung und Schuldübernahme verfügungsrechtliche Tatbestände geregelt sind[72].

Die Frage der Verfügung zugunsten Dritter im Hinblick auf die besondere Rechtsstellung des nasciturus und des nondum conceptus ist bisher nur von *Deynet*[73] erörtert worden. Nach seiner Auffassung ist in diesem Rahmen eine Analogie nicht möglich, weil zum Beispiel die Verschaffung von Rechten, bei denen eine Besitzübertragung erforderlich sei, ohne Beteiligung des Bedachten nicht durchgeführt werden könne. Der Grundsatz, daß Rechte, die mit dem Besitz verbunden sind, nicht ohne Inhaber bleiben sollten — dies führe sonst zu einer vom Gesetzgeber vermiedenen heriditas iacens —, lasse nur den Schluß zu, daß die Zuwendung von derartigen Rechten an zukünftige Personen durch einen Verfügungsvertrag zugunsten Dritter nicht möglich sei. Jede Analogie zu § 331 II BGB müsse zu einer Erweiterung der Rechtsfähigkeit über die vom Gesetz gezogenen Grenzen führen.

Deynet übersieht, daß eine Analogie zu § 331 II BGB allein nicht in Frage steht. Dies ist ein Sondertatbestand, der lediglich eine Vermutung über den Zeitpunkt des Erwerbs eines Rechts aufstellt und insofern die Bindung des Versprechenden an sein Versprechen betrifft. Die Analogie zu § 328 BGB bezieht sich nur auf das Willensmoment der Verfügung, nicht auf die weiteren Vollzugsmomente des Verfügungstatbestandes, wie Besitzverschaffung und Grundbucheintragung. Damit der Verfügungserfolg eintreten kann, müssen diese in der Person des Erwerbers verwirklicht sein, sonst geht das betroffene Recht nicht über. Soweit allein das Tatbestandsmerkmal der Einigung und die Bindung des Versprechenden in Betracht kommt, bestehen keine Bedenken gegen eine Verfügung zugunsten des ungeborenen Dritten. Die von H. *Westermann* genannten Gründe liegen auch hier vor[74].

---

[71] Vgl. *Westermann*, H., Sachenrecht, § 3 II 4.
[72] Vgl. *Brox*, Erbrecht, Rdn. 883.
[73] *Deynet*, Rechtsstellung des nasciturus, S. 102 f.
[74] *Westermann*, H., Sachenrecht, § 3 II 4.

Zu überlegen bliebe nur, ob hinsichtlich der anderen Tatbestandsmerkmale, die den Verfügungserfolg offenlegen, eine Fiktion des Inhalts aufgestellt werden kann, daß der künftige Mensch unter der Voraussetzung seiner Lebendgeburt dem geborenen Menschen gleichzustellen ist. Als Besonderheit muß beachtet werden, daß nach § 331 II BGB auch der nondum conceptus bedacht werden kann.

Die möglichen Lösungswege haben daher die Tatsache zu berücksichtigen, daß nach der gesetzlichen Interessenregelung die vermögensrechtliche Zuordnung von Gegenständen nur an Personen möglich ist, deren Existenz real bestimmbar ist, wie die des nasciturus, daß der nondum conceptus allein schuldrechtliche Zuwendungen erhalten soll[75]. Um diesen Erfolg zu erreichen, kommt einzig eine Analogie zu §§ 1923 II, 2108 I BGB in Betracht. Es könnte so einerseits die Verfügung zugunsten des ungeborenen Dritten sinnvoll beschränkt werden, während man auf der anderen Seite der besonderen Interessenlage des nasciturus gerecht wird. Denn es ist nicht einzusehen, warum nicht auch zugunsten des nasciturus eine Verfügung statthaft sein soll, wenn er durch die Verfügung von Todes wegen bedacht werden kann.

cc) Ebenso will *Deynet*[76] in Übereinstimmung mit der Literatur[77] die Schenkung an die Leibesfrucht als zulässig ansehen. Dieser Auffassung ist zuzustimmen, da in §§ 1923 II, 2108 I BGB der allgemeine Gedanke gesehen werden kann, daß eine Zuordnung an den nasciturus mit dinglicher Wirkung erlaubt sein soll.

dd) Der Leibesfrucht steht weiter nach § 844 II 2 BGB als mittelbar Geschädigter für den Fall der Tötung einer Person, gegen die sie einen schuldrechtlichen Unterhaltsanspruch gehabt hätte, ein Schadensersatzanspruch wegen des Verlustes dieses Rechts zu. Die Einfügung einer ausdrücklichen Regelung des Ersatzanspruchs war erforderlich, da § 844 II 1 BGB bei der Bestimmung des ersatzberechtigten Personenkreises darauf abstellt, ob zur Zeit der Tötung ein Unterhaltsanspruch gegenüber dem Getöteten tatsächlich bestanden hat[78]. Diese Voraussetzung liegt bei dem zur Zeit der Tötung erst Erzeugten noch nicht vor, da er den Unterhaltsanspruch mit der Vollendung der Geburt erwirbt[79].

---

[75] Es ist hier insbesondere an Vorschriften wie §§ 2101, 2162 BGB gedacht.

[76] *Deynet*, Rechtsstellung des nasciturus, S. 126.

[77] Vgl. dazu *Enneccerus—Nipperdey*, § 84 II 3 Anm. 9 m. w. N.

[78] Vgl. auch *Heldrich*, Deliktschutz des Ungeborenen, in: JZ 1965, S. 593 ff. (593).

[79] Vgl. Mot. z. BGB II, S. 780.

Eine ähnliche Regelung trifft eine Reihe von Gesetzen, die eine Gefährdungshaftung beinhalten[80].

3. Deliktschutz des Ungeborenen

Hat der Gesetzgeber dem nasciturus in den aufgezeigten Einzelvorschriften, die allein seinen „vermögensrechtlich-technischen Interessenbereich"[81] sichern, „auf privatrechtlichem Gebiet eine gewisse Berücksichtigung zuteil werden lassen"[82], so fehlt eine haftungsrechtliche Regelung, die den elementaren Lebensbereich einbezieht und den Ungeborenen gegen widerrechtliche Eingriffe in seine persönlichen Lebensgüter, wie Leben, Gesundheit und Körper schützt und ihm einen Schadensersatzanspruch gibt.

Es verwundert nicht, daß die Verfasser des Bürgerlichen Gesetzbuches die Gefahren, denen schon das Kind im Mutterleib ausgesetzt sein kann,

---

[80] Im Rahmen von § 3 II 2, § 8 HaftpflG hat der BGH vom 6. 11. 1963 in FamRZ 1963, S. 74 f., entschieden, daß der Anspruch auf Ersatz des Unterhaltsschadens auch dann binnen zweier Jahre nach dem Tode des Unterhaltsverpflichteten verjährt, wenn es sich um den Ersatzanspruch eines zu diesem Zeitpunkt zwar erzeugten, aber noch nicht geborenen Kindes handelt. Die Gesetzesfolge trete ohne Rücksicht darauf ein, ob der Schaden und damit der Anspruch erst später entstehe.

Dagegen hat sich *Fabricius*, in: FamRZ 1963, S. 403 ff. (403—405), gewandt. Er meint, der BGH verkenne die besondere Rechtsstellung des nasciturus und behandele ihn rechtlich wie einen bereits geborenen Menschen. Es müsse Bedenken erregen, ob ein Anspruch, der wie beim nasciturus erst mit der Geburt entstehen könne, mit Rücksicht auf § 198 BGB schon vorher verjähre. Denn danach beginne die Verjährung erst mit der Entstehung des Anspruchs. Auch andere Gründe, wie die systematische Auslegung des § 8 HaftpflG zeigte, verlangten nicht, daß auf den Tag der Tötung abgestellt würde.

Fabricius ist nicht zuzustimmen, wenn er meint, der BGH habe hier die besondere Rechtsstellung des nasciturus behandelt. Die Problematik der Entscheidung liegt im Bereich des § 8 HaftpflG, der als Sonderbestimmung die Verjährung abweichend von § 198 BGB regelt. Dabei geht es um die Frage, wielange der Schädiger mit seiner verschärften Haftung einem Schadensersatzanspruch ausgesetzt bleibt. Gute Gründe sprechen dafür, diese Zeit auf zwei Jahre nach der Tötung zu begrenzen. Andererseits besteht kein Bedürfnis, die Verjährung erst mit der Geburt beginnen zu lassen, da sich die Leibesfrucht durch einen Pfleger gegen die Verjährung seiner künftigen, mit der Geburt entstehenden Ansprüche durch eine Feststellungsklage nach § 256 ZPO schützen kann. Nach BGHZ vom 3. 12. 1951 in NJW 1952, S. 539, besteht zwischen dem Schädiger und dem Geschädigten schon dann ein Rechtsverhältnis, wenn der Schaden zwar noch nicht eingetreten ist, aber aus der Handlung erwachsen wird und die Entstehung nur noch vom Eintritt weiterer Umstände oder des Zeitablaufs abhängt.

[81] *Fabricius*, Gedanken zur höchstrichterlichen Rechtsprechung betreffend den nasciturus, in: FamRZ 1963, S. 303 ff. (404).

[82] Mot. z. BGB I, S. 29.

nicht gesehen und daher auch nicht in einer besonderen Norm seiner Schutzbedürftigkeit und -würdigkeit Rechnung getragen haben.

Vorherrschend war seinerzeit die Tradition des römischen Rechts, welches den nasciturus als Teil der Mutter erklärte, wie die Früchte des Baumes sein Teil seien und ein selbständiges Leben der Leibesfrucht leugnete. Nach dieser Ansicht durfte der nasciturus nicht als Person im Rechtssinne betrachtet werden. Eingriffe in seine Gesundheit und sein Leben, inbesondere die Abtreibung konnten nur soweit geahndet werden, als die „potestas" des „pater familias" verletzt war[83].

Dazu, daß die römisch-rechtliche Behandlung des nasciturus in das deutsche Privatrecht übernommen wurde, hat wesentlich die ältere medizinisch-biologische Auffassung beigetragen, nach welcher menschliches Leben erst mit der Lungenatmung beginnen sollte[84]. Der Foetus, der zu ihr noch nicht befähigt sei, sei demnach noch kein Mensch. Erst vor hundert Jahren setzte sich allmählich die Erkenntnis durch, daß das ungeborene Kind vom Augenblick der Befruchtung an ein individuelles Leben führt, auch wenn es zunächst noch mit der Mutter verbunden und physiologisch von ihr abhängig ist. Heute ist es Allgemeingut, daß schon vor der Geburt jeder Muskel, der extrauterin funktionieren soll, intrauterin eingeübt sein muß, daß beispielsweise Atembewegungen des kindlichen Thorax intrauterin stattfinden. Und sogar erst seit 1940 versteht man aus der Entdeckung, daß Röteln in der Frühschwangerschaft Mißbildungen beim Embryo verursachen können, angeborene Mißbildungen nicht nur aus Erbfaktoren, sondern auch durch exogene Faktoren entstanden, zu deuten[85].

Auch wenn sich noch in der jüngsten Auflage des Lehrbuches von *Enneccerus—Nipperdey*[86] der Satz findet, die Leibesfrucht sei „pars viscerum matris", so leugnet die Rechtswissenschaft die individuelle Existenz des nasciturus nicht mehr. *Fabricius*[87] weist als Beispiel auf das Mutterschutzgesetz von 1952 hin[88], welches in seinem § 3 I seinen Schutzbereich auf „Le-

---

[83] Vgl. zur historischen Entwicklung *Kaser*, Römisches Privatrecht, S. 236; *Schmidtlein*, Die Natur der menschlichen Leibesfrucht, Diss., München 1966, S. 16 ff.

[84] Vgl. dazu auch *Ahlfeld*, Nasciturus, S. 49, der auf eine Äußerung des Gerichtsmediziners Casper aus dem Jahr 1855 hinweist: „Leben und Atmung ist in gerichtlich-medizinischem Sinne als identisch zu betrachten, und ein Kind hat nicht gelebt, wenn es nicht geatmet hat."

[85] Vgl. dazu *Langman*, Embryologie, S. 81. — Es wäre darauf hinzuweisen, daß erst in den Nachkriegsjahren Schadensersatzansprüche wegen angeborener Mißbildungen bei den Gerichten anhängig wurden.

[86] *Enneccerus—Nipperdey*, § 84 I.

[87] *Fabricius*, in: FamRZ 1963, S. 406.

[88] BGBl. I, S. 29, vom 24. 1. 1952 in der Neufassung vom 9. 11. 1965 in BGBl. I, S. 1822.

ben und Gesundheit von Mutter und Kind" ausdehnt. Aus der Formulierung „oder" ließe sich mit Sicherheit schließen, daß das Gesetz Mutter und Kind in ihrer lebendigen Einheit als Zweiheit auffasse und die Möglichkeit einer Gefährdung des Kindes anerkenne[89].

Eine gleiche Folgerung kann auch aus dem Grundgesetz gezogen werden. Artikel 2 II GG schützt das Leben des Menschen als natürliche Voraussetzung für die „Wertverwirklichungsmöglichkeiten des Grundrechtsträgers"[90]. Um dieses Lebendigsein im Gegensatz zum „Noch-nicht-Leben" und zum „Tod" zu beschreiben, ist der Begriff Leben in Artikel 2 II 1 GG rein naturwissenschaftlich zu interpretieren, so daß mit Rücksicht auf seine natürliche Existenz grundsätzlich auch der nasciturus in den Grundrechtsschutz des Artikels 2 II 1 GG einzubeziehen ist[91].

Mag die Individualität des ungeborenen Kindes und seine Schutzwürdigkeit gegen Eingriffe in seine körperliche Integrität grundsätzlich anerkannt sein, so liegt darin noch keine Aussage, ob dem nasciturus aus der Verletzung seiner Lebensgüter Körper und Gesundheit Schadensersatzansprüche erwachsen können. Entscheiden kann allein die konkrete Anspruchsgrundlage. Dabei kommen im Rahmen vorgeburtlicher Schädigungen primär die Vorschriften über die „unerlaubte Handlung" nach §§ 823 ff. BGB in Betracht[92].

Relativ einfach ist die Frage eines Schadensersatzanspruches nach § 826 BGB zu beantworten. Wer eine Schwangere in der Absicht mißhandelt, das ungeborene Kind zu schädigen, und die mit der Vollendung der Geburt eintretenden Folgeschäden billigend in Kauf nimmt, ist zum Schadensersatz verpflichtet. Er führt die im Zeitpunkt der Vollendung der Geburt eintretenden Folgen vorsätzlich und sittenwidrig herbei, ohne daß es auf die Schädigung eines bestimmten Rechtsgutes ankäme[93]. Diese kann wie auch immer geartet sein und ebenso in einer Beeinträchtigung des Vermögens

---

89 Die Formulierung im Mutterschutzgesetz ist aus § 2 des MuSchG vom 17. 5. 1942 in RGBl. I, S. 321, übernommen worden. Zu beachten ist auch der Vorläufer im Gesetz über die Beschäftigung vor und nach der Niederkunft vom 16. 7. 1922 in RGBl. I, S. 184, das nur von der Mutter als geschütztem Rechtsgut sprach.

90 so *Dürig*, in: *Maunz—Dürig—Herzog*, GG Art. 2 II, Anm. 21.

91 So die h. M. im Verfassungsrecht, vgl. *Klein*, in: v. *Mangoldt—Klein*, Kommentar zum GG, S. 186; *Dürig*, a. a. O., mit einem Überblick über die vertretenen Ansichten.

92 Vertragliche Ansprüche können hier unberücksichtigt bleiben, sofern es um den Beginn der Rechtsfähigkeit geht. Sie ergeben sich i. d. R. aus dem Vermögensschaden nach Vollendung der Geburt. Vgl. dazu aber im einzelnen *Selb*, Schädigung des Menschen vor der Geburt ein Problem der Rechtsfähigkeit? — in: AcP 166 (1966), S. 76 ff. (104 f.).

93 Vgl. *Larenz*, Schuldrecht, BT, § 66 III.

bestehen. Weil der Täter dem nach § 1 BGB rechtsfähig gewordenen Kind einen Schaden zugefügt hat, ist es unerheblich, ob die Körperverletzung schon vor der Geburt eingetreten ist[94].

Anders dagegen verhält sich die Situation bei einer unerlaubten Handlung nach § 823 I BGB. Die Ersatzpflicht für den verursachten Schaden hängt davon ab, daß ein näher bezeichnetes Rechts- oder Lebensgut „eines anderen" wie Leben, Körper und Gesundheit des Menschen, verletzt worden ist. Erfolgt die Verletzung aber schon vor der Geburt, fragt sich, ob ein Anspruch entstehen kann. Bedenken ergeben sich, weil einmal mit der Geburt die Verletzung der Lebensgüter nicht eintritt, sondern nur sichtbar wird. Andererseits ist zu berücksichtigen, daß ein Anspruch nur demjenigen erwachsen kann, dem die genannten Lebensgüter zustehen. Diese sind aber als subjektive Rechte im technischen Sinne aufzufassen, ihre Innehabung setzt die Rechtsfähigkeit voraus. Der nasciturus ist aber nach der Systematik des BGB auf Grund § 1 BGB nicht rechtsfähig. Er kann daher nicht ohne weiteres als „ein anderer" angesehen werden.

a) Fallgruppen vorgeburtlicher Schädigungen

Bevor untersucht wird, unter welchen Voraussetzungen eine Haftung nach § 823 I BGB bejaht werden darf, sollen zur Veranschaulichung der Problematik einzelne Fallgruppen gebildet werden. Dabei ist jeweils zwischen dem Zeitpunkt der Handlung, in dem der Täter die verletzende Ursache gesetzt hat, und dem Zeitpunkt, in dem die Ursache auf den nasciturus eingewirkt hat, zu unterscheiden. Nach den medizinischen Erkenntnissen können sich dabei folgende Konstellationen ergeben:

aa) Auszugehen ist von jenen Fällen, in denen die Ursache nach der Befruchtung gesetzt worden ist und vor der Geburt in das Entwicklungsgeschehen eintrat. Es sei hier an Fälle wie den „Contergan-Fall" gedacht, bei dem durch die Einnahme kleinster Thalidomidmengen in der Frühphase der Schwangerschaft Störungen in der Extremitätenentwicklung aufgetreten sein sollen. Eine ähnliche Kausalverknüpfung liegt vor, wenn der Embryo von einer Verletzung der Mutter mitbetroffen wurde[95].

bb) Es schließen sich die Sachverhalte an, in denen die Ursache in einer Handlung liegt, die schon vor der Befruchtung gesetzt worden ist, sich aber erst im Laufe der Keimlingsentwicklung auf die Leibesfrucht ausge-

---

[94] Vgl. *Schmidt,* R., Schutz der Leibesfrucht gegen unerlaubte Handlungen, in: JZ 1952, S. 167 ff. (168); *Heldrich,* Deliktsschutz des Ungeborenen, in: JZ 1965, S. 593 ff. (597).

[95] Vgl. auch den Sachverhalt in BSG vom 23. 6. 1959 in NJW 1959, S. 2135: Eine schwangere Versicherte hatte einen Arbeitsunfall, ihr Kind kam auf Grund dessen mit einer Gesundheitsschädigung zur Welt.

wirkt hat. Der schädliche Stoff ist im mütterlichen Organismus gespeichert worden, und es dauerte einige Zeit, bis der Krankheitserreger die placentare Scheidewand überwunden hatte und in die foetale Blutbahn eingedrungen ist. Es sei an die Fakten erinnert, die dem Bundesgerichtshof bei seiner berühmt gewordenen Entscheidung über den Deliktsschutz des Ungeborenen zugrunde lag[96]: Eine Frau wurde bei einer Blutübertragung vor der Empfängnis mit Lues infiziert, die Lues wirkte sich im Differenzierungsstadium durch den mütterlichen Stoffwechsel auf die Leibesfrucht aus, und das Kind kam mit einer angeborenen Lues zur Welt. Hier stellt sich, abgesehen von der Frage, inwieweit die Person, die die Mutter infiziert hat, haftbar ist, ein weiteres Problem, wenn der Erzeuger selbst mit oder vor dem Zeugungsakt die Mutter angesteckt hat[97].

Nach den medizinisch-biologischen Erkenntnissen scheint es aber nicht vorstellbar zu sein, wie der Bundesgerichtshof offensichtlich in seinem Luesurteil vom 20. Dezember 1952[98] angenommen hat, daß sich vom Zeitpunkt der Befruchtung an eine sekundäre Determinationsschädigung mitentwikkelt. Ovipathien, das heißt Störungen der Zygote und der Blastozyte, führen entweder zum Fruchttod oder der schädigende Faktor wird auf Grund der Omnipotenz der Zelle kompensiert[99].

cc) Davon ist die Fallgruppe zu unterscheiden, in der die Ursache zwar auch vor der Befruchtung gesetzt ist, sich aber nicht als sekundäre Determinationsschädigung, sondern als Genopathie schon auf die Keimzellen der Eltern auswirkt und als Gendefekt eine normale Entwicklung des Kindes verhindert. Bildlich gesprochen wird hier nicht die Ausführung eines in den Genen angelegten Planes gestört, sondern der Plan selbst ist in den Geschlechtszellen der Eltern zum Nachteil des Kindes verändert worden. Auch wenn die naturwissenschaftlichen Aussagen zu diesem Thema nicht eindeutig die Folgen einer Genopathie beschreiben[100], soll hier von der Möglichkeit der Auswirkung auf die nächste Generation ausgegangen werden. Ein solcher Sachverhalt wurde im Wiedergutmachungsrecht aktuell, als es auf Grund rassistischer Verfolgung zu einer Keimzellenschädigung bei einer Verfolgten und daraufhin zu Mißbildungen des später geborenen Kindes gekommen sein soll[101].

---

[96] BGH vom 20. 12. 1952 in BGHZ 8, S. 243 ff.

[97] So im ersten Luesfall, vgl. dazu BGH vom 14. 6. 1951, in: JZ 1951, S. 758.

[98] in BGHZ 8, S. 243 ff.

[99] *Selb*, in AcP 166 (1966), S. 108, geht dagegen von der Möglichkeit der Embryopathie, die sofort mit der Befruchtung beginnt, aus und vergleicht sie mit Genopathien und Chromosomenpathien.

[100] Vgl. hierzu *Wiedemann*, in: Feer, Lehrbuch der Kinderheilkunde, S. 137 ff.

[101] Vgl. BGH vom 28. 1. 1959 in RzW 1959, S. 219.

In gleicher Weise sind Gametopathien mit Chromosomanomalien und -aberrationen einzuordnen. Das Ungleichgewicht der Gene ist entweder schon während der Gamtetogenese oder in der Chromosomverbindung bei der Befruchtung entstanden, so daß auf Grund des gestörten genetischen Materials von vornherein eine normale Entwicklung ausgeschlossen blieb.

b) Vorgeschlagene Lösungswege

In der Rechtsprechung [102] und Literatur[103] wird heute allgemein anerkannt, daß der nasciturus einen elementaren Lebensbereich hat, der nicht weniger schutzwürdig und -bedürftig ist als der eines geborenen Kindes[104]. Eine vorgeburtliche Beeinträchtigung der Gesundheit erfüllt daher nach übereinstimmender Meinung — bis auf einige offene Streitfragen in Grenzfällen — immer den Tatbestand einer unerlaubten Handlung nach § 823 I BGB, da Körper und Gesundheit[105] des Ungeborenen verletzt worden sind. Unterschiedlich ist allein die konstruktive Begründung dieses Schadensersatzanspruches und die zu ziehenden Beschränkungen der Haftung.

Anlaß zur lebhaften Diskussion des Deliktsschutzes Ungeborener, die nicht selten die Tendenz zeigte, zu einem „weltanschaulichen Bekenntnis"[106] zu werden, gab das Urteil des II. Zivilsenats beim Bundesgerichtshof vom 20. Dezember 1952[107]. In ihm wurde der Schadensersatzanspruch eines Kindes bejaht, das infolge einer Infektion seiner Mutter vor der Empfängnis mit angeborener Lues zur Welt kam. Es wich von einer Entscheidung des

[102] Vgl. BGH vom 20. 12. 1952 in BGHZ 8, S. 243 ff.

[103] Vgl. *Deynet,* Rechtsstellung des nasciturus, S. 26 ff.; *Enneccerus—Nipperdey,* § 84 II 3 Anm. 10; *Esser,* Schuldrecht, § 107 II 1 b; *Fabricius,* Relativität der Rechtsfähigkeit, S. 117 u. in: FamRZ 1963, S. 403; *Haager,* in: RGRK § 823 Anm. 13; *Heldrich,* in: JZ 1965, S. 595 ff.; *Larenz,* Bürgerliches Recht, AT, S. 135; *Laufs,* Haftung für Nachkommenschäden, in: NJW 1965, S. 1053 ff. (1054); *Neuer,* Der privatrechtliche Schutz der Leibesfrucht gegen rechtswidrige Angriffe, in: RdJ 1963, S. 305 ff.; *Rheinstein,* Rechtswidrige Erzeugung menschlichen Lebens, in: Festschrift für Hippel, 1967, S. 373; *Schmidt,* R., Besprechung zu BGHZ 8, S. 243, in: JZ 1953, S. 308 u. in AcP 155 (1956), S. 76 f.; *Selb,* in: AcP 166 (1966), S. 106 ff.; *Stoll,* Hans, Zur Deliktshaftung für vorgeburtliche Gesundheitsschäden, in: Festschrift für Nipperdey, 1965, Bd. 1, S. 739 ff. (750 f.); *Stör,* Deliktsschutz des Ungeborenen, Diss. München 1968, S. 77 ff.; *Weimar,* Haftpflichtansprüche des Kindes im Mutterleib, in: MDR 1962, S. 780 f.; *Westermann,* H., Bürgerliches Recht, AT, S. 3; *Wolf,* Ernst, in: *Wolf—Naujoks,* S. 164 ff.

[104] Vgl. *Westermann,* H., Bürgerliches Recht, AT, S. 3.

[105] In der Literatur wird im allgemeinen unter Verletzung des Körpers ein äußerer Eingriff in die körperliche Integrität, unter Gesundheitsverletzung die Störung innerer Lebensvorgänge verstanden. *Drees,* in: *Erman,* § 823 Anm. 4 a; vgl. *Zeuner,* in: *Soergel—Siebert,* BGB, § 823 Anm. 15 u. Anm. 18 m. w. N.

[106] So *Selb,* in: AcP 166 (1966), S. 78.

[107] BGHZ 8, S. 243 ff.

III. Zivilsenats ab[108], der in einem ähnlich liegenden Fall den Schadensersatzanspruch eines mit Lues geborenen Kindes abgelehnt hatte. Der Vater hätte zwar seine Ehefrau und über sie auch das Kind mit seiner Krankheit angesteckt, eine Gesundheitsverletzung des Kindes habe nicht stattfinden können, da die Leibesfrucht infolge der Infektion schon vom Augenblick der Empfängnis an krank gewesen sei.

aa) Meinung des BGH im zweiten „Luesfall"

Im Anschluß an den ersten „Luesfall" ging der Bundesgerichtshof von der Tatsachenfeststellung aus, der nasciturus sei schon von der Befruchtung an krank gewesen. Er stellt dann mehr in abstrahierender Weise fest, daß eine Anwendung des § 823 I BGB nicht deswegen ausgeschlossen sei, weil im Zeitpunkt der Schädigung kein unversehrter Zustand bestanden habe, der durch die Schadenszufügung habe verletzt werden können. Auch wenn infolge der Krankheit der Mutter das Ei oder die Leibesfrucht schon vom Augenblick der Empfängnis an krank gewesen sei, so erfolge mit der Infektion doch ein Eingriff in den Gesundheitszustand und damit eine Verletzung der Gesundheit des später geborenen Kindes[109].

Denn die Lebensgüter einer Person müßten anders aufgefaßt werden als die anderen in § 823 I BGB genannten Rechtsgüter, wie zum Beispiel Eigentum. Während die absoluten Rechte genau abgegrenzt seien und es danach unmöglich sei, daß sie verletzt würden, bevor sie entständen, könne eine solch einschränkende Betrachtungsweise nicht auf den Verletzungstatbestand bei einer Gesundheitsverletzung übertragen werden[110]. Bei den Lebensgütern einer Person müsse davon ausgegangen werden, daß ein jeder ein Recht auf sie habe, so wie auch das Grundgesetz von dem Recht eines jeden auf Leben und körperliche Unversehrtheit spreche. Die Lebensgüter „sind nämlich der Rechtsordnung vorgegeben. Sie sind Ausdruck der Personenhaftigkeit des Menschen, ein Teil der Natur und ein Teil der Schöpfung. Sie sind Ausdruck des Lebens, Wesen des Lebendigen selbst und empfangen von hieraus ihren Inhalt. Ein jeder Mensch hat ein Recht auf diese Lebensgüter und damit darauf, daß nicht von Menschenhand das organische Wachstum gestört oder beeinträchtigt werde[111]." Auch der allgemeine Sprachgebrauch werde dem gerecht, wenn er ein Kind, das mit einer entscheidenden Beeinträchtigung seiner Gesundheit geboren werde, als krankes Kind bezeichne. „Was demnach eine Verletzung der Gesundheit ist, kann nicht mit logischen Be-

[108] BGH vom 14. 6. 1951 in JZ 1951, S. 758.
[109] Vgl. BGH vom 20. 12. 1952, in: BGHZ 8, S. 246.
[110] Vgl. ebd., S. 247.
[111] Vgl. ebd., S. 247.

griffen der Rechtstechnik bestimmt werden, sondern ist, wie das Lebensgut Gesundheit selbst, von Schöpfung und Natur vorausgegeben und muß von der Rechtsordnung als eine natürliche Wirklichkeit anerkannt werden[112]."

Nachdem der Bundesgerichtshof so geklärt hatte, daß ein unversehrter Zustand nicht bestanden haben müsse, um eine Gesundheitsverletzung annehmen zu können, bleibt nach den Entscheidungsgründen unklar, wann die Verletzung stattgefunden haben soll. Hier fehlt eine eindeutige Stellungnahme, ob die Verletzung im Rechtssinne im Zeitpunkt der tatsächlichen Einwirkung oder im Zeitpunkt der Geburt zu sehen ist, und damit auch die Erörterung der Frage, wie der Anspruch zu begründen ist, ob der nasciturus insoweit rechtsfähig ist oder ob eine andere Konstruktion der Verletzung mit dem Eingriffstatbestand des § 823 I BGB vereinbar ist und eingreift. Der Bundesgerichtshof umgeht die Problematik, indem er fortfährt, daß „Gegenstand des Rechtsstreites nicht der Schaden einer Leibesfrucht oder eines nicht Erzeugten, sondern der Schaden, den die Klägerin dadurch erlitten hat, daß sie als kranker, luesbehafteter Mensch geboren worden ist"[113]. Er bejahte danach die Voraussetzungen des § 823 I BGB[114].

Das Ergebnis der Entscheidung wurde in der Literatur allgemein begrüßt[115]. Ihre Begründung aber stieß wegen der ungelösten Fragen und der sich daraus ergebenden inneren Widersprüche auf fast einhellige Kritik. Für die vielen Entgegnungen sollen insbesondere *Esser*[116] und R. *Schmidt*[117] genannt sein, die sich gegen die „Verschwommenheit der Formulierungen" und die naturrechtlichen Deklamationen gewandt haben. *Esser*[118] war seinerzeit der — inzwischen aber von ihm aufgegebenen[119] — Ansicht, daß eine dogmatisch kontrollierte Jurisprudenz keine eigenen Ansprüche des Kindes anerkennen könne, weil die rechtswidrige Handlung nicht gegen

---

[112] ebd., S. 248.

[113] ebd., S. 248.

[114] Vgl. neuerdings BGH vom 11. 1. 1972, in: BGHZ 58, 48, der BGHZ 8, 243 bestätigt, aber zu den verschiedenen Lösungswegen nur ausweichend Stellung nimmt und die Frage nach der Konstruktion offen läßt. Vgl. dazu auch die Besprechung von *Stoll*, in: JZ 1972, S. 365 ff. und *Paehler*, in: FamRZ 1972, S. 189.

[115] Vgl. dazu im einzelnen die in Anm. 103 zitierten Autoren; zustimmend auch zur Begründung *Enneccerus—Nipperdey*, § 84 II 3 Anm. 10; *Schulze*—v. *Lasaulx*, in: *Soergel—Siebert*, BGB, § 1 Anm. 10 m. w. N.

[116] Zur Methodenlehre des Zivilrechts, in: Studium Generale, 1959, S. 97 ff. (102).

[117] *Schmidt*, R., in: JZ 1953, S. 308 und in AcP 155 (1956), S. 76.

[118] *Esser*, in: Studium Generale, 1959, S. 102.

[119] Vgl. so heute *Esser*, *Schuldrecht*, § 107 II 1 b. Die inzwischen von ihm aufgegebene Meinung wird hier zitiert, da sie exemplarisch die grundsätzlichen Bedenken gegen die Entscheidungsgründe zum Ausdruck bringt.

das Kind gerichtet gewesen sei, das noch nicht einmal als Leibesfrucht existiert habe. Das Gesetz kenne nur rechtsfähige Personen als Träger von Rechten und Rechtsgütern, gegen die eine unerlaubte Handlung begangen werden könne. Der Zweck der Erörterungen des Bundesgerichtshofs sei offenbar, die dogmatischen Schwierigkeiten beiseite zu schieben und sich zu bemühen, die schädigende Handlung an den vorhandenen Rechtsgütern eines schon lebenden Kindes darzustellen.

R. *Schmidt*[120] weist darauf hin, daß der Schaden nicht erst mit der Geburt entstanden sei und nicht erst zu diesem Zeitpunkt eine Verletzung der Gesundheit darstelle. Die Verletzung trete bereits im Mutterleib ein. Das gewünschte Ergebnis lasse sich nur erzielen, wenn von der Empfängnis an eine geminderte Rechtsfähigkeit des nasciturus angenommen und ihm Rechtspersönlichkeit und der Schutz des § 823 I BGB als „ein anderer" zugesprochen würde.

Stör[121], der sich in letzter Zeit noch einmal ausführlich mit der Problematik des Deliktsschutzes Ungeborener beschäftigt hat, fügt ergänzend hinzu, daß der Bundesgerichtshof zwar eine bereits während der vorgeburtlichen Entwicklung bestehende Wirkung des Rechtsgutes erkenne und bejahe, aber nicht die notwendigen Konsequenzen daraus ziehe. Es ergebe sich die Frage nach der Rechtsfähigkeit dessen, dem dieses Recht zustehen solle, denn niemand könne ein Recht auf ungestörte Entwicklung haben, dem die Rechtsordnung die Fähigkeit zur Inhaberschaft von Rechten nicht zuerkenne. Wenn die Schädigung in der Störung des organischen Wachstums liege, dann könnte keine weitere Schädigung durch das Krank-geboren-werden eintreten, auch wenn sich der Geldersatzanspruch erst nach der Geburt benennen ließe.

bb) Natürliche und rechtliche Verletzbarkeit des nasciturus nach *Selb*

Selb[122] und ihm folgend *Larenz*[123] knüpfen an den Gedanken des Bundesgerichtshofs an, daß die Schadensfolge erst den lebend geborenen rechtsfähigen Menschen beträfe. Es könne daher die Frage des Schutzes Ungeborener gegen Eingriffe in seinen elementaren Lebensbereich von der Frage der Rechtsfähigkeit, die in der Diskussion des „Luesurteils" eine wichtige Rolle spiele, getrennt werden.

Auf der Grundlage der vom Bundesgerichtshof getroffenen Unterscheidung zwischen den subjektiven Rechten und den sonstigen Lebensgütern

120 *Schmidt*, R., in: JZ 1953, S. 308 und in AcP 155 (1956), S. 76 f.
121 *Stör*, Deliktsschutz des Ungeborenen, S. 15.
122 *Selb*, in: AcP 166 (1966), S. 106 ff.
123 *Larenz*, Bürgerliches Recht, AT, S. 135.

einer Person versucht *Selb*, einen differenzierenden Verletzungsbegriff zu entwickeln.

Für ihn stellt sich die Frage, „ob die auf eine Unrechts- oder Gefährdungshandlung zurückzuführende angeborene Mißbildung eines Menschen als ‚Verletzung' dieses Menschen im Sinne des § 823 I BGB" angesehen werden könne[124]. Man vermöge, wenn man dies bejahe, über den Verletzungsbegriff aus dem für die Haftungsfrage untauglichen Kreis der Diskussion über die Rechtsfähigkeit des nasciturus herauszukommen. Zum anderen bliebe dann zu klären, wieweit in dem Terminus „Verletzung" eine Wertung verborgen sei, die eine Abgrenzung der grundsätzlich bejahten Haftung für vorgeburtliche Schädigungen des Menschen erlaube, oder wieweit erst andere Wertgesichtspunkte eine Abgrenzung ergäben. Es müsse beachtet werden, daß in den bisherigen Erörterungen ohne Unterschied zwei Verletzungsbegriffe verwandt worden seien. Wenn man das Erfordernis der Präexistenz des Verletzungsobjekts vor der Verletzung fordere, spreche man von einer Verletzung im Rechtssinne. Es könne, dem sei zuzustimmen, mit Rechtswirkung nicht beeinträchtigt werden, was rechtlich nicht existiere. Da das Recht das menschliche Sein in Perioden rechtlicher Existenz und Nichtexistenz aufspalte, verdoppele es zwangsläufig den Verletzungsbegriff. „Der Satz, daß rechtlich nur der verletzt werden könne, der rechtlich existiere, kann nicht ausschließen, daß der nur natürlich existierende Mensch im natürlichen Sinne verletzt werde[125]."

Der nasciturus möge im natürlichen Sinne verletzt sein, rechtlich sei er es bis zur Geburt nicht. Die Rechtsordnung hätte die natürliche Verletzung vor der Geburt durch ihre Entscheidung der rechtlichen Wirkung als Verletzung entkleidet und sie zu einem bloßen Glied in der Ursachenkette, die zur angeborenen Mißbildung führe, reduziert. Die Fortentwicklung der natürlichen Verletzung im Zeitpunkt der Rechtsfähigkeit müsse als rechtliche Verletzung angesehen werden. Hierin liege die vom Bundesgerichtshof angesprochene Besonderheit der Lebensgüter einer Person. Das Recht an der Gesundheit, das kraft rechtlicher Entscheidung erst später entstehe, als die Möglichkeit natürlicher Verletzung der Gesundheit eintrete, werde unter solchen Umständen notwendig zum Recht auf Gesundheit erklärt[126].

Selb behauptet nun, mit seinem Lösungsvorschlag alle denkbaren Fälle vorgeburtlicher Schädigungen sachgerecht lösen zu können[127]. Er weist darauf hin, daß auch diejenigen Kritiker des BGH, die die Zeugung zum Be-

---

[124] Vgl. *Selb*, in: AcP 166 (1966), S. 106.
[125] ebd., S. 107.
[126] ebd., S. 107.
[127] ebd., S. 110.

ginn der Rechtsfähigkeit und der Verletzbarkeit erheben würden, immer noch einen weiten Raum für eine natürliche Verletzbarkeit des im weitesten Sinne werdenden Lebens in Genen und Chromosomen ließen. Diese natürliche Verletzung sei aber wiederum nicht mehr als ein Glied in der Ursachenkette, die zur rechtlichen Verletzung im Zeitpunkt der Zeugung führte. Das Recht des nasciturus an seiner Gesundheit wäre nichts anderes als ein Recht auf Gesundheit. Das Hilfsmittel, die rechtliche Verletzbarkeit mit Hilfe der Vorverlegung der Rechtsfähigkeit zu verschieben, versage aber jetzt. Es frage sich also, warum man überhaupt eine Rechtsfähigkeit des nasciturus annehme, wenn man wieder auf die gleiche Konstruktion wie der Bundesgerichtshof zurückgreifen müsse, um die Fälle der Keimzellenschädigung zu erfassen.

Ebenso hält *Larenz*[128] es für möglich, daß die Gesundheit des Kindes mit der Vollendung der Geburt auch durch solche Einwirkungen beeinträchtigt wird, die es im vorgeburtlichen Stadium erleide. § 1 BGB stünde dem nicht entgegen, da er nur den Beginn der Rechtsfähigkeit, aber nicht den Beginn des Daseins als Lebewesen bestimme. Jedoch könne die natürliche Verletzung menschlichen Lebens im vorgeburtlichen Stadium einen Schadensersatzanspruch erst dann begründen, wenn ein Rechtsträger für ihn vorhanden sei. Während normalerweise der Schadensersatzanspruch sogleich mit der Verletzung entstehe, sei hier seine Entstehung zeitlich hinausgeschoben und davon abhängig, daß das Kind lebend zur Welt komme. Es bedürfe einer Vorverlegung der Rechtsfähigkeit nur dann auf einen früheren Zeitpunkt als den der Geburt, wenn der Schadensersatzanspruch als bereits im Zeitpunkt der Schadenszufügung entstanden gedacht werden müßte. Dafür bestehe aber kein Bedürfnis.

Selb ist entgegenzuhalten, daß er bei der Handhabung des Rechtsbegriffs „Verletzung" vor der Frage nach der Art und Weise und dem Wann der Beeinträchtigungen nicht zunächst die Problematik anschneidet, ob überhaupt ein Rechtsgut „eines anderen" gegeben ist, ob der Betroffene rechts- und somit verletzungsfähig ist. Er geht vielmehr umgekehrt davon aus, daß der Mensch im vorgeburtlichen Stadium Lebensgüter habe, im natürlichen Sinne verletzungsfähig sei, und bejaht dann im Prinzip die Verletzung. Allein ihre rechtliche Vollendung sei wegen des Mangels der Rechtsfähigkeit zeitlich hinausgeschoben und trete erst mit dem Erwerb der Rechtsfähigkeit ein. Die Vollendung der Geburt wird damit zu einer aufschiebenden Bedingung für das Vorliegen der Rechtsgutsverletzung. Tritt sie ein, dann ist das letzte Tatbestandsmerkmal der unerlaubten Handlung erfüllt. Jeder Eingriff in die natürlichen Lebensgüter wird demnach automatisch mit dem

[128] *Larenz*, Bürgerliches Recht, AT, S. 135.

Augenblick der Vollendung der Geburt zu einer Verletzung im Rechtssinne. *Selb* vermag so die Konsequenz aus der Aufspaltung der menschlichen Existenz in eine Periode der rechtlichen Nichtexistenz und Existenz zu leugnen, daß für das Recht das Leben vor der Geburt und die sich in ihm vollziehenden Ereignisse eigentlich unerheblich sind. Er muß aber den Inhalt des Verletzungsbegriffs mit ihm sachfremden Momenten erklären und bei der Frage, welcher Eingriff eine Verletzung ist, vorweg bejahen, daß der nasciturus Inhaber eines Lebensguts und deshalb schon verletzungsfähig ist, auch wenn die rechtlichen Wirkungen erst später eintreten. Dies betrifft eindeutig nur die Zuordnung des Rechtsgutes zu seinem Träger und Inhalt und Umfang der Herrschaftssphäre des von der verletzenden Einwirkung Betroffenen. Die Antwort darauf erfolgt nach § 823 I BGB in dem Begriff Rechtsgut „eines anderen". Dort wird entschieden, wer Inhaber eines Rechts- und Lebensgutes sein, wer als verletzt angesehen werden kann. Auf dem Wege der Aufspaltung des Verletzungsbegriffs ist es nicht möglich, „aus dem für die Haftungsfrage untauglichen Kreis der Diskussion über die Rechtsfähigkeit herauszukommen"[129]. Man bezieht sie vielmehr in die Diskussion um den Verletzungsbegriff als Vorfrage mit ein.

Selb stellt deshalb in seinem rechtlichen und natürlichen Verletzungsbegriff Fiktionen auf, indem er einmal behauptet, der nasciturus sei in Wahrheit nicht verletzt worden, da er die Voraussetzung der Vollendung der Geburt nicht erfülle und keine Rechtsperson sei, und dann weiter fingiert, eine pränatale Verletzung sei dem Verletzt-geboren-werden gleichzustellen und dieses wiederum dem Eingriff in das Lebensgut „Gesundheit". Als Konsequenz wird die Verletzbarkeit des Menschen nicht in eine natürliche und rechtliche aufgespalten, sondern in zwei unterschiedlich definierte rechtliche Arten der Verletzbarkeit. Sein „natürlicher" Verletzungsbegriff hat dabei folgenden Inhalt: Eine Verletzung der Gesundheit im Rechtssinne liegt im Zeitpunkt der Vollendung der Geburt auch dann vor, wenn eine Einwirkung in das pränatale Leben das Recht des nasciturus auf seine Gesundheit beeinträchtigt hat. Die Verletzung ist das Verletzt-geboren-werden, die tatsächliche Einwirkung nur ein Glied in der Kausalkette, die dazu geführt hat.

Dementsprechend spaltet *Selb* auch den Begriff des Lebensgutes auf: Einmal faßt er es als ein Recht auf, das zum Lebenskreis einer „rechtlichen" Person im Sinne des § 1 BGB gehört, zum anderen als das Recht einer „natürlichen" Person. Auch wenn das letztere nur den Charakter einer Vorwirkung für das erstere Recht haben soll, so geht er im Ergebnis doch von zwei Personen aus, denen als Rechtsträger das Lebensgut „Gesundheit" zu-

[129] *Selb,* in: AcP 199 (1966), S. 106.

geordnet ist, wobei dann der Schaden bei einer vom Verletzten verschieden gesehenen Person eintreten soll. Die Verletzung der natürlichen Person wird zum mittelbaren Schaden der rechtlichen Person. Letztlich wird der Eintritt des Schadens von der Entstehung der rechtlichen Person abhängig gemacht. Das Unrecht bleibt solange in der Schwebe[130].

Demnach müssen sich aus dieser Konstruktion auch im Verhältnis zur sonstigen Systematik des § 823 I BGB Unstimmigkeiten ergeben. So weist *Stör*[131] auf die Tatsache hin, daß die Trennung der menschlichen Existenz in eine Periode der natürlichen und rechtlichen Verletzbarkeit zu einem nur natürlichen Recht auf Gesundheit vor der Geburt und einem „rechtlichen" Recht einer Gesundheit nach der Geburt führe. Das Recht an der Gesundheit müsse aber schon im Augenblick der tatsächlichen Verletzung des Ungeborenen bestehen, damit von einer Verletzung im Sinne eines unmittelbaren Eingriffs in das Rechts- und Lebensgut gesprochen werden könne. Eine andere Betrachtungsweise verändere den Eingriffstatbestand des § 823 I BGB in einen Verursachungstatbestand.

Zweifelhaft erscheint nach *Stör*[132] auch der von *Selb* entwickelte Verletzungsbegriff. Die natürliche Verletzung werde allein durch den Geburtsakt und damit durch den Eintritt der Rechtsfähigkeit zur rechtlichen erklärt. Jedoch könne die Antwort auf die Frage, ob jemand verletzt sei, nur aus dem Vergleich zweier Tatsachenlagen gewonnen werden. Es werde verglichen zwischen dem Zustand, der jetzt bestehe, und demjenigen, der ohne die verletzende Handlung bestehen würde, und als erwünschter hätte bestehen sollen. Zeige sich eine Diskrepanz, so könne auf Grund einer Wertung festgestellt werden, ob es sich um die Verschlechterung des bisherigen Zustandes handele. Der Verletzungsbegriff von *Selb* vergleiche aber nicht den tatsächlichen mit dem erwünschten Zustand, sondern erkläre eine bereits bestehende Tatsachenlage auf Grund des von der Verletzungshandlung unabhängigen Ereignisses, nämlich der Geburt, zum Schadenszustand. Eine unerlaubte Handlung im Sinne des § 823 I BGB sei aber primär die Verletzung des Rechtsgutes der Gesundheit, nicht die Verursachung von Aufwendungen zur Milderung der Verletzung.

cc) Ableitung des Deliktsschutzes aus höherrangigen Verfassungsnormen

Deynet[133] und *Heldrich*[134] leiten den Deliktsschutz bei vorgeburtlichen Schädigungen aus höherrangigen Verfassungsnormen ab. Sie sind der An-

---

130 Vgl. ähnlich *Stoll*, Hans, in: Festschrift für Nipperdey, 1965, 1. Bd., S. 753 f.

131 *Stör*, Deliktsschutz des Ungeborenen, S. 20.

132 Vgl. *Stör*, a. a. O., S. 20.

133 Vgl. *Deynet*, Rechtsstellung des nasciturus, S. 27 ff.

134 Vgl. *Heldrich*, in: JZ 1965, S. 593 ff.

sicht, daß zwar der in § 823 I BGB vorausgesetzte Verletzungsbegriff aufrechterhalten werden müsse, daß es jedoch nicht des Erfordernisses der Rechtsfähigkeit im Sinne des § 1 BGB bedürfe. So fragt *Deynet*[135], ob angesichts der geringen Ausprägung des Persönlichkeitsrechts im Bürgerlichen Gesetzbuch im Gegensatz zu seiner ausdrücklichen Berücksichtigung im Grundgesetz nicht der Grundrechtskatalog dem Kinde im Mutterleib weitergehende Rechte, als dies das BGB tue, einräume. Aus der Tatsache, daß die Leibesfrucht bereits Menschenwürde habe und das Grundgesetz ihm ein Recht auf Leben verleihe, sei zu folgern, daß sich diese Haltung auch auf den zivilrechtlichen Schutz auswirken müsse. Da die Grundrechte Rechtsprechung und vollziehende Gewalt als unmittelbares Recht bänden, wirke das Grundgesetz zumindest über die Generalklausel auf das Zivilrecht ein. Messe man den Grundrechten Drittwirkung bei, so verpflichte Artikel 2 II GG jedermann unmittelbar, Gesundheit und Leben des nasciturus zu achten. Damit wäre der nasciturus Inhaber eines außerzivilrechtlichen subjektiv-privaten Rechts. Artikel 2 II GG beinhalte also eine Grundsatznorm, so daß Gesetze, die dazu im Widerspruch ständen, nichtig seien, wenn nicht eine verfassungskonforme Auslegung geboten und möglich wäre. Diese Möglichkeit sei aber im Falle des § 823 I BGB gegeben, wenn man den Deliktsschutz des nasciturus anerkenne.

Auf ähnliche Weise leitet *Heldrich*[136] den Deliktsschutz unmittelbar aus verfassungsrechtlichen Grundsätzen ab. Eine beschränkte Rechtsfähigkeit müsse man nicht unbedingt annehmen, um zu einer Haftung zu gelangen, da Leben und Gesundheit nicht als subjektive Rechte im technischen Sinne aufzufassen seien, deren Innehabung Rechtsfähigkeit voraussetze. Schutzwürdige Lebensgüter habe auch der nasciturus, so daß er ebenso als ein anderer im Sinne des § 823 I BGB anzusehen sei. Dies ergebe sich daraus, daß das Grundgesetz trotz mangelnder ziviler Rechtsfähigkeit der Leibesfrucht Menschenwürde und ein Recht auf Leben zuerkenne.

Bei dieser Konstruktion des Deliktsschutzes Ungeborener ist nicht einzusehen, warum der Anwendungsbereich des § 823 I BGB auch dann auf den nasciturus ausgedehnt werden soll, wenn er nicht Rechtssubjekt im Sinne des § 1 BGB ist. Da das Gesetz nur rechtsfähige Personen als Inhaber von Rechts- und Lebensgütern kennt, gegen die eine unerlaubte Handlung möglich ist, führt dies zur Sprengung der Systematik des BGB. Auch bleibt nach der verfassungsrechtlichen Argumentation zweifelhaft, ob das grundgesetzlich garantierte Recht auf Leben und Gesundheit unbedingt durch eine Haftungsnorm konkretisiert werden muß. Aber wenn der nasciturus schon

---

[135] *Deynet*, Rechtsstellung des nasciturus, S. 28 f.

[136] *Heldrich*, in: JZ 1965, S. 597.

ein subjektives Recht an seiner Gesundheit haben soll, kann man dieses auch als technisches im Sinne des BGB auffassen. Die auftretende Problematik, ob der nasciturus in diesem Rahmen Inhaber von Rechten und rechtsfähig sein kann, ändert sich deswegen grundsätzlich nicht.

dd) „Rechtsfähigkeit" des nasciturus

Die wohl herrschende Meinung in der Literatur[137] nimmt an, daß die Teilnahme des nasciturus am Deliktsschutz des § 823 I BGB wegen vorgeburtlicher Schädigungen seine Rechtsfähigkeit erfordere. Denn der Erfolg des Eingriffs trete bei dem Kind nicht erst mit der Vollendung der Geburt ein, sondern im Zeitpunkt der Beeinträchtigung seiner Gesundheit im Mutterleib. In diesem Zeitpunkt sei das Delikt begangen. Aber nur derjenige könne einen Schadensersatzanspruch haben, dem die Lebensgüter, wie Körper und Gesundheit, als subjektive Rechte zugeordnet seien. „Ein anderer" im Sinne des § 823 I BGB müsse eine rechtsfähige Person sein, wie sich aus dem systematischen Zusammenhang dieser Norm mit § 1 BGB ergebe. Aus der Verletzung der Gesundheit könne nur dann ohne weiteres ein Anspruch auf Schadensersatz bejaht werden, wenn eine dahin gehende Rechtsfähigkeit des nasciturus angenommen würde und er insoweit „ein anderer" sei[138].

Diesen Meinungen stellt sich deshalb vordringlich das Problem, die „Rechtsfähigkeit" des nasciturus auf dem Gebiete des Deliktsrechts gegen den Wortlaut des Gesetzes zu begründen.

Ernst *Wolf*[139] nimmt auf Grund naturrechtlicher Forderungen, vor denen das Gesetz nicht haltmachen könne, an, daß die Rechtsfähigkeit der Leibesfrucht im vollen Umfang schon mit der Erzeugung beginne. § 1 BGB scheitere an diesen natürlichen Tatsachen und sei daher unbeachtlich. — Aus den obengenannten Gründen kann dieser Auffassung nicht gefolgt werden[140].

Riezler—Coing[141], R. *Schmidt*[142] und *Laufs*[143] wollen eine geminderte Rechtsfähigkeit in Analogie zu den den nasciturus begünstigenden Einzel-

---

[137] Vgl. dazu *Fabricius*, in: FamRZ 1963, S. 407; *Laufs*, in: NJW 1965, S. 1053 ff.; *Riezler—Coing*, in: *Staudinger*, BGB, § 1 Anm. 14 a; *Schmidt*, R., in: JZ 1953, S. 308; *Stör*, Deliktsschutz des Ungeborenen, S. 77; *Stoll*, Hans, in: Festschrift für Nipperdey, 1965, Bd. 1, S. 754 ff.; *Wolf*, Ernst, in: *Wolf—Naujoks*, S. 230.

[138] Vgl. *Stoll*, Hans, a. a. O., S. 754 f.

[139] *Wolf*, Ernst, in: *Wolf—Naujoks*, S. 230.

[140] Vgl. zur Erwiderung gegen *Wolf*, Ernst: oben S. 28 ff.

[141] *Riezler—Coing*, in: *Staudinger*, BGB, § 1 Anm. 14 a m. w. N.

[142] *Schmidt*, R., in: JZ 1953, S. 308 und in AcP 155 (1956), S. 76 f.

[143] *Laufs*, in: NJW 1965, S. 1055.

vorschriften herleiten. Insbesondere wird immer wieder auf § 844 II 2 BGB zurückgegriffen, der dem nasciturus als mittelbar Geschädigtem eines Delikts einen Schadensersatzanspruch zuerkenne. Ihre innere Rechtfertigung ziehen sie aus dem Grundrechtsschutz des nasciturus. Jedoch muß bei jeder Analogie gefragt werden, ob die Grundgedanken, die den Einzelvorschriften zugrunde liegen, auf diesen Sachverhalt übertragen werden können. In den genannten Vorschriften geht es nämlich primär um die Sicherung von vermögensrechtlich-technischen Interessen eines künftigen Menschen. Der Deliktsschutz betrifft aber im Gegensatz dazu die Frage, ob aus der Verletzung des elementaren Lebensbereiches des nasciturus ein Schadensersatzanspruch geltend gemacht werden kann.

Fabricius[144] geht davon aus, daß das BGB hinsichtlich des Deliktsschutzes Ungeborener eine echte Gesetzeslücke aufweise. Dies ergebe sich mit Rücksicht auf Artikel 6 I u. IV GG. Denn das Recht zur Ehe schütze auch das „Recht zur Familie“ und das „Recht auf Weitergabe von Leben“. Sinnvoll sei dieses Recht nur, wenn auch der nasciturus dem Schutz des Artikels 6 GG unterstellt werde. In diesem Bereich sei der Leibesfrucht „Teilrechtsfähigkeit“ zuzuerkennen.

Er begründet die Teilrechtsfähigkeit aus der Struktur des Rechtsfähigkeitsbegriffes. Der umfangsallgemeine Begriff der Rechtsfähigkeit enthalte Leerstellen, die von der Rechtsordnung, die bestimme, welche Leerstellen ein Subjekt ausfüllen dürfe, gefüllt werde. So liege eine Vollrechtsfähigkeit dann vor, wenn ein Zuordnungssubjekt generell die Fähigkeit besitze, sich rechtlich wirksam zu verhalten, wenn also sämtliche Rechtssätze auf jedes Zuordnungssubjekt bezogen werden könnten. Teilrechtsfähigkeit sei dagegen dann gegeben, wenn diese Fähigkeit, sich rechtswirksam zu verhalten, sich nur auf eine oder mehrere einzelne Normen beziehe. Diese Teilrechtsfähigkeit habe der nasciturus, denn er sei in einzelnen Beziehungen in die Rechtsordnung eingestellt. Sie komme ihm auch im Rahmen des Deliktsschutzes zu[146]. In dieser Begründung folgt ihm *Stör*[147]. Über die Frage, welche Rechtsstellung der nasciturus hat und wie seine Berücksichtigung konstruktiv in die Systematik des Bürgerlichen Gesetzbuches eingeordnet werden kann, wird unten noch zu sprechen sein. Jedoch scheint es bedenklich, von der Auffassung auszugehen, § 1 BGB beziehe sich nur auf den Eintritt der Vollrechtsfähigkeit und besage nichts über die Teilrechtsfähigkeit. Wenn

---

[144] *Fabricius,* in: FamRZ 1963, S. 407.

[145] Vgl. zu den Fragen der Teilrechtsfähigkeit *Fabricius,* Relativität der Rechtsfähigkeit, S. 57 ff.

[146] Vgl. *Fabricius,* a. a. O., S. 117.

[147] *Stör,* Deliktsschutz des Ungeborenen, S. 77.

sich § 1 BGB nicht auf jede Art der Rechtsfähigkeit erstreckt, wird die im Gesetz verwandte Fiktionsform, wie zum Beispiel in § 1923 II BGB, mit der die Rechte des künftigen Menschen gesichert werden, unverständlich[148].

Die Begründung des Deliktsschutzes des nasciturus mit Rücksicht auf Artikel 6 GG rückt *Fabricius* in die Nähe der römisch-rechtlichen Auffassung vom Schutz der Leibesfrucht. Nur wird der notwendige Schutz nicht aus der hausväterlichen Gewalt des „pater familias", sondern aus dem Recht zur Ehe und dem damit verbundenen Recht auf Weitergabe des Lebens abgeleitet, das den Eltern zusteht. Der nasciturus erwirbt kein eigenes Recht auf seine oder an seiner Gesundheit, sondern bleibt abhängig von der Verfügung der Eltern über das Recht, Leben weiterzugeben.

c) Nasciturus als geschütztes Subjekt

Der Überblick über den Meinungsstand zur rechtlichen Erfassung vorgeburtlicher Schädigungen zeigte, daß von den Tatbestandsmerkmalen der unerlaubten Handlung vor allen anderen der Begriff „Gesundheitsverletzung" in Frage stand. Man diskutierte die Problematik, in welchem Zeitpunkt die Einwirkung auf das menschliche Leben rechtlich als Verletzung zu werten sei und ob der Betroffene zu diesem Zeitpunkt rechtsfähig sein müsse. Unbestritten ist dagegen in der Literatur und Rechtsprechung[149], daß es auf den Zeitpunkt der Vornahme der Handlung nicht ankomme. Die Kausalität zwischen der verursachenden Handlung und dem eingetretenen Verletzungserfolg könne auch dann festgestellt werden, wenn zur Zeit der Handlung noch kein menschliches Leben existiert habe, wenn sie also vor der Empfängnis liege. Allein maßgebend sei, daß der Verletzungserfolg ein verletzbares Subjekt betroffen habe und somit das Delikt begangen sei, nicht aber, daß der Eintritt des Erfolges sich zeitlich verzögert habe. Es entfalle die Haftung nicht deshalb, weil bei der Errichtung einer gefährlichen Anlage der später Verletzte noch nicht existiert habe. Es reiche, wenn bei einem derartigen „Distanzdelikt"[150] zwischen der schadensstiftenden Handlung und der eingetretenen Rechtsgutsverletzung ein Kausalzusammenhang im Sinne der Adäquanztheorie bestehe[151].

Mithin ist zur Bejahung der deliktischen Ansprüche gleichgültig, ob die den späteren Erfolg herbeiführende Handlung vor oder nach der Zeugung geschah. Insofern unterscheidet sich die Fallgruppe, in der eine Ursache vor der Befruchtung gesetzt wurde, nicht von derjenigen, in welcher die Hand-

---

[148] Vgl. so auch *Larenz*, BGB, AT, S. 134.

[149] Vgl. Übersicht über die Kausalitätsprobleme bei *Selb*, in: AcP 166 (1966), S. 83 f.

[150] Vgl. so *Stoll*, Hans: Festschrift für Nipperdey, 1965, Bd. 1, S. 751.

[151] Vgl. BGHZ vom 20. 12. 1952, in: BGHZ 8, S. 246.

lung erst während der Schwangerschaft geschah. Auch wenn im „Luesfall" die Mutter nicht vor der Empfängnis, sondern erst nachher infiziert worden wäre, hätte keine andere rechtliche Beurteilung der Kausalität stattfinden können.

Im Rahmen der Kausalitätsfeststellung kommt es auch nicht darauf an, ob der eingetretene Verletzungserfolg bei dem Verletzten unmittelbar oder mittelbar durch die Verletzungshandlung ausgelöst worden ist. Die Unterscheidung zwischen unmittelbarer und mittelbarer Schädigung ist im Haftpflichtrecht ohne Bedeutung[152]. Es wäre auch ungerechtfertigt, zwischen einer unmittelbaren, etwa mechanischen Verletzung, bei welcher keine Zwischenursachen gegeben sind, und einer mittelbaren, wie etwa einer medikamentösen Einwirkung, die über den mütterlichen Organismus gewirkt hat, zu unterscheiden[153].

aa) Begriff „Gesundheitsverletzung"

Der zentrale Begriff in der Diskussion über die vorgeburtlichen Schädigungen ist der der „Verletzung der Gesundheit" als Verletzung eines nach § 823 I BGB geschützten Rechts- und Lebensgutes einer Person[154]. Da der Begriff der Gesundheit auf natürlichen Fakten beruht, „von der Schöpfung und Natur für den lebenden Organismus eines Menschen vorausgegeben ist"[155], ist die „Rechtsordnung in dieser Hinsicht an das Phänomen der Natur gebunden. Sie kann und darf nicht an dieser Naturgegebenheit vorbeigehen. Was eine Verletzung der Gesundheit ist, ... ist wie das Lebensgut Gesundheit selbst, von Schöpfung und Natur vorausgegeben und muß von der Rechtsordnung, wenn sie daran Rechtsfolgen knüpft, als eine natürliche Wirklichkeit anerkannt werden[156]."

Daher kommt es für die weitere Untersuchung entscheidend darauf an, was unter den Begriffen „Gesundheit" und „Gesundheitsverletzung" im medizinisch-biologischen Sinn zu verstehen ist, bevor der Versuch unternommen wird, diese Begriffe in die Rechtswissenschaft zu übernehmen.

---

[152] Vgl. *Enneccerus—Lehmann*, Schuldrecht, § 17.

[153] Vgl. BGHZ vom 20. 12. 1952, in: BGHZ 8, S. 246.

[154] Was Inhalt des Lebensgutes „Gesundheit" ist und welche Art von Beeinträchtigungen demnach unter den Begriff „Gesundheitsverletzung" subsumiert werden kann, wird in der Literatur in natürlicher Hinsicht nur pauschal abgehandelt. Vgl. z. B. *Thomas*, in: *Palandt*, BGB, § 823 Anm. 4 b.

[155] Vgl. BGHZ vom 20. 12. 1952, in: BGHZE 8, S. 248.

[156] Vgl. BGHZ ebd.

(1) In der Medizin ist die Gesundheit gleichbedeutend mit einer Funktionstüchtigkeit des gesamten Organismus[157]. Als Ausdrucksform des Lebendigen in seiner absoluten Regelhaftigkeit liegt sie in jener Übereinstimmung, durch die das individuelle Leben jeweils optimal an seine Umwelt angepaßt ist[158]. Sie bezieht sich auf die räumliche, zeitliche und funktionelle Ordnung aller Geschehnisse des Organismus in einfacheren und komplizierteren Kausalverkettungen, deren Fundamentalprinzip die Regulation ist[159]. So steht der lebende Organismus in einem ständigen Informations-, Energie- und Materieaustausch mit seiner Umwelt, wobei auf Grund der Aktionsbereitschaft des Organismus die innere Konzentration der Substrate mehr oder weniger konstant bleibt, sich in einem dynamischen Gleichgewicht befindet.

Demnach läßt sich „Gesundheit" im medizinisch-biologischen Sinne folgendermaßen bestimmen: Sie ist eine offene Gleichgewichtslage, in der sich der Körper gegenüber seiner Umwelt befindet und in der der tatsächliche Zustand als Ist-Wert der ein- und ausfließenden Substrate dem Soll-Wert angenähert ist, um sich den inneren und äußeren Lebensbedingungen anzupassen[160].

Der Gesundheitsbegriff meint also eine Relation zwischen einem tatsächlichen, konkreten und einem erwünschten, abstrakten Zustand, in der die Übereinstimmung beider Komponenten festgestellt wird. Soweit er die tatsächliche Situation begreift, stellt er auf die Gesundheit als notwendigen Bestandteil des Lebens, als Ausdruck des Lebendigseins ab, das sich jeweils in jedem Augenblick der menschlichen Existenz neu verwirklichen muß und auch verwirklicht und nicht von dem einzelnen Träger abstrahiert werden kann. Meint der Gesundheitsbegriff aber den erwünschten Zustand, so zeigt er im Typischen und Wiederkehrenden Gesetz und Regel auf und ist die Abstraktion von Erscheinungskomplexen des Lebens überhaupt. Er beinhaltet in dieser Richtung eine Wertung dessen, was unter der Norm der optimalen Funktionstüchtigkeit des menschlichen Körpers zu begreifen ist[161].

---

[157] Vgl. auch die Definition des Begriffs „Gesundheit" durch die Weltgesundheitsorganisation in der Präambel zu ihrer Satzung: „Gesundheit ist der Zustand des vollständigen körperlichen, geistigen und sozialen Wohlbefindens und nicht nur das Fehlen von Krankheit und Gebrechen." In: Dokumente 1962, Heft VI, S. 14.

[158] Vgl. hierzu *Büchner*, Allgemeine Pathologie, S. 18 u. *Letterer*, Allgemeine Pathologie, S. 6.

[159] Vgl. *Müller*, Gesundheit und Krankheit, in: Handbuch der Allgemeinen Pathologie, 1. Bd. Prolegomena einer Allgemeinen Pathologie, S. 51 ff. (54).

[160] Vgl. *Buddecke*, Biochemie, S. 289.

[161] Vgl. *Büchner*, Allgemeine Pathologie, S. 18.

(2) Vor diesem natürlichen Hintergrund ist der Rechtsbegriff der Gesundheitsverletzung zu bestimmen. Die Ausgangsbasis ist Sinn und Zweck des § 823 I BGB, in welchem der Begriff Anwendung findet. Die Funktion des Tatbestandes ist einfach zu umreißen, als er die Aufgabe verfolgt, Rechts- und Lebensgüter einer Person zu schützen, die für besonders schutzwürdig und -bedürftig angesehen werden. Er postuliert einen Achtungsanspruch gegenüber jedermann, den anderen in seinem rechtlich geschützten Lebenskreis nicht zu verletzen. Dabei soll nach der Struktur der Norm ein Schadensersatzanspruch nur dann entstehen, wenn durch eine vorwerfbare Verletzungshandlung — es genügt jedes vorwerfbare Verhalten — in eines der näher bezeichneten Rechts- und Lebensgüter der Person eingegriffen worden ist. Die Betonung liegt, um es ausdrücklich klarzustellen, auf der Verletzung des Rechtsgutes und nicht in der generellen Verursachung von Schäden[162]. Der zum Schadensersatz verpflichtende Eingriff ist mit der Herstellung eines bestimmten Zustandes beendet, selbst wenn der Zustand noch andauert[163].

Abhängig von dem Inhalt des Rechts, in welches eingegriffen wird, bedeutet die Verletzung der Gesundheit nach § 823 I BGB die Verschlechterung des tatsächlichen Zustandes der inneren Lebensvorgänge gegenüber den bisherigen Gegebenheiten, die als übereinstimmend mit dem erwünschten Zustand erfaßt werden. Sie ist vollendet mit dem Eintritt dieser Störung, auch wenn ihr Vorhandensein weiterdauern sollte. Daher beginnt das Rechtsverhältnis zwischen dem Täter und dem Verletzten nach § 823 I BGB schon mit der Verletzung, während die Schäden, die aus der Verletzung resultieren, wie etwa besondere Aufwendungen für Heilung und Pflege, außerhalb des Tatbestandes bleiben.

In der Feststellung, daß der Verletzungserfolg eingetreten ist, vollzieht der Richter die im Gesundheitsbegriff vorgezeichnete Wertung am konkreten Individuum nach und mißt an der Norm die faktische Beeinträchtigung des individuellen Zustandes der Person. Er vergleicht die vorherige mit der jetzigen Tatsachenlage und prüft, ob der tatsächliche Ist-Wert und der erwünschte Soll-Wert durch die Verletzungshandlung bei dem einzelnen auseinanderfallen[164].

Daß in der Bestimmung des Soll-Wertes ein Normproblem aufgeworfen ist, soll hier nicht verkannt werden. Aber es ist notwendig zu wissen, daß

---

[162] Vgl. dazu v. *Caemmerer,* Wandlungen des Deliktsrechts, in: Hundert Jahre deutsches Rechtsleben, Bd. II, S. 67; sowie *Esser,* Schuldrecht, BT, § 107 I.

[163] Vgl. *Zeuner,* in: *Soergel—Siebert,* BGB, § 823 Anm. 1.

[164] Gesundheit ist keine festumgrenzte Norm. Es gibt Schwankungsbereiche, die sowohl eine besondere individuelle Resistenz als Störanfälligkeiten einschließen. Vgl. dazu *Müller,* in: Allgemeine Pathologie, 1. Bd., S. 59.

der Inhalt des Lebensgutes „Gesundheit“ auf subjektiven Wertvorstellungen beruht[165]. Das Recht hat sich dieser Aufgabe zu stellen und seine Wertungen zu treffen. Als Beispiel sei hier der aus dem anglo-amerikanischen Rechtskreis bekanntgewordene Rechtsstreit „Zepeda v. Zepeda“[166] erwähnt, in welchem ein nichtehelich geborenes Kind gegen seinen Vater auf Schadensersatz klagte, weil es auf Grund seiner nichtehelichen Abstammung einen minderen sozialen Status genieße. Der Fall ist exemplarisch für den Kampf um die mögliche Anerkennung neuer Deliktstypen, insbesondere auch bei vorgeburtlicher Schädigung. Es ging um die Wertung, ob neben pränatalen Körperverletzungen auch andere Faktoren, wie die Zeugung eines Kindes unter minderen sozialen Bedingungen, die als ungünstig empfunden werden, eine Beeinträchtigung von Rechts- und Lebensgütern darstellen könnte. Auch wenn die Weltgesundheitsorganisation in ihrem Gesundheitsbegriff neben dem körperlichen und geistigen Wohlergehen das soziale miteinbezieht[167], kann diese Frage in unserem Rechtskreis heute noch verneint werden. Unsere Wertvorstellungen beschränken den rechtlich geschützten Lebenskreis einer Person auf materiell verstandene Güter Gesundheit, Körper und Leben.

bb) Behandlung vorgeburtlicher Schädigungen

Für die Behandlung vorgeburtlicher Schädigungen ergeben sich aus der Beschreibung des Lebensgutes „Gesundheit“ als Ausdrucksform des Lebendigen in seinem jeweiligen tatsächlichen Zustand und als untrennbar zum Lebenskreis des Menschen gehörig folgende Konsequenzen. Eine Verletzung darf im Rechtssinne nur dann angenommen werden, wenn im Zeitpunkt des Eingriffs der Mensch Gesundheit im Rechtssinne besitzt. Da sie eine gegenwärtige Eigenschaft ist, setzt dies die rechtliche Anerkennung des Trägers dieser Eigenschaft als Person voraus. Denn wie Menschsein und Gesundheithaben in natürlicher Hinsicht eine Einheit bilden, müssen auch rechtlich das Personsein und das Rechtsgut „Gesundheit“ übereinstimmen[168]. Um den Menschen und seine Lebensgüter in dieser Ganzheit zu schützen, reicht es nicht aus, dem natürlich existierenden Menschen als künftiger Rechtsperson nur ein durch die Vollendung der Geburt bedingtes Recht auf Gesundheit zuzuweisen. Der Schutz kann allein dann erfolgen, wenn der Mensch zu jeder Zeit, zu der er in seinen Lebensäußerungen als schutzwürdig erachtet

---

165 Vgl. zur Problematik der Durchsetzung subjektiver Wertvorstellung im Recht *Westermann*, H., Wesen und Grenzen, S. 18.

166 Vgl. *Rheinstein*, Rechtswidrige Erzeugung menschlichen Lebens, in: Festschrift für Hippel, 1967, S. 374 ff.

167 Vgl. Dokumente, Heft VI 1962, S. 14.

168 Vgl. auch *Schäfer*, in: LK Vorbem. II — 1 vor § 223 StGB.

wird, ein Recht an der Gesundheit, ein Recht am gegenwärtigen Dasein dieser Eigenschaft hat[169].

(1) Man darf also nicht wie *Selb*[170] die Verletzbarkeit des Menschen in eine Periode der natürlichen und rechtlichen Verletzbarkeit aufspalten und den Zeitpunkt der unerlaubten Handlung von dem der tatsächlichen Einwirkung auf den der Geburt verschieben. Dann konstruiert man die Verletzung der Leibesfrucht als Verletzung des später geborenen Kindes und sieht sie in dem Verletzt-Geboren-Werden. Dadurch wird einerseits der qualitative Akt der Geburt verkannt. Bei ihr entsteht nicht, wie in der Befruchtung, ein neues Individuum, sondern dieses wandelt nur seine Lebensform. Andererseits wird der tatsächliche Eingriff zu einem Glied in der Kausalkette einer Verletzung des Vermögens des Kindes nach der Geburt. Unter solchen Umständen trennt man die natürliche, mit dem Leben der Leibesfrucht untrennbar verbundene Eigenschaft „Gesundheit" vom Leben selbst und faßt sie nur als Vorwirkung eines künftigen, in der Entstehung befindlichen Rechts auf. Die Gesundheit ist nicht mehr der konkrete Zustand eines Menschen, seine konkrete Lebensäußerung, sondern die früher einmal gegebene, jetzt aber abstrakt zu sehende Weiterentwicklungsmöglichkeit des Lebens.

(2) Nach dem Wortlaut des § 823 I BGB in Verbindung mit § 1 BGB kann der nasciturus nicht ein „anderer" sein und auch keine rechtlich anerkannten, gegenwärtigen Lebensgüter haben. Demnach wäre eine vorgeburtliche Gesundheitsverletzung begrifflich unmöglich.

Voraussetzung ist daher, im Rahmen vorgeburtlicher Schädigungen die Persönlichkeitsgüter des nasciturus, wie Gesundheit und Leben, die er in natürlicher Weise besitzt, auch als rechtlich geschützte Rechte im technischen Sinne aufzufassen, deren Innehabung Rechtsfähigkeit bedingt. Der Mangel der Rechtsfähigkeit stände sonst im Wege, den nasciturus als „einen anderen" im Sinne des § 823 I BGB anzusehen[171].

Es stellt sich nun die Frage, ob die sich aus dem Gesetz ergebende Nichtberücksichtigung der Leibesfrucht im Deliktsrecht eine negative Regelung ist, die die Teilhabe des Ungeborenen am Deliktsschutz ausschließt, oder ob hinsichtlich seines Schutzes eine Gesetzeslücke vorliegt.

---

[169] Vgl. *Wolf*, in: *Wolf—Naujoks*, S. 180; *Schmindt*, R., in: JZ 1952, S. 168; *Enneccerus—Lehmann*, Schuldrecht, § 233 I 2.

[170] Vgl. *Selb*, in: AcP 166 (1966), S. 106 f.

[171] Vgl. dazu *Fabricius*, in: FamRZ 1963, S. 407; *Laufs*, in: NJW 1965, S. 1053 ff.; *Riezler—Coing*, in: *Staudinger*, BGB, § 1 Anm. 14 a; *Schmidt*, R., in: JZ 1953, S. 308; *Stör*, Deliktsschutz des Ungeborenen, S. 77; *Stoll*, Hans, in: Festschrift für Nipperdey, 1965, Bd. 1, S. 754 ff.; *Wolf*, Ernst, in: *Wolf—Naujoks*, S. 230.

(a) Die Problematik des Schadensersatzanspruches bei vorgeburtlicher Schädigung ist hinreichend erörtert worden. Die Zusammenfassung der einzelnen Meinungen zeigte, daß im Ergebnis alle Autoren die Schutzwürdigkeit und -bedürftigkeit des nasciturus gegenüber Gefährdungen bejahten, auch wenn die jeweiligen Begründungen unterschiedlich waren[172]. Allgemein betrachtete man § 1 BGB nicht als eine Grenze, von der eine Sperrwirkung ausginge und die zugunsten der Leibesfrucht nicht übersprungen werden dürfte[173].

Ohne die einzelnen Begründungen — sei es, daß sie den Deliktsschutz über höherrangige Verfassungsnormen lösen[174], sei es, daß er aus dem Verletzungsbegriff abgeleitet wird[175] oder sei es, daß man ihn wegen der Rechtsfähigkeit des nasciturus als gegeben ansieht[176] — noch einmal ausbreiten zu wollen, scheint hinter allen Theorien die Einsicht erkennbar, daß der Mensch im vorgeburtlichen Stadium des Rechtsschutzes gegenüber Eingriffen in seine elementaren Lebensgüter bedürfe. Es wird als das allgemeine Ziel der Rechtsordnung und als die besondere Funktion des § 823 I BGB angesehen, den Menschen zu jeder Zeit in seiner Existenz zu schützen. Man sieht, daß der nasciturus eine eigene Individualität besitzt, die ihn von allen anderen unterscheidet, daß er eine eigene, von der Mutter unabhängige Entwicklung durchmacht, daß er in Leben und Gesundheit Güter besitzt, die von denen des geborenen Menschen qualitativ nicht verschieden sind. In dieser Erkenntnis der individuellen Existenz der Leibesfrucht geht es im Grunde nur darum, eine gesetzgeberische Fehlentscheidung zu korrigieren. Deswegen ist den Verfassern des Bürgerlichen Gesetzbuches kein Vorwurf zu machen. Denn sie ist entstanden, weil auf Grund naturwissenschaftlicher Unkenntnis vom besonderen Leben des Erzeugten keine Notwendigkeit der gesetzlichen Regelung des Deliktsschutzes gesehen wurde. Auch wenn man das Leben des nasciturus als solches erkannt haben sollte, so war die Frage

---

172 Vgl. dazu im einzelnen oben S. 48 ff.

173 Vgl. u. a. *Westermann*, H., Bürgerliches Recht, AT, S. 2; allein *Ebbinghaus*, Rechtsfähigkeit des Menschen, in: Kant-Studien, Bd. 49 (1957/58), S. 36 ff., betont den Zäsurcharakter von § 1 BGB. Der nasciturus sei in keiner Weise rechtsfähig, da er nicht die Voraussetzungen des freien Willens und der Möglichkeit einer vernünftigen Betätigung seines Willens erfülle. Dem nasciturus kämen daher auch keine rechtlich geschützten Güter zu. Vgl. zu dieser heute nicht mehr vertretenen Ansicht auch die Erwiderung von *Engelhardt*, in: FamRZ 1958, S. 266 ff.

174 Vgl. so *Deynet*, Rechtsstellung des nasciturus, S. 27 ff.; *Heldrich*, in: JZ 1965, S. 597.

175 BGHZ vom 20. 12. 1952, in: BGHZE 8, S. 243 ff.; *Selb*, in: AcP 166 (1966), S. 106 f.; *Larenz*, BGB, AT, S. 135.

176 *Schmidt*, R., in: JZ 1953, S. 308; *Fabricius*, in: FamRZ 1963, S. 406 ff.; *Stör*, Deliktsschutz Ungeborener, S. 38.

der Haftpflicht für angeborene Mißbildungen noch immer nicht diskutabel, da man sie als erblich bedingt ansah[177].

Die medizinische Entwicklung hat diese Auffassungen überholt. Das heutige Wissen von der Natur des Lebens und der Möglichkeiten, seinen entwicklungsdynamischen Ablauf zum Schaden und Nachteil des ungeborenen Kindes zu beeinflussen, zeigt, daß der Schutz der natürlichen, menschlichen Integrität von ihrem ersten Anfang an durchgeführt werden muß. Hinsichtlich des Deliktsschutzes Ungeborener fehlt aber nach dem Wortlaut von § 823 I BGB in Verbindung mit § 1 BGB eine gesetzliche Bewertung der Interessen. Es besteht eine Gesetzeslücke, sie muß ausgefüllt werden, um das Recht an die sich wandelnde soziale Wirklichkeit anzupassen.

Die Rechtsordnung ist vor die Tatsache gestellt, die Individualität und den natürlichen Lebensbereich der Leibesfrucht in ihre Überlegungen miteinzubeziehen. Dazu müssen in der Lückenausfüllung einerseits aus den gesetzlich normierten Wertmaßstäben vergleichbarer Interessenlagen Einzelwertungen abgeleitet und übertragen werden, um so die in dem Rechtssystem verankerten Wertungen anzuwenden[178]. Andererseits ist zur Verwirklichung des Achtungsanspruches ggenüber dem menschlichen Leben auf die der Rechtsordnung vorgegebenen Lebenssachverhalte zurückzugreifen, sind sie zu erkennen und ihre sachlogischen Strukturen für die notwendigen Ergänzungen des Gesetzes berücksichtigen[179]. Diese Wirklichkeit, die der normativen Wertaussage über den Deliktsschutz des Ungeborenen zugrunde liegt, führt zur rechtlichen Anerkennung des natürlichen Lebens vor der Geburt und zur Zuweisung von rechtlich geschützten elementaren Lebensgütern. Denn beginnt das Leben bereits mit der Befruchtung, so muß rechtlich die Folgerung gezogen werden, daß auch der körperlichen Integrität des Menschen als Ausdrucksform des Lebens der Schutz im Recht von der Befruchtung an zukommt. Eine Bestimmung wie § 823 I BGB, die in jeder Beeinträchtigung eines Menschen eine zum Schadensersatz verpflichtende Handlung sieht, „kann auch den werdenden Menschen nicht ohne Schutz lassen, der des Schutzes noch mehr bedarf als der lebende Mensch“[180]. Der nasciturus ist ein geschütztes Subjekt.

In diesem Schutz konkretisieren sich ebenso die allgemeinen Ziele des Rechts, die in grundlegenden Rechtsprinzipien verankert sind. Sie finden sich an exponierter Stelle im Grundgesetz, wenn nach Artikel 1 I GG die Würde des Menschen allein von seinem natürlichen Leben abhängig ist, da

---

[177] Vgl. zum geschichtlichen Hintergrund *Ahlfeld,* Nasciturus, S. 49; *Langman,* Embryologie, S. 81.

[178] Vgl. so *Westermann,* H., Wesen und Grenzen, S. 31 f.

[179] Vgl. *Larenz,* Methodenlehre, S. 389.

[180] Vgl. so BGHZ vom 20. 12. 1952, in: BGHZE 8, S. 247.

das menschliche Leben in jeder Phase seinen besonderen Eigenwert besitzt und alles Wesentliche und Wesenhafte des Menschen von der Befruchtung an in ihm beschlossen ist[181]. In gleicher Weise umfaßt das Recht auf Leben und Gesundheit in Artikel 2 II 1 GG nach herrschender verfassungsrechtlicher Interpretation das Leben des Menschen vom Augenblick der Erzeugung an, da in ihm die biologisch-natürlichen Voraussetzungen der menschlichen Persönlichkeitsentfaltung geschützt werden sollen[182]. Die Vertreter einer abweichenden Meinung im Verfassungsrecht beziehen sich auf formale Gesichtspunkte, die sich teilweise aus einem zivilrechtlichen Anspruchsdenken ergeben. So behauptet *Hamann*[183], daß es an einem entsprechenden Rechtssubjekt fehle, ohne den eigenständigen Wert des Lebens selbst zu berücksichtigen. Nach *Wernicke*[184] ist der nasciturus noch keine Rechtspersönlichkeit, weil er kein Einzelmensch sei. Er verleugnet auf diese Weise den relativ selbständigen Organismus des Ungeborenen, so daß diesen Auffassungen nicht gefolgt werden kann.

(b) Aus der rechtlichen Anerkennung eines elementaren Lebensbereiches des ungeborenen Kindes folgt bei Körper- und Gesundheitsverletzungen im Grundsatz seine haftungsrechtliche Gleichstellung mit dem geborenen Menschen. Seine Schadensersatzansprüche werden wie seine vermögensrechtlich-technischen Berechtigungen gemäß § 1912 BGB als künftige Rechte aufzufassen sein. Ihre endgültige Zuordnung findet erst unter der Bedingung der Vollendung der Geburt statt[185]. Dafür spricht einmal der an verschiedenen Stellen des Gesetzes, so in § 844 II 2, 1923 II BGB, niedergelegte Wille des Gesetzgebers, daß der Mensch erst mit der Vollendung der Geburt am Vermögensverkehr teilnehmen soll, auch wenn er in besonderen Fällen schon vor der Geburt gewisse Rechte erwirbt. Weiter können Gründe der Rechtssicherheit angeführt werden, da die Ungewißheit besteht, ob die Leibesfrucht lebend zur Welt kommt oder nicht. Es muß ebenfalls daran gedacht werden, daß für das Kind vorher keine materiellen Bedürfnisse bestehen, da aus der Gesundheitsverletzung erst nach der Geburt durch die Verursachung von Heilungskosten besondere Vermögensaufwendungen erwachsen[186].

---

181 Vgl. *Dürig*, in: *Maunz—Dürig—Herzog*, GG, Art. 1 I Anm. 24; *Klein*, in: v. *Mangoldt—Klein*, S. 186; *Nipperdey*, in: *Neumann—Nipperdey—Scheuner*, Handbuch der Theorie und Praxis der Grundrechte, 1. Bd. Menschenrecht, Die Würde des Menschen, S. 3 ff. (3).

182 Vgl. so *Dürig*, in: *Maunz—Dürig—Herzog*, GG, Art. 2 II, Anm. 21 m. w. N.

183 Vgl. *Hamann*, GG, Art. 2, Anm. 8.

184 Vgl. *Wernicke*, Bonner Kommentar, Art. 2, Anm. II b.

185 Vgl. *Fabricius*, in: FamRZ 1963, S. 410.

186 Vgl. dazu *Stoll*, Hans, in: Festschrift für *Nipperdey*, 1965, 1. Bd., S. 756 ff.

(3) Nach diesen Feststellungen bereitet es keine Schwierigkeiten mehr, die Schädigungen der Leibesfrucht im vorgeburtlichen Stadium zu erfassen.

(a) Ein Schadensersatzanspruch entsteht wegen einer unerlaubten Handlung immer dann, wenn von außen angestoßen eine Kausalkette auf das noch ungeborene Kind eingewirkt hat und es auf Grund dessen zu einer dauernden Gesundheitsschädigung gekommen ist. Ohne weiteres läßt sich aus dem Vergleich zweier Tatsachenlagen feststellen, ob die Gesundheit des nasciturus beeinträchtigt worden ist. Auf diesem Wege können diejenigen Fälle gelöst werden, bei denen auf einer bestimmten Entwicklungsstufe ein teratogener Faktor entwicklungshemmend oder -schädigend gewirkt hat. Dazu gehören zum Beispiel der „Luesfall" und der „Conterganfall". Die Mißbildungen sind hier durch Infektionen oder Medikamente verursacht worden, die im mütterlichen Organismus gespeichert in einer bestimmten Phase der Keimlingsentwicklung die Plazentarschranke überschritten hatten und als teratogene Faktoren für den kindlichen Organismus hochwirksam wurden. Dazu rechnen aber auch Gewalteinwirkungen mit der Folge einer mechanischen Verletzung der Leibesfrucht[187].

(b) Eine andere rechtliche Beurteilung greift in der Fallgruppe der Keimzellenschädigungen und Chromosomanomalien Platz. Es muß gefragt werden, ob die vorwerfbare Handlung, wie zum Beispiel die Verabreichung einer zu hohen Strahlendosis, die die Keimzellen der Eltern geschädigt hat und so Ursache für die Mißbildung des später erzeugten Kindes wurde, einen Schadensersatzanspruch des Kindes nach § 823 I BGB begründen kann. Die Besonderheit liegt darin, daß schon die Genstruktur der elterlichen Gameten verändert war und mit der Befruchtung der Keimzelle der Mangel konstitutiv wurde. Gleiches gilt für die Wirkung und Entstehung von Chromosomanomalien. Wenn der nasciturus vom Augenblick der Befruchtung an krank ist, ergeben sich Schwierigkeiten aus der Verbindung von Vorverlegung der Rechtsfähigkeit mit dem Schadensbegriff, der die tatsächliche Veränderung des Rechtsgutes meint[188]. Die Präexistenz des Verletzungsobjekts, die ansonsten bei den subjektiven Rechten im technischen Sinne verlangt wird, liegt nicht vor. Es wird problematisch, ob deswegen überhaupt eine Gesundheitsverletzung gegeben sein kann.

Dementsprechend behauptet eine Gruppe in der Literatur, die durch R. *Schmidt*[189], *Deynet*[190] und *Laufs*[191] repräsentiert wird, daß ein Schutz

---

[187] Vgl. zu den einzelnen Fallgruppen oben S. 46 ff.

[188] Vgl. *Larenz*, Schuldrecht, AT, § 14 II.

[189] *Schmidt*, R., in: JZ 1952, S. 168.

[190] *Deynet*, Rechtsstellung des nasciturus, S. 168.

[191] *Laufs*, in: NJW 1965, S. 1057.

der Rechts- und Lebensgüter einer Person nur möglich sei, wenn vor dem Eingriff das verletzte Objekt bestanden habe. Verletzt werden könne nur derjenige, der bereits im Augenblick des Verletzungserfolges existiert habe. Da aber schon mit der Entstehung des Embryos der Mangel vorliege, ließe sich von einer Verletzung nicht sprechen[192]. Gebe man den Begriff der Verletzung als der Verschlechterung eines bestehenden Zustandes auf, so werde der Eingriffstatbestand des § 823 I BGB in einen Verursachungstatbestand verändert. Dies sei eine unerlaubte Konsequenz. Im Ergebnis kommt daher diese Meinung zu einer Ablehnung des Schadensersatzanspruches, wenn die Schädigung schon in den Keimzellen der Eltern begründet war.

Dagegen halten Ernst *Wolf*[193], *Heldrich*[194] und mit einer ähnlichen Begründung auch *Stör*[195] die Präexistenz des Verletzungsobjekts nicht für erforderlich. Zwar müsse ein Gegenstand, um verletzt werden zu können, im Augenblick der Verletzung existieren, das setze aber nicht voraus, daß er schon vorher bestanden haben müsse. Die Verletzung könne auch mit der Entstehung zusammenfallen, so daß dadurch ein Schadensersatzanspruch nach § 823 I BGB begründet werden könne.

Selb[196] hat wegen der Trennung in eine natürliche und rechtliche Verletzbarkeit keine Schwierigkeiten, den Anspruch zu begründen. Denn jede Verhinderung des normalen Ablaufes des biologischen Vorganges ist für ihn ein Glied in der Ursachenkette, die zur angeborenen Mißbildung geführt hat.

Zur Lösung der vorliegenden Problematik wird eine kurze Rückbesinnung auf den Inhalt des Lebensgutes „Gesundheit" notwendig. Geeigneter Anknüpfungspunkt dafür scheinen die Ausführungen des Bundesgerichtshofes im „zweiten Luesurteil"[197] zu sein. Das Gericht betont ausdrücklich, die Lebensgüter einer Person könnten nicht mit den sonstigen Rechtsgütern verglichen werden, deren Verletzung zunächst einen unverletzten Zustand voraussetzen. Sie hätten auf Grund ihres besonderen Wesens einen anderen Inhalt. Sie seien ein Teil der Natur und der Rechtsordnung vorausgegeben. Ein jeder Mensch habe ein Recht auf diese Lebensgüter und damit ein Recht darauf, daß nicht von Menschenhand das organische Wachstum gestört oder beeinträchtigt werde. Jede Entziehung oder Störung, die von einem Menschen herrühre und das natürliche Wachstum hindere oder beeinträchtige, sei eine Verletzung der Gesundheit.

---

[192] Vgl. so *Laufs*, in: NJW 1965, S. 1057.
[193] *Wolf*, Ernst, in: *Wolf—Naujoks*, S. 168.
[194] *Heldrich*, in: JZ 1965, S. 598.
[195] *Stör*, Deliktsschutz des Ungeborenen, S. 91 f.
[196] *Selb*, in: AcP 166 (1966), S. 110.
[197] vom 20. 12. 1952, in: BGHZE 8, S. 247.

Vergegenwärtigt man sich, daß der Gesundheitsbegriff nicht nur einen tatsächlichen, konkreten, sondern auch den erwünschten, abstrakten Zustand des Menschen meint, so erhält die Aussage des Bundesgerichtshofes in diesem Rahmen ihre Bedeutung. Unzweifelhaft entstehen die von der Rechtsordnung geschaffenen subjektiven Rechte an einer Sache unabhängig von deren Zustand und werden daher auch nur so geschützt, wie sie tatsächlich zur Entstehung gelangt sind. Diese Betrachtungsweise kann nun nicht auf die natürlichen Lebensgüter übertragen werden. Denn das Lebensgut „Gesundheit" erfaßt nicht nur das konkrete Dasein des Individuums, sondern beinhaltet auch die Verwirklichung der erwünschten Norm, die wesensnotwendig zu seiner Existenz gehört. Sie ist in ihrer abstrahierenden Regelhaftigkeit das Bezugssystem, an welchem die Lebensäußerungen des einzelnen gemessen werden[198]. Ist diese Norm der Rechtsordnung vorgegeben, dann liegt eine Beeinträchtigung des Lebensgutes „Gesundheit" auch schon vor, wenn die Norm im Augenblick der Entstehung des Menschen, also in der Befruchtung, nicht erreicht ist. Insoweit vermag man von dem Recht eines jeden zu sprechen, eine Gesundheit zu erhalten, die der typischen Erscheinungsform entspricht. Es beinhaltet weiter das Recht zu verlangen, daß eine jede Störung, die den „normalen" Zustand verhindern würde, unterbleibt.

Die Verletzung des Lebensgutes „Gesundheit" ist demnach neben dem Eingriff in die bereits vorhandene körperliche Integrität auch das Nichtauftreten eines normalen Zustandes im Augenblick der Verschmelzung der elterlichen Keimzellen. Die Verletzung liegt jedoch nicht schon in der Verhinderung einer normalen Entwicklung durch die Beeinträchtigung der elterlichen Keimzellen, wie *Selb*[199] und auch *Stör*[200] meinen, wenn sie sagen, die Verletzung sei als eine nachteilige Entwicklung auf den Verlauf eines biologischen Vorganges in der Gametogenese zu verstehen. Man müßte dann die in den elterlichen Gameten verborgenen Möglichkeiten der Entwicklung als Vorwirkung eines Rechts des künftig entstehenden Menschen an seiner Gesundheit ansehen. Wie aber dieses Recht auf Gesundheit sinnvoll einem Rechtsträger zugeordnet werden soll, wenn nicht durch Berücksichtigung des nondum-conceptus, bleibt unklar. Und zum anderen muß darauf hingewiesen werden, daß in dem direkten Eingriff bei den Eltern ein mittelbarer Schaden des Kindes verursacht wird, der nicht mehr selbst durch einen Eingriff in seine Lebensgüter begründet ist, sondern in einem weiteren Akt läge, der durch die Verletzung des Rechts auf — nicht an der

---

198 Vgl. *Müller*, in: Handbuch der Allgemeinen Pathologie, 1. Bd., S. 59.
199 *Selb*, in: AcP 166 (1966), S. 110.
200 *Stör*, Deliktsschutz des Ungeborenen, S. 91 f.

— Gesundheit als Folge entstanden ist. Die Verletzung liegt dann nicht mehr in einem direkten Eingriff, sondern in der Verursachung weiterer mittelbarer Schäden. § 823 I BGB wird zum Verursachungstatbestand[201].

cc) Beschränkung der Haftung

Wenn eine Verletzung des nasciturus generell im Nichtauftreten der Gesundheitsnorm in der Konjugation gesehen wird, ist es notwendig, die Haftung zu begrenzen. Denn jede Handlung, die für die Vereitelung des normalen Zustandes adäquat-kausal geworden ist, erfüllt den Tatbestand. Gleichgültig wäre es, ob es sich um die Zeugung selbst, die die in den Anlagen vorhandenen Abweichungen aktiviert, oder um eine Einwirkung auf die Geschlechtszellen der Eltern handelt. So wäre auch der erbkranke Erzeuger, der seine Krankheit dem Kind vererbt, wegen unerlaubter Handlung schadensersatzpflichtig.

Ohne größere Ausführungen machen zu wollen, sei die Überlegung angestellt, ob dann, wenn die Zeugung schon tatbestandsmäßig ist, auch ein Unwerturteil über sie ausgesprochen werden kann, ob sie widerrechtlich ist. Dabei muß von der Tatsache ausgegangen werden, daß eine Handlung nur dann rechtswidrig genannt werden kann, wenn sie einem Gebot oder Verbot der Rechtsordnung widerspricht. Nicht allein der Schadenseintritt entscheidet über diese Frage, es setzt vielmehr das weitere Prinzip ein, daß Handlungen, die sich im Rahmen der allgemeinen Ordnung des menschlichen Zusammenlebens halten, nicht als unerlaubte Handlungen in Frage kommen[203]. Mag auch der Handlungserfolg für die Rechtswidrigkeit der Handlung sprechen, so gibt es doch Gründe, von einem Unwerturteil über die Zeugung abzusehen. Das Verhalten der Eltern kann in der Regel rechtlich nicht mißbilligt werden, da sie im Hinblick auf die eingetretene Verletzung einmal wertneutral ist und zum anderen nach den Normen des Familienrechts ein sozial-adäquates Verhalten darstellt[204].

Ein abweichendes Ergebnis kann auch nicht aus dem Deliktsrecht abgeleitet werden. Denn seine Aufgabe liegt nicht darin, eine eugenische Funktion auszuüben und erblich belasteten, kranken Nachwuchs zu verhindern, sondern allein darin, einen entstandenen Schaden auszugleichen.

---

[201] *Stör* muß sich entgegenhalten lassen, was er anderen vorwirft, nämlich den Eingriffstatbestand des § 823 I BGB in einen Verursachungstatbestand zu verändern.

Selb, a. a. O., S. 110, hat recht, daß so die gleichen Probleme entstehen wie bei § 1 BGB, nur könne man nicht die Rechtsfähigkeit vorverlegen; vgl. dazu oben S. 52 die Erörterungen.

[203] Vgl. v. *Caemmerer*, in: Hundert Jahre Deutsches Rechtsleben, Bd. II, S. 127.

[204] Vgl. dazu *Heldrich*, in: JZ 1965, S. 599 und *Selb*, in: AcP 166 (1966), S. 115.

Wenn dagegen ein anderer die Keimanlagen der Eltern schädigt, weil beispielsweise bei Strahlungen die notwendige Sorgfaltspflicht außer acht gelassen wurde, dann liegt ein normwidriges Verhalten vor, auf Grund dessen die tatbestandsmäßige Handlung rechtswidrig ist. Es begründet einen Anspruch zugunsten des Kindes. Durch die Verletzung der Eltern ist eine Kausalkette eingeleitet worden, die zur Verletzung geführt hat. Das später erzeugte Kind ist durch die Beeinträchtigung seiner Eltern in der Fähigkeit, gesunde Kinder zu zeugen, ebenso mitbetroffen wie der nasciturus von einer inneren oder äußeren Verletzung der Mutter.

Ein Unwerturteil über das Verhalten der Eltern mag vielleicht dann angebracht sein, wenn sie nicht nur ihre endogenen Potenzen in dem neuen Kinde konkretisieren, sondern selbst exogene Einflüsse herbeigeführt haben, zum Beispiel sich mit einer Geschlechtskrankheit infiziert haben und im Bewußtsein dieser Tatsache ein krankes Kind erzeugen[205]. *Selb*[206] und Hans *Stoll*[207] bejahen in diesen Fällen eine Haftung des Erzeugers aus unerlaubter Handlung, da es sachgerecht erschiene, daß dem Erzeuger Pflichten auferlegt würden, die aus seiner Beeinträchtigung herrührenden Folgen auszugleichen.

Hinsichtlich der Kausalität der Erzeugung für die Verletzung des Kindes muß noch die weitere Frage angeschnitten werden, ob derjenige, der die elterlichen Anlagen schädigt, sich dem Kinde gegenüber auf dessen Leben berufen könnte, weil der Vorteil des Lebens die Nachteile einer vorhandenen Mißbildung aufwöge. Sicherlich sind Leben und Gesundheitsverletzung nicht voneinander zu trennen, jedoch wird die Verletzung nicht durch das Leben aufgehoben. Bei einer anderen Ansicht kommt es, wie *Heldrich*[208] überzeugend dargelegt hat, zu einer unzulässigen „compensatio lucrum cum damno", die die Kausalitätsregeln außer Kraft setzten[209].

d) Benachbarte Rechtsgebiete

Die im Haftungsrecht geführte Diskussion über den Deliktsschutz des Ungeborenen hat nachhaltig die Erörterungen der Rechtsfolgen einer Beeinträchtigung des nasciturus in seinen elementaren Lebensgütern auf anderen Rechtsgebieten beeinflußt. Dabei wurden insbesondere die Fragen im

---

[205] Dies gälte unter Berücksichtigung der Tatsache, daß das Familienrecht an die Zeugung personale Pflichten der Eltern knüpft, wie Sorgfalts- und Unterhaltspflichten, insbesondere aber bei Kindern mit angeborenen Krankheiten. Vgl. § 1602 I BGB.

[206] *Selb*, in: AcP 166 (1966), S. 115.

[207] *Stoll*, Hans, in: Festschrift für Nipperdey, 1965, 1. Bd., S. 762.

[208] *Heldrich*, in: JZ 1965, S. 598.

[209] ebenso *Selb*, in: AcP 166 (1966), S. 114.

Sozialrecht gestellt, ob durch die Schädigung eines ungeborenen Kindes ein Anspruch auf öffentlich-rechtliche Sozialleistungen aus der gesetzlichen Unfallversicheruneg oder aus dem Versorgungsrecht hergeleitet werden könnten[210]. Entstanden ist diese Problematik insoweit, als in den einschlägigen Gesetzen der nasciturus ebenfalls nicht berücksichtigt worden ist.

Die Entscheidungen der obersten Bundesgerichte wie die Erörterungen der Literatur zu den einzelnen Problemen legten sich immer wieder die Frage vor, ob die im Haftungsrecht gefundenen Grundsätze auf Grund ihrer Allgemeinheit über das Haftungsrecht hinauszugreifen vermöchten.

Die Frage, inwieweit das geschädigte Kind einen Anspruch auf öffentlich-rechtliche Sozialleistung erwerben kann, vermag hier nicht abschließend geklärt zu werden uned würde den Rahmen der Untersuchung sprengen. Überblickartig darf aber gesagt werden, daß es nicht so sehr auf die Frage ankommt, ob der nasciturus ein Recht an seiner Gesundheit erwirbt, sondern ob er im Zeitpunkt der Einwirkung eine bestimmte Eigenschaft gehabt, ein bestimmtes Schicksal erlitten hatte und ob er dementsprechend von den Ereignissen in seiner Existenz mitbetroffen worden ist, auf die das Gesetz abstellt. So ist im Rahmen der gesetzlichen Unfallversicherung wesentlich, ob die Leibesfrucht zum Kreis der Unfallversicherten zu zählen ist oder nicht[211]. Auf dem Gebiet des Versorgungsrechts war es fraglich, welche Ansprüche für die Leibesfrucht aus kriegsbedingten Schädigungen abgeleitet werden könnten. Bejaht wurde dies, weil auch der nasciturus ein geschütztes Opfer des Krieges sein müsse[212].

Die Problematik des Schutzes des ungeborenen Kindes muß jeweils nach den besonderen Umständen des Einzelfalles unter Berücksichtigung der anzuwendenden Rechtsverhältnisse gelöst werden. Sinn und Zweck der Norm machen immer wieder eine andere Entscheidung über den Beginn des Lebens notwendig.

4. Konstruktive Erfassung der Vermögensfürsorge und ihr Beginn

a) Die konstruktive Einordnung der dem nasciturus zuteil werdenden Fürsorge umgehen die Motive mit den Bemerkungen, daß wegen § 1 BGB

---

[210] Vgl. den Überblick über die einzelnen Probleme bei *Bogs,* Der Rechtsschutz des Ungeborenen unter besonderer Berücksichtigung des Sozialrechts, in: RdJ 1963, S. 296 ff.

[211] Vgl. dazu BSG vom 23. 6. 1959, in: NJW 1959, S. 2135, mit ausführlichen Besprechungen bei *Rohwer—Kahlmann,* in: JuS 1961, S. 285 ff.; *Peters,* in: RdJ 1960, S. 269 f.

[212] Vgl. dazu BSG vom 24. 10. 1962, in: BSGE 18, S. 55 ff., mit Anmerkungen von *Rohwer—Kahlmann,* in: NJW 1963, S. 1894; *Fabricius,* in: FamRZ 1963, S. 236, sowie BSG vom 15. 10. 1963, in: NJW 1964, S. 470.

zwar „die Leibesfrucht nicht Träger von Rechten und Pflichten sein kann“, daß es damit aber nicht unvereinbar sei, „daß dem werdenden Menschen auf privatrechtlichem Gebiet eine gewisse Berücksichtigung zuteil wird“[213]. „Soweit privatrechtliche Interessen desjenigen, der empfangen, aber noch nicht geboren ist, zu wahren sind, geschieht dies am geeignetsten durch besondere Bestimmungen. So sei es ein Satz von allgemeiner Geltung, daß in Ansehung des erbrechtlichen Erwerbes eine empfangene, aber noch nicht geborene Person, falls sie später lebend zur Welt kommt, einem bereits geborenen Menschen gleichzustellen ist[214].“ Außerhalb des Erbrechts sollen gewisse Rechte einer „empfangenen, aber noch nicht geborenen Person, falls sie später lebend zur Welt kommt, vorbehalten“[215] werden.

Um darzustellen, wie dies rechtstechnisch geschehen kann, verweisen die Motive auf das römische Recht. Es „läßt, soweit ein Anfall von Rechten während des Foetalzustandes in Frage kommt, den Anfall in der Schwebe und behandelt, wenn die Leibesfrucht sich zu einem rechtsfähigen Menschen entwickelt hat, die Rechte so, als wenn sie einem rechtsfähigen Subjekt angefallen wären“[216]. Der Anfall wird in seiner rechtlichen Wirkung zurückbezogen.

Damit ist die Rechtsstellung des nasciturus auf Grund seiner besonderen Berücksichtigungen im Gesetz nicht erfaßt. Denn, wie Ernst *Wolf*[217] nachweist, kann es sich nach dem Gesetzeswortlaut bei ihnen „um einen künftigen Erwerb von zukünftigen Rechten und Pflichten (die erst im Augenblick des späteren Erwerbes entstehen), um den gegenwärtigen Erwerb von zukünftigen Rechten und Pflichten (die schon vor der Entstehung erworben werden) oder um einen zukünftigen Erwerb von gegenwärtigen Rechten und Pflichten (die bereits bestehen, aber erst später erworben werden)“ handeln.

Entsprechend diesen Bedeutungsmöglichkeiten hat es die verschiedensten konstruktiven Lösungsversuche gegeben, um die Rechtsstellung des nasciturus in das System des Bürgerlichen Gesetzbuches einzuordnen.

Nach Ernst *Wolf*[218] lassen sie sich in zwei Gruppen gliedern.

Die ältere Lehrmeinung knüpfte an die besondere Art der Berechtigung und Verpflichtung an, geht also von der Rechtswirkung aus. Sie untersucht,

---

213 Vgl. Mot. z. BGB I, S. 29.
214 Vgl. Mot. z. BGB I, S. 29.
215 ebd., S. 30.
216 ebd., S. 29.
217 *Wolf*, Ernst, in: *Wolf—Naujoks*, S. 154.
218 *Wolf*, Ernst, in: *Wolf—Naujoks*, S. 155; ihm folgend *Deynet*, Rechtsstellung des nasciturus, S. 180 und *Fabricius*, Relativität der Rechtsfähigkeit, S. 6 f.

welchen Inhalt und welchen Umfang die Rechte des nasciturus haben, und gelangt in der Erkenntnis, daß diese Rechte noch nicht voll wirksam sind, zu einer Vorläufigkeit der Rechte selber. Man charakterisierte sie als „bedingte", als „zukünftige" Rechte oder als Anwartschaftsrechte[219]. Diese Ansichten werden heute nicht mehr vertreten, da auf Grund der Rechtswirkungen allein nicht erklärt werden kann, wie die rechtliche Stellung ihres Inhabers zu erfassen ist. Weiter bleibt nach ihnen unklar, warum zum Beispiel im Fall des § 1923 II BGB die Rechte, die zum Nachlaß gehören und deswegen vorläufig dem nasciturus zuzuordnen sind, durch den Erbfall plötzlich zu bedingten Rechten werden, obwohl nicht die Rechte selbst, sondern nur ihre Verknüpfungen mit dem Rechtsinhaber vorläufiger Art sind[220].

So sucht man heute den Ansatzpunkt in der Beschreibung des Berechtigten und seiner einzelnen rechtlichen Fähigkeiten. Man fragt, inwieweit der nasciturus Zuordnungssubjekt von Rechtssätzen sein kann. Es werden Lösungen vorgeschlagen, daß die Rechte für ein Übergangsstadium „subjektlos"[221] seien. Daß sie zunächst einer „stillschweigenden juristischen Person"[222] zugewiesen würden, daß die Eigenschaft des nasciturus, Träger gewisser Rechte sein zu können, als „beschränkte"[223] Rechtsfähigkeit, als „Teilrechtsfähigkeit"[224] oder als „Vollrechtsfähigkeit"[225] anzusehen sei.

Da das Ergebnis nach allen Meinungen das gleiche ist, nämlich daß im Fall der Lebendgeburt der Erwerb der Rechtsfähigkeit und der Erwerb der Rechte zusammenfallen, ihre Zuordnung aber auf den Zeitpunkt der Entstehung zurückwirkt[226], ist die Diskussion der Rechtsstellung mehr von erkenntnistheoretischem Interesse. Sie hat keine praktische Bedeutung, da die zu gewinnenden Rechtsfolgen im Einzelfall schon feststehen. In den Vorschriften, in denen der nasciturus Berücksichtigung findet, ist nämlich eindeutig die Funktion zu erkennen, zu verhindern, daß ein aus anderen Vorschriften abgeleiteter Rechtserwerb an der fehlenden Subjektseigenschaft des nasciturus scheitert. In ihnen wird die Regel des § 1 BGB, daß die Rechtsfähigkeit des Menschen erst mit der Vollendung der Geburt beginnt, eingeschränkt[227].

---

219 Vgl. Überblick bei *Oertmann*, BGB, § 1 Anm. 5.

220 Vgl. dazu *Enneccerus—Nipperdey*, § 84 II Anm. 1.

221 Vgl. so *Hachenburg*, Vorträge, S. 331 ff. (332 f.).

222 Vgl. so *Kohler*, Lehrbuch des Bürgerlichen Rechts, S. 335.

223 Vgl. so *Enneccerus—Nipperdey*, § 84 II 3; *Schmidt, R.*, in: AcP 155 (1956), S. 73 ff.

224 Vgl. so *Fabricius*, Relativität der Rechtsfähigkeit, S. 117; *Stör*, Deliktsschutz des Ungeborenen, S. 63.

225 Vgl. so *Wolf*, Ernst, in: *Wolf—Naujoks*, S. 230.

226 Vgl. dazu *Riezler—Coing*, in: *Staudinger*, BGB, § 1 Anm. 9.

227 Vgl. *Larenz*, Methodenlehre, S. 200.

Rechte, die der nasciturus nach anderen Vorschriften erwerben könnte, falls er rechtsfähig wäre, sollen ihm unter dem Vorbehalt der Lebendgeburt zufallen[228].

b) Als fast überflüssig erscheint der Hinweis, daß die beschränkte Fähigkeit des nasciturus, Rechte zu erwerben, mit der Entstehung des neuen Individuums in der Befruchtung beginnt. So darf es ohne weiteres dem Gesetz entnommen werden, wenn es von „einer zwar erzeugten, aber noch nicht geborenen"[1] Person spricht. Dieser Zeitpunkt hat gegenüber allen anderen möglichen biologischen Stationen den Vorteil, daß er relativ einfach zu ermitteln ist, und entspricht damit Gründen der Einfachheit und Zweckmäßigkeit.

Die Tatsache, wann die Entstehung des neuen Lebens in der Befruchtung stattgefunden hat, ist durch den Richter in freier Beweiswürdigung zu finden. Anhaltspunkte können aus der den medizinischen Erfahrungen entsprechenden gesetzlichen Vermutung in § 1592 BGB entnommen werden[2].

III. DER BEGINN DES SCHUTZES DES MENSCHLICHEN LEBENS

Als weitere Folgerung aus der Rechtspersönlichkeit des Menschen erscheint neben seiner Rechtsfähigkeit die in Artikel 2 II 1 GG verfassungsrechtlich abgesicherte Verpflichtung der staatlichen Gewalt, das Leben des Menschen in der biologisch-natürlichen Grundlage um eben seiner Persönlichkeit willen als schutzwürdiges und -bedürftiges Gut zu achten[3]. Sie bindet den Staat nicht nur selbst, rechtswidrige Eingriffe zu unterlassen, sondern in Erfüllung seiner Friedenspflicht auch, Angriffe Dritter auf das menschliche Leben zu verhindern, indem er die Schutzwürdigkeit des Lebens durch die Pönalisierung von Angriffen gegen das Leben zu verfestigen hat[4]. Der Ausdruck einer so verstandenen Achtung gegenüber den Lebensgütern des Menschen findet sich in den strafrechtlichen Bestimmungen der §§ 211 ff. StGB über „Verbrechen und Vergehen wider das Leben".

Das Strafrecht nimmt den Schutz des Lebens in verschiedenen Vorschriften vor, die nach Ausgestaltung und Strafandrohung zwischen Abtreibung und Tötung differenzieren. Diese tatbestandliche Trennung beruht auf einer

---

[228] Vgl. *Stoll*, Hans, in: Festschrift für Nipperdey, 1965, S. 755.

[1] So die Wendungen in § 844 II 2 BGB.

[2] Vgl. auch *Riezler—Coing*, in: *Staudinger*, BGB, § 1 Anm. 15.

[3] Vgl. dazu *Herzog*, Der Verfassungsauftrag zum Schutz des ungeborenen Lebens, in: JR 1969, S. 441 ff. (442).

[4] Vgl. *Krüger*, Herbert, Allgemeine Staatslehre, S. 203 f.

Aufspaltung des geschützten Rechtsguts „Leben" in das Leben vor und nach dem Beginn der Geburt. Das angreifbare Handlungsobjekt wird bei der Abtreibung mit dem Begriff „Leibesfrucht" (§ 218 StGB), bei der Tötung in den Begriffen „ein anderer" oder „Kind" (§§ 211 ff., 217 StGB) beschrieben. Unbestritten ist, daß in dem „werdenden Leben" der „Keim der sich entwickelnden Persönlichkeit"[5] als ein selbständiges Rechtsgut geschützt ist[6].

Eine solche Konstruktion wirft notwendigerweise die Frage auf, mit welchem biologischen Ereignis der Beginn des Daseins und damit der Beginn des Lebensschutzes zu identifizieren ist, wann weiter aus der Leibesfrucht ein Mensch in strafrechtlichem Sinne wird und der Lebensschutz von der Abtreibung zur Tötung wechselt. Da beide Probleme in neuerer Zeit hinreichend erörtert sind, einmal im Zusammenhang mit der Abgrenzung zwischen strafloser Empfängnisverhütung und strafbarer Abtreibung und im Rahmen der Reform der Abtreibungsbestimmungen, das andere Mal während des „Contergan-Prozesses", kann sich die vorliegende Untersuchung auf Grundzüge beschränken.

1. Schutz des werdenden Lebens

Das menschliche Leben ist nach der Strafrechtsordnung als ein besonders zu schützender Wert zu achten. Wie immer man auch zu der umstrittenen Frage stehen mag, ob die Leibesfrucht im anthropologischen Sinne bereits als ein Mensch anzusehen ist[7], in jedem Fall hat sie ein eigenständiges, menschliches Leben in sich. Denn ein Mensch „wird" biologisch gesehen nicht ein Mensch, sondern „ist" in jeder Phase seiner Entwicklung ein Mensch[8]. Daher hat der Staat auch das werdende Leben in den Schutz des Lebens miteinzubeziehen. Weil nach den naturwissenschaftlichen Kriterien der Beginn der individuellen Existenz in der Befruchtung anzusetzen ist, findet der Rechtsbegriff „werdendes Leben" nach einhelliger Auffassung seinen zeitlichen Beginn in diesem Augenblick[9].

Jedoch darf aus dieser inhaltlichen Bestimmung des Rechtsguts nicht gefolgert werden, daß ebenso der konkrete Schutz des § 218 StGB mit der Befruchtung beginnen muß. Die Ursachen liegen in der dogmatischen Unter-

---

[5] Vgl. so RG vom 11. 5. 1933, in: RGSt 67, S. 206 f. (207).

[6] Vgl. so in ständiger Rspr. BGH vom 4. 10. 1957, in: BGHSt 11, S. 15 ff. (17).

[7] Vgl. dazu *Schmidtlein,* Die Natur der menschlichen Leibesfrucht, Diss. München, 1966, S. 53 ff.

[8] Vgl. *Blechschmidt,* Vom Ei zum Embryo, S. 34 ff.

[9] Vgl. m. w. N. *Lüttger,* Der Beginn des Lebens und das Strafrecht, in: JR 1969, S. 445 ff. (446).

scheidung zwischen Rechtsgut und Handlungsobjekt[10]. Das Rechtsgut ist das nach den Wertvorstellungen einer Gemeinschaft für schutzwürdig und -bedürftig erachtete Interesse, der besondere Rechtswert, dessen Schutz das Strafrecht mit seinen spezifischen Mitteln bezweckt. Handlungsobjekt ist dagegen der konkrete Gegenstand, in dem das Rechtsgut angegriffen wird. Es lassen sich also zwei Wertungsebenen auseinanderhalten: In der ersten wird mit der Bestimmung des Rechtsgutes generell gesagt, daß ein bestimmtes Verhalten von der Rechtsordnung unerwünscht ist, und daran anknüpfend in der zweiten, der Tatbestandsebene, konkretisiert, ob dieses Verhalten auch strafrechtlich sanktioniert werden soll. Die Aufgabe des Gesetzgebers liegt nun darin zu bestimmen, welche Eingriffe in das Rechtsgut „werdendes Leben" rechtswidrig sein sollen, und zu entscheiden, von welcher Entwicklungsphase an dieser Schutz wirksam sein soll.

Es ist nun möglich, daß sich Rechtsgut und Handlungsobjekt entsprechen, aber sie können ebensogut voneinander abweichen, wenn das geschützte Rechtsgut im Handlungsobjekt nur ausschnittsweise erfaßt ist. Entscheidend ist allein, wie der Gesetzgeber den Rechtsgüterschutz in der Gestaltung der Norm verwirklicht hat. Daher muß der Zeitpunkt, von dem aus der Beginn des Schutzes des werdenden Lebens konkret stattfinden soll, in der Auslegung des in § 218 StGB verwandten Begriffs „Leibesfrucht" gesucht werden.

a) Fehlen einer Legaldefinition

Der Strafgesetzgeber bestimmt in § 218 StGB, daß sich derjenige strafbar macht, der die Leibesfrucht einer Schwangeren abtötet[11]. Eine Definition, insbesondere eine Bestimmung, von welchem Augenblick des pränatalen Lebens an das Dasein als Leibesfrucht beginnen soll, fehlt. Bei der Kodifizierung des Reichsstrafgesetzbuches von 1871 folgte man der Ansicht, die Strafbarkeit wegen Abtreibung beginne mit dem Zeitpunkt der Befruchtung[12]. Die Literatur hat dies bis in die jüngere Zeit unreflektiert übernommen[13].

Auch die Rechtsprechung hat sich noch nicht mit dem Problem befaßt, ob ein Angriff auf das werdende Leben nach der Befruchtung in der ersten Ent-

---

[10] Vgl. zur Unterscheidung zwischen Rechtsgut und Handlungsobjekt: *Baumann*, Strafrecht, AT, S. 124; *Jescheck*, Strafrecht, AT, S. 175 ff.; *Maurach*, Strafrecht, AT, S. 212 ff.; *Wessels*, Strafrecht, AT, S. 28.

[11] „Leibesfrucht" ist auch der mißgestaltete Embryo, wie zum Beispiel nach der hier oben (S. 34) vorgetragenen Ansicht der Arcadius, nicht dagegen eine Mole. Vgl. dazu *Schröder*, in: *Schönke—Schröder*, StGB, § 218 Rdz. 3; *Welzel*, Deutsches Strafrecht, S. 300.

[12] Vgl. zur Geschichte der Abtreibung die Nachweise bei *Schmidtlein*, Die Natur der menschlichen Leibesfrucht, S. 6 ff.

[13] Vgl. Überblick bei *Forster*, Geburtenregelung und Abtreibung, Diss. München, 1968, S. 14 ff.

wicklungsphase strafbare Abtreibung ist oder nicht[14]. Die von ihr behandelten Abtreibungsfälle bezogen sich alle auf ein späteres Entwicklungsstadium.

Dieses Schweigen bedeutet jedoch nicht viel, da erst die Jahrhundertwende eine nähere medizinische Aufklärung über die Vorgänge bei der Befruchtung brachte. Und erst in den letzten Jahren wurde mit einer weiteren Verbreitung von Nidationshemmern, wie zum Beispiel Intrauterin-Pessaren[15], die begriffliche Klärung, wann das menschliche Leben nach der Konjugation in die Phase „Leibesfrucht" eintritt, zu einem juristischen Problem. Sie wird um so mehr gesellschaftliche Bedeutung erlangen, wenn wahrscheinlich in nächster Zukunft die noch in der Entwicklung befindliche „morning-after-pill" als Nidationshemmer Verbreitung findet. Dann muß geklärt sein, welche Methoden der Familienplanung noch als legitime Geburtenkontrolle angesehen werden können und welche dagegen schon unter den Tatbestand der Abtreibung fallen.

b) Meinungen in der Literatur

Die Stellungnahmen der Literatur zu dieser Problematik sind heute geteilt. In der Auseinandersetzung nimmt die wohl herrschende Meinung den Standpunkt ein, der Begriff „Leibesfrucht" sei durch den Abschluß der Nidation als Anfangstermin gekennzeichnet[16]. Die Gegenmeinung identifiziert ihn schon mit dem Zeitpunkt der Befruchtung[17].

---

[14] Vgl. so *Hanak*, Eingriffe in die Fruchtbarkeit, bei *Göppinger*, Arzt und Recht, S. 46.

Vor der Entstehung der Problematik hat RGSt vom 19. 2. 1925 in RGStE 59, S. 98 (99), einmal bemerkt, die Leibesfrucht sei durch § 218 StGB in ihrer Entwicklung vom Augenblick der Zeugung an geschützt.

[15] Vgl. zur Entwicklung und Verbreitung der Intrauterin-Pessare *Döring*, Empfängnisverhütung, S. 28 ff.

[16] Vgl. im einzelnen *Bockelmann*, Strafrecht des Arztes, S. 32; *Forster*, Geburtenregelung und Abtreibung, S. 82; *Geilen*, Das Leben des Menschen in den Grenzen des Rechts, in: FamRZ 1968, S. 121 ff. (129); ders., Neue juristisch-medizinische Grenzprobleme, in: JZ 1968, S. 145 ff. (146); *Dreher*, in: *Schwarz—Dreher*, Strafgesetzbuch, § 218 Anm. 1; *Hanack*, Zur strafrechtlichen Problematik von Beginn und Ende des menschlichen Lebens, in: Nervenarzt, 1969, S. 505 ff. (507); *Lackner—Maassen*, StGB § 218 Anm. 2; *Lay*, Zum Begriff der Leibesfrucht in § 218 StGB, in: JZ 1970, S. 465 ff. (470); *Lüttger*, Der Beginn des Lebens und das Strafrecht, in: JR 1969, S. 445 ff. (453); *Maurach*, Strafrecht, BT, S. 55; *Schmitt*, Geburtenregelung und Abtreibung, in: FamRZ 1970, S. 530 ff. (533); *Schwalm*, Über den Beginn des menschlichen Lebens aus der Sicht des Juristen, in: MDR 1968, S. 277 ff. (278); *Welzel*, Deutsches Strafrecht, S. 300.

[17] Vgl. zur Gegenmeinung: *Becker*, Zur Problematik des Lebensbeginns, in: FamRZ 1968, S. 409 ff. (412); *Blei*, in: *Mezger—Blei*, Strafrecht, BT, S. 30; *Kaiser*, Familie und Geburtenregelung, S. 119 ff.; *Lang—Hinrichsen*, Zum strafrechtlichen Rechtsschutz des Lebens vor der Geburt, in: JR 1970, S. 365 ff. (369); *Strutz*, Intrauterin-Pessare, Orale Ovulationshemmer und Hormontabletten, in: MSchrKrim 1969, S. 83 ff. (85).

aa) Für den Zeitpunkt der Nidation als den Beginn des konkreten Lebensschutzes nach § 218 StGB wird im einzelnen vorgetragen, es müsse zunächst auf der Grundlage der heutigen naturwissenschaftlichen Erkenntnisse eine Neuinterpretation des Begriffes „Leibesfrucht" stattfinden; weiter sei seine systematische Stellung zu berücksichtigen, dann dürfe nicht verkannt werden, daß im biologischen Ablauf der menschlichen Entwicklung der Nidation ein besonderer Zäsurcharakter zukomme, und zuletzt sprächen kriminal-politische Zweckmäßigkeitserwägungen für diese Grenze.

So versuchen *Schwalm*[18] und *Geilen*[19] von den biologischen Einsichten her eine grammatische Neuinterpretation des Tatbestandsmerkmals „Leibesfrucht". Sie meinen, daß dieser Ausdruck auf eine besonders innige Verbindung zwischen der Mutter und ihrer Eianlage hinweise. Er werde inhaltlich nur ausgefüllt, wenn das Ei nicht nur vom mütterlichen Organismus beherbergt werde, sondern mit ihm auch eine untrennbare Symbiose eingegangen sei. Diese enge Verbindung finde aber erst mit der Nidation statt.

Bockelmann[20] und *Forster*[21] unterstützen diese Auslegung mit einem systematischen Argument. § 218 StGB spreche in seinem ersten Absatz von einer Frau, „die ihre Leibesfrucht" abtöte, er bedrohe in seinem zweiten Absatz denjenigen mit Strafe, der die „Leibesfrucht einer Schwangeren" abtöte. Man dürfe davon ausgehen, daß das Gesetz in beiden Absätzen das gleiche gemeint habe. Von einer Schwangeren könne man aber nur dann sprechen, wenn sich mit der Einnistung des Eies die weiblichen Funktionsabläufe auf die Ernährung des keimenden Lebens eingestellt hätten. Das geschehe aber erst mit der Nidation[22].

Für *Lüttger*[23] wie für die anderen Autoren wird diese grammatische und systematische Auslegung durch ein Argument bestärkt, das sich aus dem biologischen Zäsurcharakter der Nidation im Entwicklungsprozeß ergeben soll. Mediziner und Biologen seien sich angeblich darin einig, daß zwischen der Befruchtung des Eies und dem Abschluß der Einnistung in der Gebärmutter etwa 50 % aller Keimlinge zugrunde gingen und daß erst nach erfolgter Nidation die Absterberate drastisch absinke. An diese Tatsache müsse auch die juristische Interpretation anknüpfen, denn es könne nicht sinnvoll sein, mit dem Strafrechtsschutz ausgerechnet dort einzusetzen, wo die Natur eine „verschwenderische Selektion" betreibe.

---

[18] *Schwalm,* in: MDR 1968, S. 278.

[19] *Geilen,* in: JZ 1968, S. 147.

[20] *Bockelmann,* in: Strafrecht des Arztes, S. 32.

[21] *Forster,* Geburtenregelung und Abtreibung, S. 63.

[22] Vgl. dazu auch *Zimmer—Brusis,* Eine biologische Definition der Schwangerschaft, in: DÄ 1970, S. 1839 f.

[23] *Lüttger,* in: JR 1969, S. 450 m. w. N.

Diese Argumente legen es nach den genannten Autoren nahe, sich für die Nidation als Anfangszäsur auszusprechen. Die Gründe würden durch kriminalpolitische Erwägungen bestärkt. Die Abtreibung gehöre seit langem zu den Delikten mit den größten Dunkelziffern, die entdeckten und abgeurteilten Fälle ständen dazu in einem krassen Mißverhältnis. So schätzt man, daß sich die Zahl der entdeckten Abtreibungen zu der der unentdeckten wie mindestens 1 : 100 verhielte[24]. Man müsse mit jährlich wenigstens 300 000 Aborten rechnen. Nun könne zwar nicht davon ausgegangen werden, daß durch eine Geburtenkontrolle mit ovulationsverhindernden und nidationshemmenden Mitteln die Abtreibung wesentlich zurückginge, aber es bestehe zumindest eine gewisse Chance, daß gesundheitsgefährdende Eingriffe nach der Nidation nachließen. Diese dürfe nicht durch eine starre Auslegung des § 218 StGB vertan werden[25]. Hinzu komme noch, daß der Unterschied zwischen Empfängnisverhütung und Abtreibung in diesem Bereich mehr terminologischer Art sei, wenn man die nidationsverhindernden Mittel meine. Eine Frau, die diese benutze, verwende sie nicht im Bewußtsein, die Leibesfrucht abzutreiben, sondern um eine Schwangerschaft zu verhüten[26].

bb) Die Gegenmeinung, die das maßgebende Ereignis für die Bestimmung des Begriffs „Leibesfrucht" in der Befruchtung sieht, weist die grammatische Auslegung mit der Bemerkung von *Hanack*[27] zurück, hierbei handele es sich „um eine reine Wortspielerei mit Gesetzesbegriffen". Sodann bestreitet sie, daß von den Befürwortern der anderen Auffassung die biologischen Tatsachen richtig gedeutet worden seien. *Strutz*[28] und *Lang—Hinrichsen*[29] führen aus, medizinische Forschungsergebnisse zeigten, daß bereits vor der Nidation zwischen der Zygote und dem mütterlichen Organismus eine enge funktionelle Beziehung bestände. So entnehme die Eizelle ihre Nahrungsstoffe den Tubensekreten, deren Zusammensetzung nach der jeweiligen Wanderungsphase bestimmt würde. Die Annahme, daß das noch nicht eingenistete Ei eine von der Mutter unabhängige Existenz führe, erweise sich als unrichtig, die jeweilige ortsstabile oder ortslabile Technik der Ernährung könne nicht maßgebend sein, den Begriff „Leibesfrucht" inhaltlich zu definieren.

Auch die Erklärung des Begriffes „Schwangere" überzeuge nach den biologischen Kriterien nicht. Tatsächlich setze die Produktion der für die Er-

---

24 Vgl. so z. B. die Zahlen bei *Lay*, in: JZ 1970, S. 469.
25 So *Lüttger*, in: JR 1969, S. 451.
26 Vgl. Hinweise bei *Hanack*, in: Arzt und Recht, S. 46.
27 *Hanack*, in: Nervenarzt, 1969, S. 505.
28 *Strutz*, in: MSchrKrim, 1969, S. 88.
29 *Lang—Hinrichsen*, in: JR 1970, S. 366 f.

nährung des Eies notwendigen Eileitersekrete bereits mit der Befruchtung ein, so daß eine „Umstellung der mütterlichen Funktionsabläufe“ schon zu diesem Zeitpunkt erfolge[30].

Diese grammatische Auslegungsmethode verletze den bekannten Grundsatz, daß man aus einem Begriff nie etwas herausholen könne, was man nicht zuvor in ihn hineingelegt habe. Man habe den Interpretationsversuchen stillschweigend die schon vorher getroffene rechtspolitische Entscheidung zugrunde gelegt, den Rechtsschutz einzuengen, um die Anwendung nidationshemmender Mittel tolerieren zu können[31].

Auch lassen sich aus den unterschiedlichen Prozentsätzen der Keimverluste vor und nach der Nidation ein grundlegendes Argument für den Beginn des Lebens nicht gewinnen. Der einzige Zäsurcharakter, den die menschliche Entwicklung aufzeige, liege in der Befruchtung, alle anderen Zeitpunkte seien mehr oder weniger willkürlich gewählt.

Die mehr pragmatischen Überlegungen seien aber bedenklich. Sobald man von dem Zeitpunkt der Konjugation abgehe, gebe es keinen überzeugenden Haltepunkt mehr, und der ganze strafrechtliche Schutz des werdenden Lebens gerate ins Wanken. So zeigten sich einzelne Tendenzen, den Schutz des werdenden Lebens auf einen immer späteren Zeitpunkt zurückzuverlegen, und es sei die Gefahr zu sehen, daß er schließlich völlig aufgegeben werde[32].

c) Inhalt des Begriffes „Leibesfrucht“

Die unterschiedlichen zum Begriff „Leibesfrucht“ geäußerten Meinungen zeigen im wesentlichen die Gründe auf, in seiner inhaltlichen Bestimmung für den Beginn des konkreten Lebensschutzes sowohl den Zeitpunkt der Konjugation als auch den der Nidation zu wählen. Welche von beiden Lösungen den Vorzug verdient, ist im Wege der Auslegung zu ermitteln. Sie schließt zunächst die grundsätzliche Frage ein, ob eine einschränkende Interpretation des Handlungsobjektes „Leibesfrucht“ mit dem verfassungsrechtlich garantierten Schutz des Lebens in all seinen Entwicklungsphasen vereinbar ist. Anschließend ist zu erwägen, ob auch die strafrechtliche Bewertung des Rechtsgutes „werdendes Leben“ eine Verkürzung des Schutzes in § 218 StGB zuläßt. Nach der Klärung dieser Punkte muß auf der Grundlage der biologischen Gegebenheiten und unter besonderer Berücksichtigung des

---

30 Vgl. *Becker*, in: FamRZ 1968, S. 412.
31 Vgl. *Lang—Hinrichsen*, in: JR 1970, S. 367.
32 ebd., S. 370.

Sinns und Zwecks der Abtreibungsnorm eine Definition des Begriffes „Leibesfrucht" gefunden werden.

aa) Die Frage, ob sich aus dem Grundgesetz zwingend die Notwendigkeit ergibt, den verfassungsrechtlichen Schutz des werdenden Lebens durch strafrechtliche Normen vom Augenblick der Befruchtung an zu gewähren, ist in neuerer Zeit ausführlich von *Forster*[33] und *Herzog*[34] behandelt worden, so daß hier nicht näher auf sie eingegangen zu werden braucht. Im Mittelpunkt der Erörterungen steht die Auslegung von Artikel 1 I und Artikel 2 II 1 GG. *Forster*[35] ist der Ansicht, daß es für den Grundrechtsschutz auf die Eigenschaft des Menschen, Mitglied der menschlichen Sozialgemeinschaft sein zu können, ankomme. Da dem nasciturus das so verstandene Dasein als das wichtigste Merkmal der menschlichen Individualität fehle, könne er auch nicht Träger von Grundrechten sein. *Herzog*[36] weist demgegenüber auf die Unzulänglichkeiten dieser Theorie hin, die den Menschen an einem zentralen Punkt schutzlos lasse. Er führt aus, daß sich heute die Auffassung durchgesetzt habe, auch das Grundrecht „Leben" beziehe sich auf die Existenz der Leibesfrucht. Die Grundrechte dienten nämlich dem Zweck, bestimmte menschliche Güter und Funktionen um der Freiheit der menschlichen Persönlichkeit willen gegenüber illegitimen Eingriffen der Staatsgewalt zu sichern. Daraus ergebe sich, daß die Wirksamkeit des Lebensrechts auch an dem Punkt beginnen müsse, an dem das Programm der individuellen Persönlichkeit festliege. Dies sei die Befruchtung. Von diesem Zeitpunkt datiere folgerichtig der Grundrechtsschutz aus Artikel 2 II 1 GG.

Damit sei aber noch nicht gesagt, daß die Staatsgewalt verpflichtet sei, diesen Schutz auch strafrechtlich von der Konjugation an durchzuführen. Während *Dürig*[37] annimmt, daß § 218 StGB die Erfüllung einer verfassungsrechtlichen Pflicht darstelle, gibt *Herzog*[38] zu bedenken, daß das Lebensrecht unter einem Gesetzesvorbehalt stehe. Nach Artikel 2 II 3 GG könne in das Grundrecht auf Leben auf Grund eines einfachen Gesetzes eingegriffen werden, ohne daß in dem hier interessierenden Rahmen die Wesensgehaltsgarantie des Artikel 19 II GG entgegenstände. *Herzog* kommt daher zu dem Ergebnis, daß das Grundgesetz kein bestimmtes Verhalten gegenüber dem „keimenden Leben" in der ersten Entwicklungsphase verlange und die Straf-

---

[33] *Forster*, Geburtenregelung und Abtreibung, S. 92 ff.

[34] *Herzog*, in: JR 1969, S. 441 ff.

[35] *Forster*, a. a. O., S. 96.

[36] *Forster*, in: JR 1969, S. 442.

[37] *Dürig*, in: *Maunz—Dürig—Herzog*, GG, Art. 2 II Rdn. 22. Es ist aber zu beachten, daß seine Äußerung schon vor der Entstehung der Problematik gemacht ist.

[38] *Herzog*, in: JR 1969, S. 444.

rechtslehre bei der Auslegung des § 218 StGB frei von spezifisch verfassungsrechtlichen Bindungen sei[39].

bb) Bei den eigentlichen strafrechtlichen Überlegungen steht die Frage im Vordergrund, inwieweit der Zweck des § 218 StGB, das werdende Leben zu schützen, die Auslegung des Begriffs „Leibesfrucht" beeinflußt. Damit ist das Verhältnis von Rechtsgut zu Handlungsobjekt angesprochen[40]. Eine absolute Bedeutung des geschützten Rechtsguts „werdendes Leben" könnte einer restriktiven Interpretation entgegenstehen, so daß der strafrechtliche Schutz dem werdenden Leben im vollen Umfang zukommen müßte und nicht nur in einem Teilbereich gewährt werden dürfte.

Zu überlegen wäre also, ob das „werdende Leben" in unserer Strafrechtsordnung einen absoluten Rang einnimmt. Nicht erforderlich ist es, den Gedanken weiterzuverfolgen, daß es sich bei den Rechtsgütern um idelle Wertvorstellungen der Rechtsgemeinschaft handelt, die in ihrer Beurteilung einem geschichtlichen Wandel unterworfen sind[41]. So kann heute beobachtet werden, wie gerade das Rechtsgut „werdendes Leben" eine immer niedrigere Bewertung erfährt. Dies Faktum drückt sich nicht zuletzt in den geringen Strafen aus, die die Gerichte bei Abtreibungen verhängen[42].

Ausreichenden Anhalt bietet vielmehr die tatbestandliche Trennung des Schutzes des Lebens in den Schutz des „vollentwickelten Lebens" und in den Schutz des „werdenden Lebens". Das „werdende Leben" wird im Rechtsgüterschutz zwar als ein eigenständiger Wert anerkannt, der um seiner selbst willen zu schützen ist. Im Prinzip genießt es dieselbe Achtung wie das vollentwickelte Leben. Und auch ist die Geburt ein nicht so wertverändernder Punkt, daß alles nachgeburtliche Leben absolut schutzwürdig wäre, das vorgeburtliche Leben dagegen zur Disposition stände. Seine Vernichtung ist die Verletzung eines prinzipiell geschützten Rechtsgutes.

Eine andere Frage auf einer anderen Wertungsebene aber ist es, ob die prinzipiell verbotene Vernichtung des werdenden Lebens auch in jedem Fall und in jedem Entwicklungsabschnitt mit einer strafrechtlichen Sanktion beantwortet werden muß. Denn im Vergleich mit dem „vollentwickelten Leben" zeigt das „werdende Leben" insofern eine deutlich geringere Einschät-

---

[39] Vgl. *Herzog*, in: JR 1969, S. 445.

[40] Vgl. zu dieser Problematik *Baumann*, Strafrecht, AT, S. 124; *Jescheck*, Strafrecht, AT, S. 175 ff.

[41] Im Extremfall kann der Wertverfall eines Rechtsgutes Anstoß zur Aufhebung einer Strafrechtsnorm geben. Vgl. dazu *Maurach*, Strafrecht, AT, S. 212 mit Beispielen für den Wandel der Wertvorstellungen.

[42] Vgl. *Lüttger*, in: JR 1969, S. 447.

zung. Das kommt zunächst in der unterschiedlichen Beschreibung der rechtswidrigen Verletzungshandlung zum Ausdruck. Die gesetzliche Terminologie trennt zwischen dem „Töten" eines Menschen und dem „Ab-töten" einer Leibesfrucht. Das zeigt sich weiter in Kollisionsfällen zwischen dem Leben und der Gesundheit der Mutter und dem Leben des Ungeborenen. Der Rechtfertigungsgrund des übergesetzlichen Notstandes erlaubt, daß bei einer ernsthaften Gefährdung der Mutter ihr Leben auf Kosten des Lebens der Leibesfrucht gerettet wird[44]. Wenn der Arzt die höherrangigen Interessen der Mutter wahrt, entfällt schon die Rechtswidrigkeit der Handlung, während in ähnlichen Kollisionsfällen zwischen vollentwickelten Menschenleben nur ein Entschuldigungsgrund gegeben ist[45]. Das verdeutlich weiter die Strafandrohung, die einen wesentlichen Unterschied zwischen der Tötung und der Abtreibung macht. Die Tötung eines Menschen ist ein Verbrechen, die Abtreibung einer Leibesfrucht — Selbstabtreibung oder Fremdabtreibung — ist ein Vergehen.

Eine solch differenzierende Betrachtungsweise zwischen dem „werdenden Leben" und dem „vollentwickelten Leben" legt den Schluß nahe, daß nach der Strafrechtsordnung das „werdende Leben" nicht jenen absoluten Rang einnimmt, der seinen Schutz in jeder Entwicklungsphase zwingend vorschreiben würde. Unter diesen Umständen fehlt auch der Anhaltpunkt, daß der Schutz des Rechtsguts „werdendes Leben" nur dann gewährleistet ist, wenn man den Begriff „Leibesfrucht" inhaltlich mit der Konjugation beginnen läßt. Die Schutzwürdigkeit des Rechtsguts „werdendes Leben" wird auch ein späteres Einsetzen der strafrechtlichen Sanktion gerecht. Eine einschränkende Auslegung des Begriffes „Leibesfrucht" bleibt möglich.

cc) Daher stellt sich anschließend die Frage, ob eine grammatische Auslegung der Begriffe „Leibesfrucht" und „Schwangere" in § 218 StGB unter Bezugnahme auf die biologischen Tatsachen der ersten menschlichen Entwicklungsphase eine bestimmte Zäsur nahelegt.

Nach den biologischen Erkenntnissen darf nun angenommen werden, daß die Nidation keine echte Zäsur im entwicklungsdynamischen Ablauf bildet[46]. Denn vom ersten Augenblick seiner Existenz bestehen zwischen dem Keim

---

[44] Vgl. *Hanack*, in: Arzt und Recht, S. 47; *Lenckner*, Ärztliche Hilfeleistungspflicht und Pflichtenkollision, in: Med. Klinik 64 (1969), S. 1000 ff. (1000).

[45] Vgl. dazu *Baumann*, Strafrecht, AT, S. 331 f. und S. 462 f. m. w. N.

[46] Es ist daher *Strutz*, in: MSchrKrim, 1969, S. 88, und *Lang—Hinrichsen*, in: JR 1970, S. 449, gegen *Lüttger*, in: JR 1969, S. 449, und *Geilen*, in: JZ 1968, S. 146 f. m. w. N., zuzustimmen, daß auf diesem Wege ein Ergebnis nicht gewonnen werden kann.

und der Mutter wechselseitige Beziehungen, die sich an der determinierten Wanderung der Zygote durch den Eileiter nachweisen lassen. So ist die Entwicklung davon abhängig, daß ihr in jeder Phase ein Ernährungsangebot zur Verfügung steht, welches termingerecht auf den jeweiligen Stoffwechselbedarf des Eies abgestimmt sein muß[47]. Jede willkürliche Verlängerung oder Verkürzung des Tubenaufenthaltes stört die örtliche und zeitliche Synchronisation und verursacht Ovipathien. Die Wirkungsweise der nidationsverhindernden Mittel beruht gerade auf der Dissynchronisation der Tubenpassage, so daß die Eizelle den Uterus in einem Moment erreicht, in dem sie nicht nidationsfähig ist[48]. Mag auch die Ernährung der Zygote in der ersten Woche nicht ortsstabil sein, so rechtfertigt auch diese enge Stoffwechselbeziehung die Bezeichnung „Leibesfrucht".

Weiter muß bemerkt werden, daß auch schon mit der Befruchtung eine Umstellung der weiblichen Funktionsabläufe stattfindet. Bei der Ovulation bildet sich ein Hormon, das dem weiteren Aufbau der Uterusschleimhaut zur Vorbereitung auf die Nidation und die Annahme der befruchteten Eizelle durch den mütterlichen Organismus dient. Nur wenn die Oozyte nicht befruchtet wird, fällt der Hormonspiegel ab und löst die Periodenblutung aus, in welcher die vorbereitete Uterusschleimhaut ausgestoßen wird[49]. Der Begriff „Schwangerschaft", verstanden als Funktionsumstellung des weiblichen Organismus nach der Nidation, scheint ebenfalls zur Abgrenzung nicht geeignet zu sein.

Als entscheidender Grund für die Nidation wird nun immer wieder ihr besonderer Zäsurcharakter hervorgehoben. Man meint damit, daß vor der Nidation 50 % aller befruchteten Eizellen abstürben und zieht die Folgerung, daß dort, wo die Natur eine „verschwenderische Selektion"[50] betreibe, sich das Gesetz nicht verschließen dürfe.

Aber auch dieses Argument hält einer näheren Überprüfung nicht stand. In der juristischen Literatur verweist man zwar immer wieder auf die Mediziner *Döring*[51] und *Zimmer*[52], berücksichtigt aber nicht, daß beide nicht von eigenen Forschungen berichten, sondern die Ergebnisse des amerikanischen Gynäkologen *Hertig* und seiner Mitarbeiter referieren[53].

---

47 Vgl. *Stegner*, in: Arch. Gynäk. 207 (1969), S. 136.
48 Vgl. *Döring*, Empfängnisverhütung, S. 32.
49 Vgl. *Langman*, Embryologie, S. 22.
50 Vgl. so z. B. *Lüttger*, in: JR 1969, S. 450 m. w. N.
51 *Döring*, Empfängnisverhütung, S. 41.
52 *Zimmer*, Beginn des Lebens, in: DÄ, 1968, S. 449 ff. (452).
53 Die Verweisung findet sich bei *Lüttger*, a. a. O., wie bei *Geilen*, in: JZ 1968, S. 157, um Beispiele zu nennen.

Hertig[54] berichtet nun, daß sie von insgesamt 211 Patientinnen 34 befruchtete Keime, die in den ersten 17 Entwicklungstagen gewesen wären, gewonnen hätten. Von diesen 34 hätten sich noch 8 in der Präimplantationsphase befunden. Nach ihren Beobachtungen seien von diesen 8 Zygoten nur 4 zur Nidation befähigt gewesen, während die übrigen 4 Zeichen schwerer Zelldegenerationen aufgewiesen hätten und daher wahrscheinlich nicht zur Nidation gekommen wären. Weiter beschreibt er, daß von den 26 implantierten Blastozysten 9 (= 34,6 %) Fehlbildungen aufgewiesen hätten. Ihr Trophoblast sei so schlecht ausgebildet gewesen, daß sie wahrscheinlich mit der nächsten Menstruation abgegangen wären. Damit könnte man eine japanische Untersuchung vergleichen, daß in den ersten vier Entwicklungswochen etwa 30 % aller befruchteten Eier zugrunde gingen[55].

Angesichts eines derart geringen statistischen Materials aber scheint eine Aussage, 50 % aller Keime stürben vor der Nidation an einer Ovipathie ab, nicht gerechtfertigt zu sein. Dagegen kann es als relativ gesichert angesehen werden, daß im ersten Entwicklungsmonat eine ziemlich große Anzahl von Keimen Ovipathien zum Opfer fällt. Es ist zu vermuten, daß erst nach der Beendigung der Differenzierung der Zellen in die einzelnen Keimblätter, der Ausbildung der präsumptiven Organbezirke und dem damit einhergehenden Verlust der Omnipotenz der Zelle nach vier Wochen die Anfälligkeit des Embryos insgesamt gegenüber teratogenen Faktoren nachläßt[56].

Nach der Auswertung der biologischen Erkenntnisse ist es daher unmöglich, neben der Befruchtung eine besondere Entwicklungsphase zu nennen, die für den Beginn des Lebens charakteristisch ist. Alle Versuche, durch Wortauslegung der Nidation die Bedeutung einer grundsätzlichen Zäsur zuzuweisen, müssen eine „Wortspielerei mit Gesetzesbegriffen"[57] bleiben, bei der auf das erwünschte Ergebnis hin Prämissen gesetzt worden sind, die an der Grenze zwischen Empfängnisverhütung und Abtreibung eine soziale Unterscheidung beinhalten[58].

dd) Und dennoch besteht meines Erachtens nicht die Notwendigkeit, bei der Auslegung des Begriffes „Leibesfrucht" in § 218 StGB auf die Befruchtung abzustellen. Denn es ist zu berücksichtigen, daß es sich hierbei mehr um die Bewältigung einer veränderten gesellschaftlichen Situation handelt, in welcher wegen neuentwickelter Präparate die Grenze zwischen Empfängnis-

---

54 Vgl. *Hertig—Rock—Adams*, A description of 34 human ova within the first 17 days of development, in: Amer. J. Anat. 98 (1956), S. 535 ff.

55 Vgl. nach *Knorr*, in: Ärztl. Forsch. 23 (1969), S. 217 ff.

56 Vgl. *Langman*, Embryologie, S. 95 ff. sowie unten, S. 20 ff.

57 Vgl. *Hanack*, in: Nervenarzt, 1969, S. 505.

58 Vgl. so *Lang—Hinrichsen*, in: JR 1970, S. 367.

verhütung und Abtreibung fließend geworden ist, als um eine Interpretation biologischer Gegebenheiten. Im Spannungsfeld zwischen dem Recht des werdenden Lebens und den Interessen der Mutter muß eine Wertung getroffen werden, ob das werdende Leben im Vergleich mit den Interessen der Mutter gegen Eingriffe in seine Existenz schutzwürdig ist oder nicht. Diese Wertung hat sicherlich auch unter Einbeziehung der biologischen Lebensabläufe, aber primär nach Sinn und Zweck der Abtreibungsbestimmungen im Rahmen der Strafrechtsordnung zu erfolgen. Damit verschieben sich die Akzente auf den normativen Gehalt und die Funktion, die der Begriff in die Strafrechtsnorm eingestellt, zu erfüllen hat[59].

(1) Die Schilderung der Entwicklungsdynamik des menschlichen Lebens hat gezeigt[60], daß sich der menschliche Keim in vielen einzelnen Entwicklungsschritten allmählich von der Zygote über die Blastzyste zur Keimscheibe und zum Embryo fortbildet. Bei dieser Umwandlung verliert er auf jeder Stufe seine ursprünglichen in ihm liegenden Potenzen, bis am Ende der Embryonalperiode jede einzelne Zelle determiniert ist.

(2) Vor diesem Hintergrund hat die teleologische Interpretation das Gesetz aus seinem Sinn heraus den neuen Einsichten und Situationen anzupassen. Sie hat zu berücksichtigen, daß die Strafrechtsnorm, nicht zuletzt als Mittel der Sozialpolitik, der zweckmäßigen Ordnung des sozialen Zusammenlebens zu dienen hat. In der Realisierung des Wertschutzes darf sie daher nicht mehr Schaden als Nutzen stiften. Sie muß sich an der in der Rechtswirklichkeit erzeugten Wirkung orientieren und vermeiden, daß sich Norm und Wirklichkeit so weit voneinander entfernen, daß ein Verbot keine Beachtung mehr findet[61].

So bezwecken die Abtreibungsbestimmungen, das werdende Leben als „Keim der sich entwickelnden Persönlichkeit“[62] zu schützen. Die Abtötung einer befruchteten Eizelle des Embryos und des Foetus ist die Vernichtung eines Rechtsgutes. Die Frage aber, wie dies mit den Mitteln des Strafrechts verhindert werden kann, um in unserer Gesellschaftsordnung den Schutz des werdenden Lebens optimal zu verwirklichen, führt mitten in die Proble-

---

[59] Es erscheint zweifelhaft, ob der Begriff „Leibesfrucht“ der veränderten Problemstellung noch entspricht und ob nicht d. Vorstellungsgehalt dieses Begriffes zu begrenzt ist, um noch den Bedeutungswandel der Normsituation abdecken zu können. Im Interesse der Rechtssicherheit wäre eine klare Entscheidung des Gesetzgebers zu fordern, welche Methoden der Geburtenregelung legitim sind und welche nicht. Vgl. dazu auch Entwurf zum 5. Str. RefG, BT-Drucksache VI/3434, § 218, Abs. 5 n. F.

[60] Vgl. oben S. 13 ff. zu den Einzelheiten.

[61] Vgl. dazu *Baumann*, Strafrecht, AT, S. 7 m. w. N.

[62] Vgl. BGH vom 4. 10. 1957 in BGHSt 11, S. 16 m. w. N.

matik des § 218 StGB. Und gerade seine derzeitige Ausgestaltung und Interpretationsmöglichkeiten scheinen durch eine Reihe von Gründen fragwürdig geworden zu sein, die nicht zuletzt auch auf den Motiven der Täter beruhen, die zur Mißachtung des Rechtsgutes geführt haben und führen werden.

(a) Heute erscheint in der sozialen Anschauung zwischen der ovulationshemmenden „Antibabypille" und den nidationsverhindernden Methoden, wie Intrauterin-Pessaren oder „morning-after-pill" mehr ein terminologischer Unterschied als ein materieller zu liegen. Insgesamt werden sie der Empfängnisverhütung zugerechnet, wobei die Wirkung, die sie entfalten mögen, im einzelnen sicherlich unklar bleibt[63]. Für die Frau handelt es sich um eine Vorsorgemaßnahme im Rahmen einer bewußten Familienplanung, deren Berechtigung heute unbestritten ist[64]. Die persönliche Entscheidung beinhaltet den Wunsch, die Entstehung neuen Lebens zu verhindern. Sie richtet sich aber nicht bewußt gegen konkretes Leben, dessen Existenz in diesem Zeitpunkt weder für die Frau subjektiv erfahrbar noch objektiv nachweisbar ist, sondern gegen eine abstrakte Möglichkeit.

(b) Die mangelnde Beweisbarkeit des Lebens in den ersten Entwicklungswochen führt zu einem weiteren Argument, den Schutz des werdenden Lebens zeitlich zu begrenzen. Eine Bestrafung wegen der Anwendung eines nidationsverhindernden Mittels würde den Nachweis des eintretenden Erfolges voraussetzen. Da in diesem Stadium es unmöglich ist nachzuweisen, ob überhaupt eine Befruchtung stattgefunden hat oder nicht, ob die Frucht auch ohne Medikamente aus natürlichen Ursachen dem Tod anheimgefallen wäre, muß nach dem Grundsatz „in dubio pro reo" zugunsten der Frau angenommen werden, daß keine Eizelle befruchtet worden war oder daß sie an einer Ovipathie aus natürlichen Gründen zugrunde gegangen ist. So läge demnach nur ein untauglicher Versuch vor. Eine Auslegungsregel aber, die die Versuchsbestimmung zum Hauptanwendungsfall macht, ist systemwidrig und eine dogmatische Anomalie[65]. Sie verändert § 218 StGB zu einem abstrakten Gefährdungsdelikt.

(c) Und nicht zuletzt sprechen kriminalpolitische Erwägungen eine deutliche Sprache. Da ist die erschreckend hohe Zahl von Abtreibungen, die jährlich in der Bundesrepublik vorgenommen werden sollen. Die Schätzungen bewegen sich in einem Bereich von etwa 100 000 bis 300 000 Abtreibun-

---

[63] Vgl. auch AE, Straftaten gegen das werdende Leben, S. 31.
[64] Vgl. *Schmitt*, in: FamRZ 1970, S. 530.
[65] Vgl. *Forster*, Geburtenregelung und Abtreibung, S. 104 f.

gen jährlich[66]. Dagegen wird nur ein Bruchteil der Abtreibungen bekannt. 1969 wurden 925 Fälle mit 1150 Tätern, 1970 sogar nur 718 Fälle mit 882 Tätern aufgeklärt[67].

Demnach kann ohne Übertreibung gesagt werden, daß in der gegenwärtigen Situation zwar die Abtreibung verboten ist, dieses Verbot aber in der sozialen Wirklichkeit sehr viel von seiner Wirkung verloren hat. Die Wahrscheinlichkeit einer Verfolgung ist so gering, daß die Tatbegehung kein Risiko enthält. Diejenige Frau, die ihr Kind nicht zur Welt bringen will, kann einen Weg finden.

Nun sind aber die negativen Wirkungen unbestreitbar. Viele Frauen, die keinen Arzt finden oder nicht die Möglichkeit haben, die Abtreibung im benachbarten Ausland vornehmen zu lassen, sind durch das Abtreibungsverbot auf Kurpfuscher und illegal handelnde Medizinalpersonen angewiesen, die auf Grund mangelnder medizinischer Kenntnisse und fehlender Ausrüstungen häufig nicht in der Lage sind, Abtreibungen fachgerecht durchzuführen. Die Folgen sind eine Anzahl schwerer körperlicher Schädigungen und Todesfälle[68]. Welche weitere Kriminalität, wie zum Beispiel Erpressung, damit noch verbunden ist, läßt sich nur erahnen. Den Frauen aber, die in ihrer Entscheidung zwischen den eigenen Belangen und der Achtung vor dem werdenden Leben überfordert sind, wird nicht geholfen.

Nun kann fraglich bleiben, ob durch die Zurücknahme des konkreten Lebensschutzes und die Erlaubnis von Nidationshemmern diesen Übeln abzuhelfen ist. Aber es besteht eine begrenzte Hoffnung, auf diesem Wege eine gewisse Milderung zu erreichen. Die gegebene Chance sollte „nicht durch eine starre Auslegung des § 218 StGB vertan" werden[69].

(d) Dagegen wird von den Gegnern einer einschränkenden Auslegung vorgetragen, daß eine von der Norm abweichende Übung kein rechtswidriges Verhalten zu einem rechtmäßigen machen könne, daß man, sobald von dem Zeitpunkt der Befruchtung in der Auslegung des Begriffes „Leibesfrucht" abgehe, keinen überzeugenden Haltepunkt mehr für den Schutz des werdenden Lebens findet. In der Abtreibung würde schließlich nur noch die Korrektur einer mißglückten Familienplanung gesehen werden[70].

Aber muß dem nicht entgegengehalten werden, daß eine Auslegung des § 218 StGB, die die Strafrechtsnorm in die Dunkelziffer hineintreibt, sinn-

---

[66] Vgl. dazu auch *Lüttger*, in: JR 1969, S. 451 m. w. N., *Jaisle*, in: DÄ 1971, 2398.

[67] Polizeiliche Kriminalstatistik der Jahre 1969 und 1970, jeweils S. 47.

[68] Vgl. AE, Straftaten gegen das werdende Leben, S. 25.

[69] *Lüttger*, in: JR 1969, S. 451.

[70] Vgl. *Lang—Hinrichsen*, in: JR 1970, S. 370.

widrig ist, daß in unserer gesellschaftlichen Praxis, die so viele Möglichkeiten zur Umgehung des Verbotes bietet, ein strenger Dogmatismus keine Überzeugungskraft und keine Abschreckungswirkung mehr besitzt? Die Glaubwürdigkeit des Gesetzgebers hinsichtlich seiner Strafgestaltung überhaupt wäre in Frage gestellt, wenn er Verbote postuliert, die sich von der sozialen Wirklichkeit entfernen[71].

(3) Es scheint notwendig zu sein, auf den starren Zeitpunkt der Befruchtung zu verzichten und der Frau die Möglichkeiten in die Hand zu geben, eine bewußte Familienplanung zu betreiben. Vielleicht mag auch die Zurücknahme der Strafbarkeit der Abtreibung in der ersten Entwicklungsphase das Bewußtsein der Verantwortung gegenüber dem Leben allgemein stärken und dazu beitragen, seine menschenwürdige Gestaltung effektiver zu verwirklichen als bisher.

Diese Gründe sprechen meines Erachtens dafür, den Begriff „Leibesfrucht" in § 218 StGB einschränkend auszulegen. Für welche Spanne dies geschehen soll, vermag hier nicht abschließend beurteilt zu werden. Dies ist Sache des Gesetzgebers[72]. Es wäre aber zu überlegen, ob man sich nicht an der Tatsache orientieren darf, daß sich das menschliche Leben erst langsam entfaltet und in den ersten Entwicklungswochen während des Differenzierungsstadiums seine Ausprägung noch keineswegs gefunden hat. In diesem Stadium ist die Anfälligkeit des Keimes gegenüber letalen teratogenen Faktoren relativ hoch. Und es läßt sich auch erst danach mit einer bestimmten Gewißheit nachweisen, ob eine Befruchtung stattgefunden hat.

Insbesondere hätte eine solche Anknüpfung aber den Vorteil, Präparate, die nach sozialer Anschauung einen geburtenregelnden Charakter mit präventiver Wirkung besitzen, als legitime Mittel der Familienplanung zulassen und anwenden zu können, ohne daß man sich allzusehr auf den ungewissen Zeitpunkt der Nidation festlegen müßte.

d) Bestrebungen de lege ferenda

In der Einsicht, daß eine Auslegung des Begriffes „Leibesfrucht" zu viele Fragen offenläßt, um eine eindeutige Antwort auf die Praktiken der modernen Geburtenregelung abgeben zu können, sind seit einiger Zeit Bestrebungen im Gange, § 218 StGB neu zu fassen.

---

[71] Vgl. *Herzog*, in: JR 1969, S. 445 Fn. 43. Er weist darauf hin, daß bei extrem hohen Dunkelziffern eines Delikts auch für den Gesetzgeber eine gewisse verfassungsrechtliche Schranke in der Formulierung der Straftatbestände gegeben sein kann. Ähnlich auch *Heldmann*, Plädoyer für die Abschaffung des § 218, ZRP 1971, S. 208.

[72] Vgl. zu den Reformbestrebungen die Ausführungen unten.

aa) Der Entwurf der Bundesregierung eines Fünften Gesetzes zur Reform des Strafrechts, Bundestags-Drucksache VI/3434, bleibt im wesentlichen bei der bisherigen Regelung. Er hält grundsätzlich am Verbot der Schwangerschaftsunterbrechung fest, von dem nur Ausnahmen bei Vorliegen eines Indikationsgrundes gelten sollen.

Neu an diesem Vorschlag ist die terminologische Klärung. Die tatbestandsmäßige Handlung wird in dem Entwurf als „Abbruch der Schwangerschaft" bezeichnet, die Ausdrücke „Leibesfrucht" und „abtöten" erscheinen nicht mehr. Weiterhin wird in § 218 V 1 des Entwurfes festgelegt, daß die Schwangerschaft erst beginnt, wenn die Nidation des befruchteten Eies in der Gebärmutter abgeschlossen ist. Eingriffe und andere Behandlungen bis zu diesem Zeitpunkt, die zum Absterben ds befruchteten, aber noch nicht vollständig eingenisteten Eies führen, sind straflos. Damit schließt sich der Reformentwurf an die bisherige Auslegung des Begriffes „Leibesfrucht" an[73].

bb) Demgegenüber geht der Reformvorschlag einer Gruppe von Strafrechtslehrern von einem Fristenmodell aus. Jedoch zeigen sich auch hier Schwierigkeiten, die sich aus dem Zwang, eine bestimmte Wertentscheidung treffen zu müssen, ergeben. Denn selbst in dieser relativ kleinen Gruppe, die zudem in ihren kriminalpolitischen Zielvorstellungen übereinstimmt, konnte keine einheitliche Lösung gefunden werden.

Schmitt[74] bleibt sogar im wesentlichen auf der Basis des geltenden Rechts.

(1) Der Minderheitsvorschlag hält in § 105 I 1 MiV zwar an dem generellen Verbot der Abtreibung fest[75]:

„Wer eine Leibesfrucht abtötet, wird mit Freiheits- oder Geldstrafe bis zu zwei Jahren bestraft."

Jedoch wird die Strafbarkeit unter differenzierend abgestuften Voraussetzungen wieder zurückgenommen, von denen für den Beginn des Schutzes des werdenden Lebens die erste Stufe in § 105 I 2 MiV interessiert:

„In den ersten vier Wochen seit der Empfängnis ist der Abbruch der Schwangerschaft straflos, wenn er mit Einwilligung der Schwangeren erfolgt."

Diese Einschränkung des an sich zunächst als generell postulierten Abtreibungsverbotes wird teilweise mit normativen, teilweise mit pragmatischen Überlegungen begründet[76]. Das werdende Leben bilde sich in der ersten Entwicklungsphase erst langsam heraus und sei daher in diesem Anfangs-

[73] Vgl. auch S. 18 der Erläuterungen zum Referentenentwurf mit den pragmatischen Überlegungen.

[74] *Schmitt*, in: FamRZ 1970, S. 531.

[75] Vgl. AE, Straftaten gegen das werdende Leben, S. 38.

[76] Vgl. AE, a. a. O., S. 39.

stadium noch nicht von der gleichen Werthaftigkeit und Schutzwürdigkeit wie im weiteren Verlauf seiner Entwicklung. Zum anderen steht hinter der faktischen Zurücknahme des Abtreibungsverbotes in den ersten vier Wochen die Einsicht in die unbestreitbare Tatsache, daß Eingriffe nicht aufklärbar wären. Die Ahndung solcher Fälle müßte dem Zufall überlassen bleiben. Diese Tendenz würde sich mit der weiteren Verbreitung medikamentöser Abtreibungsmittel, die an der Grenze zur Empfängnisverhütung ständen, verstärken. Nach vier Wochen aber soll ein Schwangerschaftsabbruch nur noch unter erschwerten Bedingungen möglich sein, wobei gesetzestechnisch dem Regel-Ausnahme-Verfahren gefolgt wird.

(2) Zwar wird auch dem Mehrheitsvorschlag das generelle Verbot der Schwangerschaftsunterbrechung vorangestellt in § 105 I MeV[77]:

„Die in den ersten drei Monaten nach der Empfängnis vorgenommene Schwangerschaftsunterbrechung wird mit Geldstrafe bis zu einem Jahr bestraft, es sei denn, daß die Schwangere die Unterbrechung

1. innerhalb von vier Wochen nach der Empfängnis selbst vornimmt oder durch einen anderen vornehmen läßt oder
2. im zweiten und dritten Monat nach der Empfängnis von einem Arzt vornehmen läßt, nachdem sie die Beratungsstelle aufgesucht hat."

Aber die Grundregel soll nur klarmachen, daß die Bestimmung nicht als „willkürliche Freigabe der Vernichtung werdenden Lebens zu verstehen ist"[78]. Die Schwangerschaftsunterbrechung als Verletzung eines Rechtsguts bleibt die Ausnahme.

Aus der Konstruktion des Vorschlages folgt, daß gemessen an den Fällen des letztlich strafbaren Schwangerschaftsabbruchs die Regel des Abtreibungsverbotes in der Praxis zur Ausnahme wird. Die Straflosigkeit läßt sich um so eher erreichen, je früher der Eingriff erfolgt ist. Die erste Zäsur zum Schutz des werdenden Lebens wird vier Wochen nach der Empfängnis gezogen. Bis dahin bleibt — soweit stimmen Mehrheits- und Minderheitsvorschlag überein — der Schwangerschaftsabbruch ohne jede Einschränkung straflos. Gleiches soll nach dem Mehrheitsvorschlag aber auch dann gelten, wenn in dem zweiten und dritten Schwangerschaftsmonat der Eingriff durch einen Arzt erfolgte und die Schwangere vorher eine Beratungsstelle aufgesucht hat. Beide Vorschläge unterscheiden sich dadurch, daß der Mehrheitsvorschlag auf jegliche Indikation verzichtet, so daß materiell die von dem Minderheitsvorschlag nach den ersten vier Wochen aufgestellten Erschwerungen entfallen. Formell wird dies dadurch erreicht, daß die von der Schwangeren aufzusuchende Beratungsstelle keinerlei Entscheidungsbefugnis hat,

---

[77] Vgl. AE, Straftaten gegen das werdende Leben, S. 30.
[78] Vgl. ebd., S. 31.

sondern lediglich Hilfs- und Beratungsfunktionen ausüben soll. Die letzte Entscheidung bleibt bei der Schwangeren, deren Interessen somit in den ersten drei Monaten im Verhältnis zum werdenden Leben höher bewertet werden. Es muß aber erkannt werden, daß der Mehrheitsvorschlag den Versuch, die Abtreibung mit den Mitteln des Strafrechts einzudämmen, faktisch mit einer dreimonatigen Suspendierung des Abtreibungsverbotes erkauft[79].

2. Der Schutz des Lebens mit dem Beginn der Geburt

Ein Strafrecht, das den Schutz des Lebens in den Schutz des „werdenden Lebens" und den Schutz des „Lebens" aufspaltet, muß klarstellen, wann das „vollentwickelte Leben" beginnen soll. Denn damit wechselt der Schutz des Lebens von der Abtreibung zur Tötung über. Unser Strafrecht enthält an einer mehr versteckten Stelle eine Bestimmung über den Beginn des Menschseins im Gegensatz zum Dasein der Leibesfrucht. In § 217 StGB, einer Vorschrift gegen die Kindestötung, spricht es von der Tötung eines unehelichen Kindes „in oder gleich nach der Geburt". Es wertet damit die Tötung während des Geburtsaktes rechtlich nicht mehr als Abtreibung, die sich gegen die Leibesfrucht richtet, sondern schon als ein gegen den Menschen gerichtetes Delikt. Da also das Gesetz den Zeitraum während der Geburt miteinbezieht, ist als maßgebendes Ereignis der Beginn der Geburt anzusehen[80].

a) Inhalt des Begriffes „Beginn der Geburt"

Wie die anderen aus der Medizin übernommenen Gesetzesbegriffe bedarf auch der Begriff „Beginn der Geburt" der Auslegung.

Frühere Lehrmeinungen vertraten noch die Ansicht, unter dem „Beginn der Geburt" sei ein schon teilweiser Austritt des Kindes aus dem Mutterleib zu verstehen[81]. Sie ist heute im wesentlichen aufgegeben worden. Denn der teilweise Austritt bildet nicht den Anfang der Geburt, sondern eine spätere Phase. Eine solche Auslegung verstößt daher gegen den Sinn des Gesetzes, dem Kind gerade in der Zeit seiner erhöhten Gefährdung einen besonderen Schutz zu gewährleisten[82].

Die in Rechtsprechung[83] und Literatur[84] herrschende Meinung versteht unter dem Beginn der Geburt den Zeitpunkt, zu dem die Ausstoßungsver-

---

[79] Vgl. gegen den Mehrheitsvorschlag auch *Rudolphi,* in: ZStW 83 (1971), S. 105 ff.

[80] Vgl. RG vom 5. 11. 1894, in: RGSt 26, S. 178 f.; BGH vom 20. 11. 1956, in: BGHSt 10, S. 5.

[81] Vgl. dazu m. w. N. *Schäfer,* in: LK Vorbem. I 2 vor § 211 StGB.

[82] Vgl. zum Schutzzweck *Lüttger,* Der Beginn des Lebens und das Strafrecht, in: JR 1971, S. 133 ff. (134).

[83] Vgl. in ständ. Rspr. BGHSt vom 20. 11. 1956, in: BGHStE 10, S. 5 m. w. N.

suche aus dem Mutterleib einsetzen. Dies kann nun aber auf Grund der biologischen Gegebenheiten einschränkend verstanden werden, wenn man damit das Einsetzen der Preßwehen meint, mit denen das Kind aus dem Mutterleib ausgetrieben wird. Die Ausstoßungsversuche sind dann identisch mit dem Beginn der Austreibungsperiode. Ebenso kann man darunter auch das Einsetzen der ersten Wehen verstehen, die im weiteren Verlauf zur Geburt des Kindes führen, also den Beginn der Eröffnungsperiode mit den ersten geburtswirksamen Wehen.

aa) In der Literatur vertritt neuerdings *Lüttger*[85] den Standpunkt, unter dem Begriff „Beginn der Geburt" müsse wie in medizinischer Sicht der Beginn der Eröffnungsperiode verstanden werden. Nicht erst die Preßwehen, sondern schon die Eröffnungswehen, mit denen der Muttermund und der Geburtskanal erweitert werden, zählten in juristischer Sicht zu den Ausstoßungsversuchen des Mutterleibes. Allein diese Auslegung würde dem Zweck des Gesetzes gerecht. Denn die Eröffnungsperiode gehöre bereits zu jenem Zeitraum, in welchem das Leben des Kindes eines erweiterten Lebensschutzes bedürfe, da es jetzt in den Bereich medikamentöser und operativer Geburtshilfen gelange.

bb) Die Bedenken gegen eine solche inhaltliche Bestimmung liegen in ihrer zeitlichen Ungewißheit. Ist es schon nicht ausgeschlossen, daß sich der Übergang der normalen Schwangerschaftswehen in die geburtswirksamen Eröffnungswehen über mehrere Tage hinwegzieht, so ist es aber für den Mediziner selbst nur ex-post feststellbar, ob eine Wehe eine Schwangerschaftswehe oder eine Eröffnungswehe war[86]. Diese Unsicherheit über den Beginn der Geburt darf aber nicht zu Lasten des Täters gehen. Die Auslegung muß so eindeutig sein, daß schon bei der Begehung der Tat feststeht, ob gegen die eine oder die andere Norm verstoßen ist, und nicht erst durch eine nachträgliche Aufklärung.

Die Wendung „Ausstoßversuche, durch welche die Frucht nach außen getrieben werden soll"[87] enthält als Synonym für den „Beginn der Geburt" einen bildhaften Ausdruck für die räumliche Trennung von Mutter und Kind. In dieser Hinsicht bedeutet die Eröffnungsperiode mit der Erweiterung des Geburtskanals nur ein Vorbereitungsstadium. Die räumliche Trennung beginnt erst in der Austreibungsperiode mit den Preßwehen, welche das Kind durch den Geburtskanal vorantreiben.

---

[84] Vgl. u. a. *Maurach*, Strafrecht, BT, S. 13; *Schönke—Schröder*, StGB, Rdn. 9 vor § 211 m. w. N.

[85] *Lüttger*, in: JR 1971, S. 135.

[86] Vgl. dazu *Martius*, Lehrbuch der Geburtshilfe, S. 287.

[87] Vgl. so RGSt vom 5. 11. 1894, in: RGStE 26, S. 178.

Wählt man den Beginn der räumlichen Trennung von Mutter und Kind in der Austreibungsperiode für die normale Geburt, so bestehen auch keine Schwierigkeiten, Grenzfälle einzuordnen, wenn die Geburt nicht mit den Wehen, sondern mit einem anderen Vorgang eingeleitet wird. Erwähnt seien der vorzeitige Blasensprung, dem die Eröffnungsperiode erst folgt, die Sturzgeburt, wenn das Kind nach nur einer Wehe innerhalb weniger Minuten geboren wird, und die Schnittgeburt[88]. Diese Formel vermag ohne Änderung in allen Sachverhalten rechtlich den Teilakt des Geburtsvorganges zu erfassen, der am Beginn der räumlichen Trennung von Mutter und Kind steht.

Auch ist für den strafrechtlichen Schutz des Neugeborenen ausreichend gesorgt, wenn der Beginn der Austreibungsperiode zum maßgebenden Ereignis erklärt wird. Denn erst beim tatsächlichen Austritt wird das Kind der erhöhten Gefährdung durch die Geburtshilfe ausgesetzt, erst dann können durch unsachgemäßes Hantieren der Geburtshelfer Verletzungen eintreten.

b) Abgrenzungsfunktion des Begriffes „Beginn der Geburt"

Mit dem Begriff „Beginn der Geburt" hat das Gesetz eine Zäsur angelegt, die unbestritten über den Bereich der Kindestötung hinaus allgemein für das Verhältnis der Abtreibungs- zu den Tötungs- und Körperverletzungsdelikten gilt[89]. Damit ist gleichzeitig die Frage aufgeworfen, in welchem Zusammenhang diese Zäsur mit den Täterhandlungen und Handlungserfolgen der genannten Delikte steht und in welchem Umfang sie den Anwendungsbereich der einzelnen Straftatbestände gegen die körperlichen Eingriffe abgrenzt. Es ist hier an Fälle zu denken, in denen Eingriffe vor der Geburt stattgefunden haben, aber erst nach der Geburt des Kindes seinen Tod oder seine Körperverletzung bewirken.

Die Problematik, ob pränatale Einwirkungen mit Auswirkungen nach der Geburt den Tatbestand der Tötung und der Körperverletzung erfüllen, hat im „Contergan-Prozeß"[90] eine Rolle gespielt. Es ist strittig, ob eine fahrlässige Tötung eines Menschen zu bejahen ist, wenn ein der Leibesfrucht zugefügter Schaden nach der Geburt den Tod des Kindes verursacht, ob eine fahrlässige Körperverletzung vorliegt, wenn sich eine der Leibesfrucht zugefügte Schädigung nach der Geburt als Schadenszustand auswirkt.

aa) Das LG Aachen[91] und *Maurach*[92] beantworten diese Fragen positiv und gehen von einer Verletzung des mißgebildet geborenen Kindes aus. Die

---

[88] Vgl. oben S. 23 zu den einzelnen Fragen der Geburt.

[89] Vgl. schon RGSt vom 8. 6. 1880 in RGStE 1, S. 446 ff.; RGSt vom 3. 2. 1939, in: DR 1939, S. 365; *Maurach*, Strafrecht, BT, S. 42 u. 44 m. w. N.

[90] Vgl. LG Aachen, v. 18. 12. 1970, in: JZ 1971, S. 507 ff. (508).

[91] Vgl. LG Aachen, a. a. O., S. 508.

[92] *Maurach*, Strafrecht, BT, S. 76.

Mißbildung sei zwar schon bei der Leibesfrucht angelegt, sie träfe aber erst endgültig das von §§ 223, 230 StGB geforderte Handlungsobjekt „Mensch". Denn eine Störung der ordnungsgemäßen körperlichen Funktionen mit Krankheitswert könne naturgemäß frühestens in dem Zeitpunkt vorliegen, in dem eine einer Störung zugänglichen Funktion vorhanden sei. Diese Fähigkeit besitze die Leibesfrucht noch nicht, sie trete in einem nachgeburtlichen Zeitpunkt auf. Mit dem tatsächlichen Einsetzen der Körperfunktion setze auch deren Störung ein. Erst in diesem Augenblick könne eine Gesundheitsbeschädigung bejaht werden, so daß sich die Mißbildung als eine den Menschen treffende Verletzung herausstelle.

bb) Die herrschende Meinung[93] ist dagegen der Ansicht, eine solche Auslegung der §§ 222, 223 StGB überschreite den Rahmen einer zulässigen Interpretation und bewege sich im Bereich der unzulässigen Analogie.

Sie führt im einzelnen an, wenn ein vor dem „Beginn der Geburt" mit Abtötungsvorsatz vorgenommener Eingriff erst nach dieser Zäsur zum Tode führe, liege nach der Fassung des Gesetzes keine vorsätzliche oder fahrlässige Tötung vor, sondern eine Abtreibung. Gleichgültig sei, ob die Handlung bereits im Mutterleib den Tod verursache oder ob der Tod erst später eintrete. Abtreibung und Tötung folgten zwar lückenlos aufeinander, aber sie überschnitten sich nicht. Die Grenze sei durch den Beginn der Geburt gesetzt[94]. Diese Regelung verbiete bei einem übergreifenden Taterfolg ein Überspringen und lasse nicht zu, daß die Abtreibung in eine Tötung umgewandelt werde. Dies gelte auch für fahrlässige Handlungen. Da die fahrlässige Abtreibung nicht strafbar sei, sei eine Sperrwirkung gegeben. Sterbe das Kind auf Grund einer fahrlässigen Handlung vor der Geburt nach der Geburt, so sei dies straflos[95].

Dementsprechend kenne das Strafrecht auch keine Norm, nach welcher die Leibesfrucht verletzt werden könnte. Die Tatbestände der Körperverletzung meinten nur den Menschen, wenn sie von „einem anderen" sprächen. Die Zäsur der Geburt könne auch dann nicht übersprungen werden, wenn zwar die den Schaden anrichtende Einwirkung vor der Geburt gelegen habe, die Folgezustände aber von dem Kind zu tragen seien. Nehme man das Gegenteil an, so käme man zu der ungewollten Konsequenz, daß die fahr-

[93] Vgl. *Blei,* in: MMW 1970, S. 743; *Dreher,* in: *Schwarz—Dreher,* StGB, § 218 Anm. 1 B; *Kaufmann,* Armin, Tatbestandsmäßigkeit und Verursachung im Conterganverfahren, in: JZ 1971, S. 569 ff. (570); *Lüttger,* in: JR 1971, S. 139; *Schröder,* in: *Schönke—Schröder,* StGB, § 223 Rdn. 1.

[94] Vgl. auch BGHSt vom 20. 11. 1956, in: BGHStE 10, S. 6.

[95] Vgl. so *Lüttger,* in: JR 1971, S. 138 f.

lässige Abtreibung straffrei bleibe, die fahrlässige Körperverletzung eines Ungeborenen aber strafbar wäre[96].

Außerdem liegt eine Verletzung der Leibesfrucht dann schon vor, wenn tatsächlich in ihren Lebenskreis eingegriffen worden ist, nicht erst wenn sich herausstellt, daß das Kind nach der Geburt die gewachsenen Funktionen nicht benutzen kann. Denn die Störung der Funktion liegt in dem Einwirken auf den physiologischen Prozeß, nicht aber in dem äußeren Spürbarwerden des Mangels. Daher verstößt eine Auslegung, die die Störung erst nach der Geburt annimmt, gegen die medizinisch-biologischen Einsichten und die Struktur des Tatbestandes der Körperverletzung als eines Zustandsdeliktes[97]. Der durch die Tat verursachte Schadenszustand mag noch lange andauern, eine Weiterverwirklichung des Tatbestandes liegt nicht mehr vor. Wenn daher bei einer Leibesfrucht-Verletzung mit Dauerfolgen die Einwirkungen vor der Geburt liegen, kann nachher in der Mißbildung, die in der Geburt sichtbar wird, keine Körperverletzung eines Menschen mehr gesehen werden. Insoweit hat die Zäsur „Beginn der Geburt“ eine Ausschlußfunktion.

C. ZUSAMMENFASSUNG

1. Die bisherige Untersuchung zeigte die Vielschichtigkeit des rechtswissenschaftlichen Begriffs „Beginn des Lebens“. Als Oberbegriff, der einem Ordnungszweck dient, faßt er systematisch die einzelnen Begriffe zusammen, die den Beginn des Menschseins im Rechtssinne anzeigen. Die empirischen Allgemeinbegriffe, deren Inhalt durch eine Abstraktion besonderer Merkmale aus einer Vielzahl der höchst komplexen Lebenserscheinungen gewonnen wird, sind in der Rechtswissenschaft nicht mit dem entsprechenden medizinischen Begriff identisch: die gleiche Vokabel erlangt in beiden Disziplinen jeweils eine unterschiedliche Bedeutung. Zwar kann der naturwissenschaftliche Sprachgebrauch für die Definition der Rechtsbegriffe nicht unerhebliche Anhaltspunkte geben, maßgebend für ihre Bildung ist aber der Zweck des Gesetzes.

Soweit es um die Rechtsfähigkeit des Menschen geht, bestimmt das Gesetz in § 1 BGB eine generelle Grenze — die „Vollendung der Geburt“; es beinhaltet jedoch auch verschiedene Ausnahmen:

Die wichtigste Ausnahme bildet die Sicherung vermögensrechtlicher Interessen des ungeborenen Kindes. In der Hauptsache betrifft sie das Gebiet des

[96] Vgl. *Kaufmann*, Armin, in: JZ 1971, S. 570 f.

[97] Vgl. so auch *Lüttger*, in: JR 1971, S. 140; *Kaufmann*, Armin, in: JZ 1971, S. 571.

Erbrechts. Daneben findet der nasciturus in der Institution des Vertrages zugunsten Dritter, im Schenkungsrecht und als mittelbar Geschädigter nach § 844 II 2 BGB Berücksichtigung.

Eine weitere Ausnahme wird im Deliktsrecht gemacht. Deliktsschäden des nasciturus können nur dann interessengerecht behandelt werden, wenn seine Verletzungsfähigkeit und damit Rechtsfähigkeit auf diesem Gebiet anerkannt wird.

Das medizinische Ereignis, das in diesen Ausnahmefällen als wesentliches den Beginn des Lebens kennzeichnet, ist die Befruchtung.

Die Relativität der Rechtsbegriffe bedingt, daß dieser Begriffsbildung gegenüber die strafrechtliche autonom ist. Die Wertung, in welcher Erscheinungsform und von welchem Zeitpunkt an das menschliche Leben ein schutzbedürftiges und -würdiges Rechtsgut ist, folgt besonderen Kriterien.

Das Strafrecht zieht eine allgemeine Grenze, von der an das Leben des „Menschen“ gegen jedweden Angriff ein geschütztes Rechtsgut darstellt, mit dem „Beginn der Geburt“, und zwar dem Beginn der Austreibungsperiode.

De lege lata muß die Bestimmung, mit welchem biologischen Ereignis der Schutz der Leibesfrucht beginnt, mehr oder weniger willkürlich gezogen werden. Eine grammatische Auslegung des Begriffs „Leibesfrucht“, auch im Vergleich mit dem medizinischen Begriff „Schwangerschaft“ führt zu keinem klaren Ergebnis. Nach den biologischen Erkenntnissen ist es nicht möglich, neben der Befruchtung eine besondere Entwicklungsphase zu nennen, die für den Beginn des Lebens charakteristisch wäre. Andererseits sprechen Sinn und Zweck der Abtreibungsbestimmungen im Rahmen der Strafrechtsordnung gegen eine solche Grenzziehung. Es handelt sich hierbei um die Bewältigung einer gesellschaftlichen Situation, in welcher wegen neu entwickelter Präparate die Grenze zwischen Empfängnisverhütung und Abtreibung fließend geworden ist.

Um zu einer klaren Abgrenzung zu gelangen, was im Rahmen einer Familienplanung noch als erlaubte Empfängnisverhütung praktiziert werden darf und was schon als strafbare Abtreibung behandelt werden muß, ist de lege ferenda eine eindeutige Entscheidung zu treffen.

Diese Relativität des Rechtsbegriffs „Beginn des Lebens“ sowohl im Hinblick auf die medizinische Begriffsbildung als auch zwischen Zivil- und Strafrecht ist in der unterschiedlichen Funktion begründet, die der Begriff in seinem jeweiligen Anwendungsbereich zu erfüllen hat.

2. Die Medizin ist ein Teil Naturwissenschaft. Ihr Gegenstand ist das Werden und Vergehen in der Natur, speziell das Wachsen und Sterben des menschlichen Individuums. Seine Entwicklung ist dynamisch, sie kennt keine festen Grenzen, sondern nur fließende Übergänge. Sie erweist sich bei

näherem Hinsehen als letztlich nicht exakt definierbar. Künstliche Zäsuren würden sowohl der Vorstellung wie auch dem abgebildeten Gegenstand Gewalt antun. Der Zweck der naturwissenschaftlichen Begriffsbildung besteht demnach zunächst darin, das funktionelle Geschehen in seiner kausalen Bedingtheit zu erkennen und sichtbar zu machen.

Angesichts der fließenden Übergänge steht der Naturwissenschaftler vor der Schwierigkeit, in der begrifflichen Darstellung den ganzen Inhalt des Geschehens beschreiben und somit auf eine exakte Definition verzichten zu müssen. Solche beschreibende Begriffe, die besonders wesentliche Stationen im biologischen Entwicklungsprozeß herausgreifen, sind naturwissenschaftlich als Ordnungsbegriffe im Darstellungsinteresse tragbar. Sie sind genügend exakt, um eine gewisse Gliederung in die Darstellung der Vielfalt der natürlichen Phänomene zu bringen.

3. Der Jurist benutzt empirische Allgemeinbegriffe, um mit ihnen den Tatbestand einer Norm zu beschreiben und abzugrenzen. Dabei stellen sich in der Analyse und Anwendung der Begriffe besondere Fragen, die sich aus ihrem normativen Charakter ergeben.

Die juristische Begriffsbildung wird vornehmlich zu erkennen suchen, welche Problematik gerade mit diesem Begriff angesprochen und gelöst werden soll. Sie wird seine Definition demgemäß als Antwort auf die gestellten Probleme verstehen.

Als gerechte und zweckmäßige Ordnung eines Sachverhaltes kann der empirische Allgemeinbegriff aber nur dann dienen, wenn die Begriffsbildung sowohl die zu ordnenden Sachprobleme als auch die Prinzipien ihrer Ordnung berücksichtigt. Es ist der Zweck zu würdigen, der hinter der Norm steht und sie zu einer sinnvollen, d. h. gerechten und zweckmäßigen Regelung macht.

Wenn also biologische Tatsachen Ansatzpunkte für eine gesetzliche Regelung bilden sollen, so kann sich die Begriffsbildung nicht nur auf die reine Darstellung des Geschehensablaufs oder eine logische Schlußoperation beschränken. Sie muß vielmehr in der konkreten Situation die Interessenentscheidung des Gesetzgebers zur Geltung bringen. Sie darf den medizinischen Begriff nicht einfach übernehmen, sondern muß am Sachverhalt die in ihm sich widerstreitenden Interessen analysieren und entsprechend der gesetzlichen Entscheidung bewerten. Juristische Begriffsbildung in diesem Sinne ist mehr als nur eine reine Darstellung von Tatsachen. Sie ist ein Vorgang, bei dem die dem Gesetz entnommenen Wertungen die entscheidende Rolle spielen.

4. Diese teleologische Methode führt zur Relativität der Rechtsbegriffe. Wie die Wertungen von Instituten differieren, so unterschiedlich sind die jeweiligen Begriffsinhalte. Andere Wertmaßstäbe sind bei der Beantwortung

der Frage anzuwenden, in welchem Umfang das menschliche Leben ein schutzwertes und geschütztes Rechtsgut als bei der Beantwortung der Frage, in welchem Rahmen dem menschlichen Leben die Eigenschaft der Rechtsfähigkeit zukommen soll. Die Anwendung dieser Grundsätze führt in der Praxis nicht nur zu einer unterschiedlichen gesetzlichen Bewertung über den Beginn des Lebens im Zivil- und Strafrecht. Sie setzt sich fort bei der Behandlung des dem ungeborenen Kind zuteil werdenden Schutzes und der Frage nach seiner Rechtsfähigkeit. Die Eigenschaft, Träger gewisser Rechte sein zu können, kommt dem nasciturus schon von der Befruchtung an zu, somit auch der zivilrechtliche Schutz gegen Deliktsschäden. Demgegenüber beginnt der strafrechtliche Lebensschutz entsprechend der Auslegung des Begriffs „Leibesfrucht" erst später.

Die Relativität des Rechtsbegriffs „Beginn des Lebens" entspricht der Relativität des juristischen Lebensbegriffs, des Begriffs „Person". Je nachdem welche Wertungen aktualisiert werden, bestimmt sich sein konkreter Inhalt. Diese Relativität erscheint notwendigerweise auch beim Todesbegriff, dessen Inhalt jetzt überprüft werden soll.

III. ABSCHNITT

Ende des Lebens als Rechtsbegriff

Ebenso wie den Beginn des Lebens haben enorme Fortschritte der medizinischen Wissenschaft die Frage nach dem Tod des Menschen in den Mittelpunkt des Interesses gerückt. Die neuen Möglichkeiten der Reanimation und Organtransplantation verlagern die Grenze, die Leben und Tod voneinander trennt, und lassen die Beurteilung der beiden Zustände „Leben" und „Tod", die bisher infolge ihrer Gegensätzlichkeit als diametral verschieden und damit auch als leicht wahrnehmbar empfunden wurden, schwieriger werden. Sie zwingen deshalb den Juristen, mit einem Neuverständnis seines Todesbegriffes[1] besondere Beachtung dem problematisch gewordenen Teilaspekt der Bestimmung des Todeszeitpunktes in rechtlicher Hinsicht zu schenken.

A. MEDIZINISCH-BIOLOGISCHE GRUNDLAGEN

„Der Tod im biologischen Sinne ist definiert durch den Verlust der für das Leben charakteristischen Erscheinungen — oder anders ausgedrückt — einer funktionellen Dynamik, die sich an der zum Leben befähigten strukturierten Materie vollzieht[2]."

Diese biologische Definition mag ausreichend sein, um den Tod als Endzustand nach Aufhören der Lebenserscheinungen zu beschreiben. Jedoch steht demgegenüber das Sterben als des Überganges von der Dynamik des Lebens über die Reduzierung der einzelnen Funktionssysteme des Organismus zur Statik des Todes. So gibt es in der Regel keinen gleichzeitigen Tod für die Gesamtheit der körpereigenen Zellen[3]. Es gibt nur ein Sterben, welches für jedes Organ und Gewebe je nach der strukturellen Besonderheit und entsprechend der Empfindlichkeit ihrer Organisation ein verschieden schnelles, früher oder später beendetes ist[4], so daß in der Bestimmung des Endes des menschlichen Lebens ein Zeitfaktor miteinzubeziehen ist.

---

[1] Vgl. zur bisherigen Auffassung *Enneccerus—Nipperdey*, § 84 IV: „Die Rechtsfähigkeit des Menschen endet mit dem Tode, dessen Zeitpunkt im einzelnen Fall von der medizinischen Wissenschaft bestimmt wird."

[2] Vgl. *Masshoff*, Zum Problem des Todes, in: MMW 1968, S. 2473 ff. (2474).

[3] Vgl. auch *Gerlach*, Individualtod—Partialtod — vita reducta, in: MMW 1968, S. 980 ff. (981), der auf den Sonderfall einer Atombombenexplosion in diesem Zusammenhang hinweist.

[4] Vgl. zum ganzen *Letterer*, Allgemeine Pathologie, S. 150.

Der Tod muß als Kontradiktion des Lebens aus dessen vitaler Eigengesetzlichkeit heraus verstanden werden, aus der Daseinsform der lebenden Substanz, die durch eine unlösbare Verflechtung der Struktur mit ihrer Fähigkeit zum Leben, ihrer Funktion gekennzeichnet ist. Ihre Gegenwärtigkeit vollzieht sich im Stoffwechsel, ihre Auflösung leitet das Sterben ein[1]. Um aber diese morphologischen und strukturellen Beziehungen auf einfache Art und Weise erklären zu können, soll der Vorgang des Sterbens und der Tod am Beispiel der Zelle erörtert werden, das für alle Lebenserscheinungen exemplarisch ist.

I. TOD DER ZELLE

Untersuchungen an der Zelle haben in dem hier interessierenden Rahmen zwei Arten des Zelltodes gezeigt: den physiologischen Tod als Absterben am Ende des jeder Zelle eigenen und vorher determinierten Lebenszyklus und den akzidentellen Tod als Absterben auf Grund einer Schädigung der Struktur während eines normalen und noch unerfüllten Lebens[2]. Der physiologische Zelltod tritt ein, wenn am zeitlich festliegenden Lebensende die Zellen eine Phase der irreversiblen Desintegration des Funktionsgefüges durchlaufen. Sie stellt das Unvermögen dar, die intrazellulären Stoffwechselvorgänge weiter aufrechtzuerhalten. Weil aber die lebende Substanz nur unter Energieaufwand gewahrt bleiben kann, zieht der Funktionsverlust der Zelle den Zusammenbruch der Zellstruktur nach sich. Morphologisch gesehen beginnt damit die Autolyse des toten Organismus, die selbst schon eine Erscheinung des eingetretenen Zelltodes ist[3]. Die Autolyse wird durch Fermente ausgelöst, die nach dem Wegfall der autonomen Selbstregulierung zelleigene Substanzen angreifen und sie nach physikalisch-chemischen Gesetzen zerfallen lassen.

Anders stellt sich die Situation dar, wenn die Zelle in der gestaltlichen Basis infolge innerer oder äußerer Faktoren eine akzidentelle Störung erfährt. Sie zieht zwar die Funktion in Mitleidenschaft. Ob aber nun die Zelle noch lebt oder schon tote Materie ist, entscheidet sich nach ihren Lebensäußerungen, nach der Art der Beeinträchtigung der Funktion, die noch

---

[1] Vgl. dazu v. *Kress*, Das Problem des Todes, in: Prolegomena zu einer allgemeinen Pathologie, 1. Bd., Handbuch der allgemeinen Pathologie, S. 205 ff. (206).

[2] Vgl. dazu *Masshoff*, in: MMW 1968, S. 2475.

[3] Vgl. *Letterer*, Allgemeine Pathologie, S. 149; vgl. *Büchner*, Allgemeine Pathologie, S. 149.

reversibel sein kann oder schon irreversibel ist[4]. *Virchow* schreibt: „Die Erregbarkeit von einzelnen Zellen erscheint uns als das Kriterium, wonach wir beurteilen, ob der Teil lebe oder nicht lebe[5]."

Damit wird eine Kategorie angesprochen, die in Grenzfällen die Entscheidung nicht leicht macht, ob eine reversible Einschränkung vorliegt oder ob das Sistieren zum Tode führen muß. Auch wenn das Absinken der Funktion in den Bereich der Irreversibilität logisch exakt fixierbar ist, so kann doch dieser Augenblick in der Praxis weder funktionell noch strukturell bestätigt werden. Denn die Frage, was im Fall zellulärer Störungen reversibel ist und was irreversibel, läßt sich nicht aus dem Zustand, sondern nur aus der Dynamik des Geschehens beantworten, die entweder in die Restitution oder in postmortale Zeichen überleitet[6].

II. TOD DES MENSCHEN

Der Mensch hat eine Organisationshöhe, die durch die zunehmende Komplizierung von Struktur und Funktion gekennzeichnet ist. Der Gesamtorganismus lebt mit und durch die einzelnen Organe, die aufeinander abgestimmt in gegenseitigen Beziehungen stehen. Seine Erhaltung vollzieht sich den Lebensbedürfnissen angepaßt mit Hilfe eigenständiger Regulation, wie die Atmungs- und Kreislauforgane, Nieren und Verdauungsorgane, die für die Energielieferung benötigte Stoffe aufnehmen, verarbeiten, weiterleiten und Überflüssiges ausscheiden oder wie das zentrale Nervensystem, das die einzelnen Bereiche aufeinander abstimmt und entsprechend reguliert[1].

Die Funktion dieser Organsysteme entscheidet über Leben und Tod des Individuums, das Sistieren ihres Stoffwechsels führt das Leben an einen kritischen Punkt. Aber nicht schon die Funktionseinstellung der Gemeinschaftssysteme bedeutet im Sterbeprozeß eine Zäsur, sondern erst wie bei der Zelle das Merkmal der Irreversibilität.

1. Physiologisches Sterben

Zwar gilt der reine Alterstod, der physiologische Tod, beim Menschen als eine extreme Seltenheit[2], jedoch kann mit ihm das Sterben nach einer lang-

---

[4] Zur Entfaltung des Stoffwechsels gehört eine bestimmte Richtung der Intensitäten, deren Gleichgewicht und rhythmischer Wechsel der Richtungen. An den Umkehrpunkten der Stoffwechselkurve kann die Richtung verharren, ohne irreversibel zu werden, sie kann aber auch in absteigender Richtung weiterverlaufen und irreversibel werden. Vgl. dazu *Letterer,* Allgemeine Pathologie, S. 148.

[5] zit. nach *Masshoff,* in: MMW 1968, S. 2475.

[6] Vgl. dazu *Masshoff,* in: MMW 1968, S. 2478.

[1] Vgl. zum ganzen *Dietz,* Gerichtliche Medizin, S. 15 ff.

[2] Vgl. dazu v. *Kress,* Handbuch der Allgemeinen Pathologie, 1. Bd., S. 208.

andauernden progredienten Krankheit, wie zum Beispiel bei einem Karzinom, verglichen werden. In beiden Fällen steht zwischen Leben und Tod eine entsprechend lange Phase des Sterbens, in welcher die vitalen Funktionen in ihrer Gesamtheit zerfallen. Diesem Abbau der Funktion folgt die strukturelle Desintegration der Gewebe und Organe, bis nach etwa ein bis zwei Wochen alle Zellen eines Organismus in die Autolyse übergegangen sind[3].

Vom physiologischen Tod sind zunächst die Zellen des Zentralnervensystems betroffen, die zellkonstant das ganze Leben hindurch keine Erneuerung erfahren und nicht wie die anderen Körperzellen der Regeneration fähig sind. Mit dem verlöschenden Leben beginnen sich noch während der individuellen Existenz Zeichen herauszubilden, die als Vorstufen der klassischen Todeszeichen anzusehen sind. Erkennbar ist die Devitalisierung an Frequenzänderungen und Unregelmäßigkeiten des Herzschlages, an sinkendem Blutdruck, Änderung des Atemtypus und Abkühlung des Körpers[4]. Klinisch kommt es in der Regel nach der Periode der Kreislaufdepression, die therapeutisch nicht mehr beeinflußbar ist, zum spontanen Herz- und Atemstillstand[5].

2. Akzidentelles Sterben

Dagegen tritt bei dem akzidentellen Sterben auf Grund eines multifaktoriellen pathologischen Geschehnisses häufig infolge von Komplikationen einer bestehenden Krankheit das akute Versagen eines der großen Organsysteme auf. Diese Disregulation führt in der Einschränkung der Lebensbasis über das Sistieren der Funktionen in eine Phase des Sterbens, in der zwar keine spontane Erholung mehr möglich ist[6], die jedoch durch aktive Maßnahmen der Reanimation[7] überwunden werden kann. Entscheidend wird

---

[3] ders., S. 207.

[4] So betrifft die eintretende Atemlähmung zuerst das Zwechfell, bis sich zuletzt Automatismen im Bereich der Zunge, des Mundbodens und der Schlundmuskulatur bemerkbar machen.

Vgl. so v. *Kress*, Handbuch der Allgemeinen Pathologie, 1. Bd., S. 207.

[5] Vgl. *Wawersik*, Kriterien des Todes, in: Studium Generale 1970, S. 319 ff. (319).

[6] Vgl. *Pribilla*, Juristische, ärztliche und ethische Fragen zur Todesfeststellung, in: DÄ 1968, S. 2256 ff. (2257).

[7] Gegenüber dem Begriff „Reanimation" werden Bedenken laut, da allein ein Funktionsstillstand durch das ärztliche Eingreifen behoben, nicht aber der Tod eines Teiles des Organismus rückgängig gemacht wird. Vgl. *Stratenwerth*, Zum Begriff des Todes, in: Festschrift für Engisch, 1969, S. 528 ff. (531). *Sunder—Plassmann*, in: Fortschritte der Medizin und die Grenzen der ärztlichen Pflicht, Jahresschrift der Gesellschaft zur Förderung der Westfälischen Wilhelms-Universität 1968, S. 71 ff. (82), schlägt daher den Begriff „Reaktivierung" vor.

die Tatsache, wieweit durch die Beeinträchtigung gleichzeitig die Funktion gestört ist, ob sie trotz des akzidentellen Geschehnisses noch die Fähigkeit zur Reversibilität besitzt oder gerade deswegen schon in den Bereich der Irreversibilität abgesunken ist.

In jeder Phase, in der es möglich ist, dem ansonsten zu erwartenden Tod mit Reanimationsmaßnahmen zu begegnen, spricht die Medizin von der „vita reducta“[8] als einem neuen Bereich krankhaften Lebens. Denn der Organismus hat noch Energien zur Aufrechterhaltung und Steuerung seiner Stoffwechselvorgänge und vermag durch äußere Anregung bestimmte vital notwendige Leistungen aufzubringen. Erst wenn auch dieses nicht mehr der Fall ist, darf von der Irreversibilität des Sterbens gesprochen werden, vom Individualtod des Menschen, dem am Ende des Sterbens der absolute biologische Tod gegenübersteht[9].

Gemeinsam ist allen Arten des akzidentellen Sterbens, daß die Störung ihren Angriffspunkt entweder im Kreislauf- und Atemsystem oder dem Zentralnervensystem findet, die man deshalb auch „Atrien des Todes“ nennt[10].

a) Klinischer Tod

Der klinische Tod wird gekennzeichnet durch den Stillstand des Kreislaufs und der damit eng verbundenen Atmung, zum Beispiel auf Grund einer Ateminsuffizienz oder eines koronaren Insults, während das sonstige Organsystem bis zu diesem Zeitpunkt noch intakt und erholungsfähig war[11]. Wegen des nun eintretenden Mangels an Stauerstoff folgt im gesamten Organismus ein Sistieren des Stoffwechsels und die lebensbedrohliche Herabsetzung der Funktionen[12].

Die Möglichkeit, den Kreislaufstillstand rückgängig zu machen, hängt von einer Reihe von Faktoren ab, deren wichtigster die Wiederbelebungszeit ist.

---

[8] Vgl. zum Begriff der „vita reducta“ *Masshoff,* in: MMW 1968, S. 2579; *Gerlach,* Bedeutet Gehirntod auch menschlicher Tod?, in: Fortschritt der Medizin, 88 (1970), S. 399 ff. (400); v. *Kress,* in: Handbuch der Allgemeinen Pathologie, 1. Bd., S. 211.

[9] Vgl. zur Terminologie *Pribilla,* in: DÄ 1968, S. 2257; *Stratenwerth,* in: Festschrift für Engisch, 1969, S. 532.

[10] *Letterer,* Allgemeine Pathologie, S. 151.

[11] Vgl. *Spann—Liebhardt,* Reanimation und Feststellung des Todeszeitpunkts, in: MMW 1966, S. 1410 ff. (1412).

[12] Die Bedeutung der Sauerstoffzufuhr ergibt sich z. B. aus der Tatsache, daß bei Unterkühlung infolge des Absinkens der Temperatur das Leben im Stadium der vita minima aufrechterhalten werden kann. Vgl. dazu *Pribilla,* in: DÄ 1968, S. 2257.

Je schneller die Herzaktion wieder in Gang kommt, desto größer ist die Chance, daß die Unterbrechung der Blut- und Sauerstoffversorgung und des Stoffwechselprozesses nicht zur irreversiblen Funktionseinstellung des Herzens und der anderen lebenswichtigen Organe geführt hat. Können diese Funktionen aber nicht mehr auf den vorherigen Status zurückgeführt werden, gehen die einzelnen Organe nach dem Zusammenbruch der Energieversorgung in einer bestimmten Reihenfolge in die strukturelle Auflösung über, die von ihrem jeweiligen Alter und dem jeweiligen Differenzierungsgrad ihrer Zellen abhängig ist.

Unter normalen Umständen überleben die Gehirnzellen eine Unterbrechung der Blutzufuhr um sechs Minuten, unter günstigen Verhältnissen, zum Beispiel bei Unterkühlung, kann sich diese Frist auf acht bis zwölf Minuten verlängern. Dabei bleiben die Zellen des Stammhirns offensichtlich länger funktionstüchtig als diejenigen bestimmter Teile der Großhirnrinde. So konnte an den Ausschlägen des Elektroencephalogramms ermittelt werden, daß nach einem Kreislaufstillstand die Aktivität der Hirnrinde bereits nach 15 bis 20 Sekunden, die des Hirnstammes aber erst nach 60 Sekunden eine erste Beeinträchtigung erfährt. In der Regel ist bei einem schon 3 bis 4 Minuten andauernden Kreislaufstillstand damit zu rechnen, daß das erloschene Bewußtsein nicht zurückkehrt[13].

Weiter ist erwiesen, daß nach einem Herzstillstand von 4 Minuten ein nicht stimuliertes Herz so insuffizient wird, daß es nicht mehr die Leistungen aufzubringen vermag, um einen entsprechenden Anstieg des Karotisdruckes zu bewirken. Denn gerade das Herz ist wegen seines hohen Eigenstoffwechselbedarfs auf eine dauernde Sauerstoff- und Nährstoffversorgung angewiesen[14]. Die äußerste Toleranzzeit für eine Wiederbelebung liegt beim Herzen bei $1^1/_2$ Stunden, bei der Niere bei $2^1/_2$ Stunden, bei der Leber bei 20 bis 30 Minuten und bei der Lunge bei 30 bis 60 Minuten[15].

b) Gehirntod

Dem Gehirn kommt als Integrationszentrum der einzelnen Organsysteme eine besondere Bedeutung zu. Seine Funktionen sind an die höchstdifferenzierten und allein konstanten Zellelemente des Organismus gekoppelt, deren Funktionseinstellung über eine vorläufige Disregulation der lebenswichtigen Systeme ebenfalls zu einem „Atrium des Todes" führt.

---

[13] Vgl. dazu v. *Kress*, Handbuch der Allgemeinen Pathologie, 1. Bd., S. 211 m. w. N.

[14] Vgl. zu den sich daraus ergebenden medizinischen Problemen einer Herztransplantation *Pribilla*, in: DÄ 1968, S. 2258 f.

[15] Angaben nach *Wawersik*, in: Studium Generale 1970, S. 321.

Die Schädigung der Gehirnstruktur kann direkt durch äußere Gewalteinwirkung oder durch intracraniellen Druckanstieg erfolgen[16].

Daneben ist zu beachten, daß das Gehirn die geringste Toleranz gegenüber Ernährungseinschränkungen besitzt. Entsprechend ihrem Sauerstoffbedarf als Grundlage des Stoffwechselprozesses sterben die einzelnen cerebralen Zellen in einer unterschiedlichen Reihenfolge ab, wobei als empfindlichste Zellen zunächst die Zellen der Großhirnrinde betroffen sind.

Dauert der Funktionsstillstand länger als vier bis sechs Minuten an, muß mit einem Teiltod des Gehirns und einem nicht wieder zu erzielenden Bewußtsein gerechnet werden, ein Zustand, in dem wesentliche Äußerungen des menschlichen Lebens in bleibenden Verlust geraten sind. Ein dissociierter Hirntod ist eingetreten[17].

Beim irreversiblen cerebralen Tod zeigt sich in histologischer Hinsicht die Gehirnmasse gleichmäßig volumenvergrößert, auffallend weich mit zum Teil mehr oder weniger autolytischen Veränderungen und einer unregelmäßigen Verteilung der aufgelösten Hirnsubstanz im Kleinhirn und in der Richtung des Rückenmarks[18].

Der vollständige Funktionsverlust des Gehirns ist irreparabel und zieht das gesamte Organsystem in Mitleidenschaft. Zwar kann durch eine sinnvolle Allgemeintherapie der Kreislauf noch über einige Stunden oder Tage aufrechterhalten werden, es folgt aber trotz aller Bemühungen früher oder später unabdingbar der endgültige biologische Tod des Menschen[19].

3. Nachweis des Todes

Da der irreversible Verlust der einzelnen Organfunktionen und damit auch der Eintritt des Todes mit den gegebenen Untersuchungsmethoden nicht direkt beweisbar ist, sondern nur aus postmortalen Zeichen erschlossen werden kann, kommt dem Nachweis der einzelnen Todeskriterien eine besondere Bedeutung zu.

Der klinische Tod tritt mit der Funktionseinstellung von Kreislauf und Atmung ein, jedoch ist damit noch nichts über seine Irreversibilität gesagt. Man muß sich bewußt sein, daß im allgemeinen das Sterben schon früher begonnen hat und daß nach dem Zusammenbruch eine Anzahl von Körper-

---

[16] = Blutungen innerhalb des Schädels. Vgl. *Pschyrembel*, Klinisches Wörterbuch, S. 565.

[17] Vgl. so *Käufer—Penin*, Todeszeitbestimmung bei dissociiertem Gehirntod, in: DMW 1968, S. 679 ff. (679); *Gerlach*, in: MMW 1968, S. 982.

[18] Vgl. dazu *Schneider—Masshoff—Neuhaus*, Klinische und morphologische Aspekte des Hirntodes, in: Klinische Woche 47 (1969), S. 844 ff. (848).

[19] Vgl. so *Käufer—Penin*, in: DMW 1968, S. 679; ähnlich *Wawersik*, Todeszeitpunkt und Organtransplantation, in: DÄ 1969, S. 1315 ff. (1316).

zellen für längere oder kürzere Zeit überlebt. Weiter ist zu beachten, daß auch Kreislauf und Atmung trotz ihrer engen funktionalen Verknüpfung ihre Reversibilität nicht zur gleichen Zeit verlieren. Die terminale Schnappatmung kann den Herzstillstand bis zu acht Minuten, die Herzaktion ihrerseits den zentralen Atemstillstand bis zu 30 Minuten überdauern[20]. Daher muß zum positiven Nachweis des eingetretenen Todes das Symptom des klinischen Todes durch das Auftreten postmortaler Merkmale ergänzt werden. Sie zeigen sich zunächst in unsicheren Zeichen, wie Abkühlung des Körpers, Pulslosigkeit, Reflexlosigkeit und gehen dann in die klassischen Todesmerkmale, wie Trübung der Augenhornhaut, Totenflecke, Autolyse und Fäulnis über[21].

Besondere Schwierigkeiten bestehen, den definitiven Funktionsverlust des Gehirns bei noch schlagendem Herzen nachzuweisen. Der Grund liegt darin, daß über die pathologisch-anatomischen Vorgänge beim Absterben des Gehirns noch keine Klarheit gewonnen werden konnte und daß deshalb die Feststellung des cerebralen Todes auf den Nachweis der funktionellen Zustände angewiesen ist, die nur retrospektiv überprüft werden können[22].

Es sind daher Symptome zusammengestellt worden, die zwar nicht einzeln, aber in ihrer Gesamtheit mit höchster Wahrscheinlichkeit auf einen irreversiblen Gehirntod zu deuten vermögen. Einen besonderen Platz nimmt unter ihnen das Elektroencephalogramm (EEG) ein, mit welchem die bioelektrische Aktivität über der Hirnrinde[23] als der empfindlichste Gradmesser für den cerebralen Funktionszustand aufgezeichnet wird. Registriertechnisch erfaßt man den Zeitpunkt, in dem die im Gehirn verfügbare und elektrisch meßbare Energie auf einem Niveau angelangt ist, auf dem die Funktion zwar schon erloschen, aber noch nicht irreversibel geworden ist. Die Zellen selbst bleiben noch lebensfähig, solange die Grenze des Strukturerhaltungsumsatzes nicht erreicht ist. Die isoelektrische Stille im EEG kann daher nach der bisherigen Meßtechnik sowohl ein Zeichen eines irreversiblen Funktionsverlustes als auch das Zeichen einer reversiblen Funktionsblockierung sein[24].

Aber auch wenn man den Zeitpunkt, in welchem die Energiekurve in den Bereich des Zelltodes eintritt, momentan zu erfassen vermöchte, wäre damit

---

[20] Vgl. Hinweis bei *Spann*, Vorstellungen zur Gesetzgebung über den tatsächlichen Todeszeitpunkt, in: MMW 1969, S. 2253 ff. (2254).

[21] Vgl. zur Problematik der Todesfeststellung aus den klassischen Todeszeichen *Schleyer*, Todeszeitbestimmung, in: *Ponsold*, Lehrbuch der gerichtlichen Medizin, S. 290 ff., und *Dietz*, Gerichtliche Medizin, S. 25 ff.

[22] Vgl. *Schneider—Masshoff—Neuhaus*, in: Klinische Woche 47 (1969), S. 856.

[23] Und nur die Funktion der Hirnrinde, nicht diejenige des Stammhirns. Vgl. zu Fragen der Meßtechnik *Käufer—Penin*, in: DMW 1968, S. 681.

[24] Vgl. dazu *Pribilla*, in: DÄ 1968, S. 2319.

noch nichts über den Augenblick des totalen Gehirntodes bestimmt. Denn dieser dürfte von der jeweiligen Zeitdauer abhängen, bis die ausgedehnten Teile der Gehirnsubstanz zugrunde gegangen sind und somit der Verlust der Gehirnfunktion in ihrer Gesamtheit eingetreten ist[25].

Daher besteht nach einem sich über längere Zeit — es werden Zeitspannen von 12 bis 24 Stunden genannt[26] — erstreckenden Fehlen jeglicher Ausschläge im EEG erst eine sichere prognostische Wahrscheinlichkeit, daß eine Reanimation der Gehirnfunktion ausgeschlossen ist. Hinzukommen müssen aber noch nach allgemeiner Auffassung der Nachweis einer tiefen Bewußtlosigkeit, weite, lichtstarre Pupillen und Atemstillstand[27]. Erst die Gesamtheit dieser Symptome vermag auf einen nicht wiederherstellbaren Funktionsverlust des Gehirns hinzudeuten und als Grundlage für die Annahme eines noch vor dem Aussetzen der Herzaktion eingetretenen Hirntodes zu gelten.

Eine weitere Methode zur Feststellung des Gehirntodes ist die Angiographie[28]. Bei ihr wird in die zum Gehirn führenden arteriellen Gefäße eine Kontrastmittelinjektion eingegeben. Röntgenologisch läßt sich dann erkennen, ob ein Zirkulationsstop der cerebralen Durchblutung eingetreten ist oder nicht[29]. Wenn ein solcher Stillstand über 30 Minuten hinweg beobachtet werden kann, darf der definitive Verfall der Organfunktion angenommen werden. Bedenken gegen die Anwendung der Angiographie ergeben sich aus rechtlichen Überlegungen, da für diese Untersuchung ein größerer körperlicher Eingriff vorgenommen werden muß, der nicht völlig harmlos ist. Im Augenblick der Vornahme steht der Tod des Patienten noch nicht fest, so daß der Körperverletzungstatbestand verwirklicht werden könnte. Der Eingriff vermag auch nicht als Heileingriff bezeichnet zu werden, da er nicht diagnostischen Zwecken dient, sondern ein Mittel zum Todesnachweis sein soll[1].

Andere Methoden, wie die Messung der Hirndurchblutung, die Messung des Glukoseumsatzes, des Gaswechsels und des Bestandspotentials im Gehirn

---

[25] Vgl. *Wawersik*, in: Studium Generale 1970, S. 324 f.

[26] Vgl. Angaben bei *Käufer—Penin*, in: DMW 1968, S. 682; *Spann—Kugler—Liebhardt*, Tod und elektrische Stille im EEG, in: MMW 1967, S. 2161 ff. (2167).

[27] Vgl. dazu im einzelnen v. *Kress*, Handbuch der Allgemeinen Pathologie, 1. Bd., S. 223 m. w. N.

[28] Vgl. *Wawersik*, in: DÄ 1969, S. 1317.

[29] Vgl. *Käufer—Penin*, Cerebraler Zirkulationsstillstand, in: Fortschritt der Medizin 87 (1969), S. 713 ff.

[1] Vgl. zur rechtlichen Problematik dieser Methode *Geilen*, Probleme der Organtransplantation, in: JZ 1971, S. 41 ff. (42); *Lüttger*, Der Tod und das Strafrecht, in: JR 1971, S. 309 ff. (314) m. w. N.

sind klinisch noch nicht ausgereift genug, um schon als brauchbare Methoden der Todesfeststellung angewandt werden zu können[2].

III. ENTWICKLUNG DES TODESBEGRIFFES IN DER MEDIZIN

Der Tod des Menschen verwirklicht sich somit in dem Sterben als dem Übergang zwischen der vollen Funktionstüchtigkeit des Gesamtorganismus, der Einschränkung, aber noch Erholungsfähigkeit einzelner Funktionssysteme und dem endgültigen irreversiblen Stillstand der lebenswichtigen Funktionen. Da sich der Verlust des organismischen Prinzips des Lebens einerseit in den verschiedensten Todessyndromen und Todestypen vollzieht, andererseits aber auch die Möglichkeiten, in den Prozeß helfend einzugreifen, gewachsen sind, muß sich die Medizin immer wieder die Frage vorlegen, in welchem Ereignis das Atrium des Totes zu sehen ist[3].

1. Klassischer Todesbegriff

Bis zur Einführung der modernen Verfahren der Reanimation in unserer Zeit konnte der Mediziner jahrhundertelang den Todeseintritt aus dem „irreversiblen Verlust von Kreislauf und Atmung verbunden mit dem Aufhören der Tätigkeit des Zentralnervensystems und gefolgt von dem Absterben aller Zellen und Gewebe des Organismus"[4] feststellen.

Das konstitutive Element dieses Todesbegriffes war allein der irreversible Stillstand von Kreislauf und Atmung, auch wenn die Medizin sah, daß eine überwiegende Anzahl von Körperzellen diesen „Tod" noch überlebte und der Endzustand als das Aufhören aller Lebensfunktionen noch nicht erreicht war. Jedoch blieb dieses Partialüberleben im biologischen Sinne und auch das weitere Sterben unwesentlich[4]. Es wurde überschattet von dem als maßgeblich angesehenen Verlust der wichtigsten Organsysteme[5].

Der klassische Todesbegriff fixierte so einen Zeitpunkt zu Beginn des Sterbens als das Zeichen des Todes und stellte die Aussage auf, daß nach dem irreversiblen Ausfall von Kreislauf und Atmung der sterbende Mensch kein lebender Mensch mehr sei, daß der Zustand des Todes schon jetzt er-

---

[2] Vgl. im einzelnen *Wawersik*, in: Studium Generale 1970, S. 329.

[3] Vgl. *Mollaret*, Über die äußersten Grenzen der Wiederbelebung — Die Grenzen zwischen Leben und Tod, in: MMW 1962, S. 1539 ff. (1545).

[4] So *Hansen*, Gerichtliche Medizin, S. 10. Vgl. *Spann*, in: MMW 1969, S. 2253.

[4] So *Hansen*, Gerichtliche Medizin, S. 10.

[4] Vgl. *Spann*, in: MMW 1969, S. 2253.

[5] Vgl. dazu auch *Letterer*, Allgemeine Pathologie, S. 150.

reicht sei. Er nahm den Anfang für das Ganze und sah das Ganze des Lebens in diesem Augenblick als bereits beendet an. Es bestand kein Raum mehr für eine differenzierende Betrachtungsweise zwischen dem Partialtod einzelner Organsysteme und einem Partialüberleben des restlichen Organismus, nach welcher unter Einbeziehung eines Zeitfaktors aus dem Sterbeprozeß einzelne Zäsuren herausgearbeitet werden müßten, um mit ihnen den Tod des Menschen zu identifizieren[6]. Das Sterben und der Individualtod des Menschen wurden als Einheit begriffen, der weitere Funktionsabbau hatte sich nur noch bis zur letzten Konsequenz zu verwirklichen.

Diese inhaltliche Bestimmung des Todesbegriffes durch die äußere und dennoch klare Zäsur des Ausfalles von Kreislauf und Atmung war in erster Linie durch den pragmatischen Gesichtspunkt der letzten Eingriffsmöglichkeit motiviert, in dem der Entwicklungsstand der Medizin seinen Ausdruck fand[7]. Nach dem Eintritt des klinischen Todes war ein Handeln des Arztes mit dem Ziel, Leben zu erhalten oder wiederherzustellen, praktisch unmöglich und somit auch sozial sinnlos geworden[8]. Dem weiteren Verlauf des Sterbens mußte exspektativ gegenübergestanden werden, denn der Mensch hatte endgültig die Grenze, die ihn vom biologischen Ende trennte, überschritten.

Daneben mögen bei der Bildung des klassischen Todesbegriffes irrationale Vorstellungen vom Sterben als dem Aushauchen der Seele mit dem letzten Atemzug eine Rolle gespielt haben[9].

Ist diese mehr archetypische Begründung auch allmählich verlorengegangen, so hat die Pragmatik des Todesbegriffes und die eindeutige und klare Erfassung des Todeszeitpunktes seine Durchsetzung in allen Disziplinen ermöglicht, ohne daß die Abhängigkeit von der Medizin als ein besonderes Problem empfunden wurde[10].

2. Wandlung des Todesbegriffes

Dieses Bild gehört der Vergangenheit an, seitdem die Reanimationsmaßnahmen, zum Rüstzeug der modernen Medizin geworden, einen grund-

---

[6] Vgl. *Geilen,* Das Leben des Menschen in den Grenzen des Rechts, in: FamRZ 1968, S. 121 ff. (124); ebenso *Lüttger,* in: JR 1971, S. 309.

[7] Vgl. dazu die Hinweise bei *Geilen,* Neue juristisch-medizinische Grenzprobleme, in: JZ 1968, S. 147 ff. (150).

[8] Vgl. *Spann,* in: MMW 1969, S. 2253.

[9] Vgl. Näheres zu diesen Fragen bei *Geilen,* in: FamRZ 1968, S. 123.

[10] Der klassische Todesbegriff wurde wie von der Rechtswissenschaft auch widerspruchslos von der Theologie übernommen. So äußerte Pius XII. im Jahre 1957, die Theologie habe von der von der Medizin gegebenen Definition des Todes auszugehen. In Acta Apostolicae Sedis 49 (1957), S. 1027, zit. nach *Kohlhaas,* Rechtsfragen zur Transplantation, in: NJW 1967, S. 1489 ff. (1493).

legenden Wandel brachten. Sie erlauben, zum Stillstand gekommene vitale Funktionen zu ersetzen und zum Beispiel bei einem Patienten sowohl Kreislauf als auch Atmung künstlich aufrechtzuerhalten[11]. Das Sterben des Menschen ist nicht mehr in dem Sinne irreversibel, daß nach dem Eintritt der klinischen Zeichen notwendigerweise sämtliches körperliches Leben erlöschen muß. Irreversibel kann heute allein bedeuten, daß Funktionen einzelner Organe nicht wierderherstellbar sind, während ein eingeschränktes Leben möglich bleibt[12].

Da der klassische Todesbegriff insoweit für die medizinische Praxis entwertet ist, stellt sich die Notwendigkeit, in der „vita reducta" den Ablauf des Sterbens mit seinen jeweiligen Phasen zu analysieren, das Partialüberleben des Organismus mit dem Partialtod einzelner Organe zu vergleichen und in einem der isolierten Sterbesyndrome den Tod des Menschen zu lokalisieren[13].

a) Vorschlag der Kommission der Deutschen Gesellschaft für Chirurgie

Der Medizin stehen auf Grund ihrer Möglichkeiten als Grenze zwischen Leben und Tod alle Stationen zwischen dem Beginn des Sterbens — dem Stillstand von Kreislauf und Atmung, verbunden mit einer ersten tiefen Bewußtlosigkeit — und dem Tod der letzten Körperzelle offen. Jedoch ist für den Mediziner keiner der beiden extremen Zeitpunkte als maßgebend für den Todesbegriff annehmbar. Die Bestimmung des Todes durch die erste irreversible Bewußtlosigkeit rückt die Todesdefinition in die unmittelbare Nachbarschaft der Vernichtung von Leben. Der Tod der letzen Körperzelle ist unpraktikabel, da er mit einer hochgradigen Autolyse des gesamten Organismus verbunden ist[14].

Die von der Deutschen Gesellschaft für Chirurgie eingesetzte Kommission sah die maßgebende Zäsur zwischen Leben und Tod in dem irreversiblen Verlöschen der Gehirntätigkeit[15]. Zu seiner Annahme reicht aber nicht

---

[11] Beachte die Bezeichnung Herz-Lungen-Maschine, in welcher die Tatsache der Ersetzbarkeit der genannten Organfunktionen zum Ausdruck kommt.

So auch *Geilen,* in: FamRZ 1968, S. 124.

[12] Vgl. zum veränderten Sinngehalt des Begriffs „Irreversibilität" *Geilen,* in: FamRZ 1968, S. 125 Anm. 26 m. w. N.

[13] Vgl. zur Problematik aus ärztlicher Sicht: *Gerlach,* in: MMW 1968, S. 981 f.; *Käufer—Penin,* in: DMW 1968, S. 679; *Maßhoff,* in: MMW 1968, S. 2473; *Pribilla,* in: DÄ, 1968, S. 2257; *Spann—Kugler—Liebhardt,* in: MMW 1967, S. 2161; *Wawersik,* in: DÄ 1969, S. 1316.

[14] Vgl. dazu *Spann,* in: MMW 1969, S. 2254.

[15] Vgl. Stellungnahme der Kommission der Deutschen Gesellschaft für Chirurgie, in: Chirurg, 1968, S. 196—197.

schon die Störung einzelner Gehirnteile, wie etwa bei einer irreparablen Bewußtlosigkeit oder einem appalischen Syndrom, sondern es muß die „grobanatomische oder fein strukturelle Zerstörung des Gehirns in seiner Gesamtheit, die zur Auflösung der biologischen Funktionseinheit führt“[16], eingetreten sein.

Geht der Kommissionsvorschlag auch von dem Gehirntod als dem maßgebenden Ereignis für den Todesbegriff aus, so differenziert er die Methoden der Feststellung des Todes nach Art und Verlauf der gesamten Krankheit oder des Unfalls und setzt jeweils unterschiedliche Zeichen voraus, von denen auf den eingetretenen Hirntod geschlossen werden darf[17].

b) Begründung des neuen Todesbegriffes

Für die inhaltliche Bestimmung des Todesbegriffes durch den irreversiblen Ausfall der Gehirnfunktionen finden sich im wesentlichen folgende Argumente:

---

[16] ebd., S. 196.

[17] Vgl. in Chirurg 1968, S. 196 f.:

Der Gehirntod sei erstens anzunehmen, wenn entweder die klassischen Todeszeichen vorhanden seien oder nach einer therapeutisch nicht mehr beeinflußbaren Kreislaufdepression ein Atem- und Herzstillstand eintrete. Es bestehe hier zwar eine geringe zeitliche Differenz von wenigen Minuten zwischen Herzstillstand und Gehirntod. Trotzdem dürfe der Gehirntod bereits zu dem leichter faßbaren Zeitpunkt des Herzstillstandes postuliert werden, um so mehr als in Anbetracht der inkurabelen Gesamtsituation Wiederbelebungsmaßnahmen nicht indiziert seien.

Zweitens sei der Gehirntod schon vor dem Aussetzen der Herzaktion bewiesen, wenn es im Fall einer direkten Schädigung des Gehirns durch äußere Gewalteinwirkung oder infolge eines intracraniellen Druckanstieges zu folgenden Ausfallserscheinungen des Zentralnervensystems über zwölf Stunden komme: Bewußtlosigkeit, fehlende Spontanatmung, beidseitige Mydriasis (= Pupillenerweiterung; vgl. *Pschyrembel*, Klinisches Wörterbuch, S. 799) und fehlende Lichtreaktion, isoelektrische Stille im EEG unter angemessenen Ableitbedingungen während einer einstündigen Beobachtungszeit, sowie Fortbestand der gleichen Kriterien. Dem stehe ein angiographisch nachgewiesener intracranieller Kreislaufstillstand gleich, wenn die Zirkulationsunterbrechung mindestens dreißig Minuten bestanden habe.

Drittens dürfe der Gehirntod nicht angenommen werden, wenn es wegen zentraler oder peripherer Ateminsuffizienz oder wegen anderer Ursachen zu einem Herzstillstand komme, aber das Zentralnervensystem bis dahin intakt und erfahrungsmäßig erholungsfähig gewesen sei. Handele es sich um eine akute Ursache sui generis, die momentan beseitigt werden könne, so sei zunächst mit Wiederbelebungsmaßnahmen zu beginnen, sofern die Wiederbelebungszeit des Gehirns wahrscheinlich noch nicht überschritten sei. Setze die spontane Herzaktion trotz adäquater Herzmassage nicht ein, so gelte der Eintritt des primären Kreislaufstillstandes als Todeszeitpunkt. Komme sie aber wieder zustande, bleibe der Patient aber bewußtlos, dann gelte er als lebend, bis unter den oben genannten Bedingungen sein Gehirntod festgestellt worden sei.

Zunächst wird auf die medizinische Tatsache hingewiesen, daß das Gehirn das einzige Organ des Menschen sei, welches nicht apparativ ersetzt werden könne[18]. Nach seinem Tod müsse später oder früher der biologische Tod des gesamten Organismus eintreten. Daher werde heute die Rolle, die früher der Ausfall von Kreislauf und Atmung im Prozeß des Sterbens gespielt habe, von dem Erlöschen der Gehirnfunktion übernommen.

Weiter wird behauptet, daß schon der klassische Todesbegriff den Gehirntod als wesentliches Ereignis des Sterbens gemeint habe, auch wenn er vom Stillstand von Kreislauf und Atmung gesprochen habe. Es sei nicht notwendig gewesen, dieses besonders auszudrücken, da die äußeren Symptome des Ausfalls von Kreislauf und Atmung eine genügend klare Zäsur geboten hätten, an der man sich habe orientieren können[19].

Zumeist wird die Lokalisierung des menschlichen Todes in Gehirntod mit grundsätzlicher gesehenen anthropologischen Argumenten begründet. Beispielhaft sei auf den Nachweis, den *Lüttger*[20] bringt, verwiesen. Es finden sich dort die Ansichten, der menschliche Geist begründe die Einzigartigkeit der menschlichen Individualität. Das Gehirn als Sitz unseres Bewußtseins gewährleiste die menschliche Funktion, die geistige Funktion und verkörpere dadurch das eigentlich Menschliche. Der Zustand des Gehirntodes sei unvereinbar mit den Begriffen Mensch und Leben. Entscheidend für das Leben des Menschen könne daher nur der Zustand seines Zentralorganes Gehirn sein. Mit seinem Organtod erlösche die Individualität, die individuelle menschliche Existenz. Auch wenn der Arzt nachher noch organisches Leben erhalten könne, sei seine Tätigkeit zwecklos geworden, da menschliches Leben im eigentlichen Sinne nicht wiederherstellbar sei.

Jede Erklärung für sich allein überzeugt nicht.

So wendet sich *Lüttger*[21] mit beachtlichen Gründen gegen den anthropologischen Ansatz. Das Unbefriedigende dieser Theorie liege in dem Versuch, zwischen „biologischem" und „menschlichem Leben" nach dem Maßstab anthropologischer Relevanz zu unterscheiden. Diese Kriterien besäßen inhaltlich zu wenig Konturen, als daß sie als Grundlage für die Bestimmung des Todesbegriffes tragbar wären. Es sei nicht zu verbürgen, daß dem Leben eines irreparabel Bewußtlosen oder geistig Toten, der nur noch da-

---

[18] Vgl. so *Käufer—Penin*, in: DMW 1968, S. 679; *Lüttger*, in: JR 1971, S. 312.

[19] Vgl. so *Hanack*, Rechtsprobleme bei Organtransplantationen, in: Studium Generale 1970, S. 428 ff. (432) m. w. N.

[20] in: JR 1971, S. 311 *Lüttger*, mit einer Übersicht über die einzelnen Begründungen und ihre Vertreter.

[21] *Lüttger*, in: JR 1971, S. 312.

hinvegetiere, die anthropologische Relevanz und damit das Lebensrecht abgesprochen würde.

Ebenfalls vermag die These, der neue Todesbegriff sei nach den gleichen methodischen Prinzipien wie der klassische Todesbegriff aufgebaut und orientiere sich allein an den letzen medizinischen Möglichkeiten, nicht zu genügen. Das Merkmal der Irreversibilität besitzt eine engere Bedeutung als im klassischen Todesbegriff. Denn auch nach dem Gehirntod ist das Sterben nicht notwendigerweise irreversibel geworden. Allein das Leben kann nicht mehr auf der Stufe wiederhergestellt werden, die sämtliche Funktionen umschließt. Es gibt kein Zurück mehr[22].

Ähnliches, wenn auch mit umgekehrten Vorzeichen, gilt für die Auffassung, der klassische Todesbegriff habe in Wirklichkeit schon den Gehirntod gemeint. Es ist zwar unbestreitbar, daß der Gehirntod eine notwendige Durchgangsstation im Sterbeprozeß gewesen ist, aber es hat keine Notwendigkeit bestanden, das Sterben selbst aufzugliedern. Der Tod wurde nicht in einem Organ lokalisiert, sondern Sterben und Tod des Menschen bildeten eine Einheit[23].

Die einzelnen Argumente können jedoch in der Einsicht zusammengetragen werden, daß die Lokalisation des menschlichen Todes im Erlöschen der Gehirnfunktion auf einer Wertung beruht. Denn die Frage, warum gerade der Partialtod des Gehirns so wesentlich sein soll, daß schon vor dem absoluten biologischen Ende des Lebens vom Tod des Menschen gesprochen werden darf, kann nicht allein naturwissenschaftlich beantwortet werden. Es würde sonst darüber hinweggegangen, daß die „vita reducta", die Übergangsphase des Lebens, in der sich der Mensch befindet, biologisch gesehen ihr Ende noch nicht gefunden hat. Nur durch den Vergleich mit der Bedeutung des Partialtodes des Gehirns wird die Grenze gewonnen, die das menschliche Leben im eigentlichen Sinne von der unbeseelten Materie unterscheidet[24]. Damit ist die Wertungsaufgabe gestellt, in der das Bild des Menschen zu konkretisieren ist, in welcher aber auch berücksichtigt werden muß, welche Relevanz die mangelnde Ersetzbarkeit einzelner Organe hat und welche Möglichkeiten einer weiteren Lebensverwirklichung nach ihrem irreversiblen Ausfall noch bestehen.

---

[22] So ist der zeitweilige Ersatz einzelner Funktionen des Zentralnervensystems Voraussetzung für die Durchführung einer Herztransplantation. Vgl. zu den Möglichkeiten, eingeschränktes Leben nach dem Gehirntod aufrechtzuerhalten, *Gerlach,* in: MMW 1968, S. 982; *Pribilla,* in: DÄ 1968, S. 2258; *Wawersik,* in: DÄ 1969, S. 1326 m. w. N.

[23] Vgl. *Geilen,* in: FamRZ 1968, S. 124 f.; *Stratenwerth,* in: Festschrift für Engisch, 1969, S. 543.

[24] Vgl. so auch *Spann,* in: MMW 1969, S. 2254.

B. INHALT DES RECHTSBEGRIFFES „ENDE DES LEBENS"

Der Rechtsbegriff „Ende des Lebens" beinhaltet die Negation des Personseins, die Negation der zugunsten des Individuums getroffenen Zuständigkeitsentscheidung. Aber nur mit seinem Tode verliert der Mensch die Vorteile und den Schutz der Rechtsordnung, hört auf, Zurechnungssubjekt von Rechten oder Pflichten und Schutzobjekt der Rechtsgemeinschaft zu sein[25].

Diese für uns selbstverständliche Folgerung aus der Identität von Menschsein und Personsein ist relativ jungen Datums. Die Rechtsordnungen der geschichtlichen Zeit verbanden das Personsein häufig mit der Stellung des einzelnen in seinem Verband und bestimmten von hier aus seine Fähigkeit, Rechte und Pflichten zu haben.

So kannte das römische Recht neben dem Tod als Grund des Erlöschens der Rechte einer Person die „capitis deminutio"[26]. Sie bedeutete das Aufhören jeglicher kollektiver Bindungen. Der von ihr Betroffene schied aus der Gliedstellung in seiner Gemeinschaft aus und verlor seine Bürgerrechte und seine Freiheit.

Eine ähnliche Auffassung findet sich im germanischen Recht[27]. Die Zugehörigkeit zu einem bestimmten Stand gab dem einzelnen seine Rechtsstellung und sein Personsein, ihr Ende zog den Verlust der Rechtspersönlichkeit nach sich. Ein Grund dafür war beispielsweise die Friedloslegung des Rechtsgenossen, der in ihrer Folge aus der Friedens- und Rechtsgemeinschaft ausgeschlossen wurde und von jedermann als Vogelfreier getötet werden sollte. Ausläufer dieser Rechtsgedanken[1] haben sich bis in das 19. Jahrhundert im deutschen Privatrecht in der Form des Straftodes[2], des Kloster-

---

[25] Vgl. *Westermann*, H., Person und Persönlichkeit, S. 7.

[26] Vgl. dazu *Kaser*, Römisches Privatrecht, S. 235; zum Begriff der Person im römischen Recht auch *Coing*, in: Deutsche Landesreferate 1950, S. 195 f. m. w. N.

[27] Vgl. *Conrad*, Deutsche Rechtsgeschichte, S. 207 f.; *Mitteis—Liebrich*, Deutsches Privatrecht, S. 31. Bei ihm findet sich auch der Hinweis, daß noch über den Tod hinaus gewisse Bindungen bestehen konnten. Der Tote vermochte als Subjekt des Racherechts zu klagen und verklagt zu werden. Der Heilige war fähig, Vermögensträger des Kirchenguts zu sein.

[1] Vgl. ausführlich zum „bürgerlichen Tod" *Lehmann*, in: *Staudinger*, BGB, § 1922, Anm. 13 ff. m. w. N.

[2] Der Straftod wegen gemeinschaftswidrigen Verhaltens zog die Einziehung des gesamten Vermögens zugunsten des Gemeinwesens nach sich. Nach älteren Vorstellungen erfaßte die Haftung die gesamte Familie, die für ihr Mitglied verantwortlich gemacht wurde. In jüngerer Zeit beschränkten sich die Wirkungen auf die Einzelperson.

Vgl. *Lehmann*, ebd., Anm. 16 ff.

todes[3] und des Siechentodes[4] erhalten und finden sich noch heute in Grundzügen in ausländischen Rechten[5] wieder.

I. GRUNDLAGEN FÜR DIE NEUBESTIMMUNG DES TODESBEGRIFFES

Knüpft das Gesetz zur Gestaltung von Rechtsverhältnissen an das Ende des menschlichen Lebens an, so verwendet es Ausdrücke wie „Tod"[6] oder „töten"[7], ohne auszusagen, nach welchen Kriterien diese Begriffe in der Rechtswissenschaft inhaltlich bestimmt werden sollen. Eine solche Legaldefinition fehlt nicht nur im Bürgerlichen Gesetzbuch oder im Strafgesetzbuch, sondern auch in den Spezialmaterien, die sich im Rahmen des Bestattungs- und Personenstandswesens mit dem Tod des Menschen beschäftigen[8]. Wie sonst häufig bei übernommenen medizinischen Begriffen ging auch hier der Gesetzgeber davon aus, daß der Todesbegriff ohne Schwierigkeiten aus den medizinisch-biologischen Erkenntnissen zu übernehmen sei[9]. Solange der klassische Todesbegriff mit seinen festen und greifbaren Zäsuren Gültigkeit hatte, mag diese Methode ohne weiteres anwendbar gewesen sein. Seitdem aber die Verfahren der Reanimation die Grenzen zwischen Leben und Tod haben fließend werden lassen, ergeben sich Zweifel, wo im allmählichen Übergang das Ende des Menschen zu fixieren ist.

Wenn auch der Gesetzgeber keine Legaldefinition für den Todesbegriff gegeben hat, so darf legitimerweise die Neubestimmung seines Inhaltes nur auf dem gleichen methodischen Wege erfolgen, den das Gesetz bei der Fixie-

---

[3] Der Klostertod beendete die Rechtsfähigkeit, weil der Geistliche mit der Ablegung des Gelübdes aus dem weltlichen Leben ausschied und auf die diesseitigen Rechtsstellungen verzichtete. Vgl. *Lehmann*, ebd., Anm. 22 f.

[4] Der Siechentod bedeutete, daß der Kranke sein Vermögen verlor und aus ihm nur einen Anspruch auf Unterhalt zurückbehielt. Vgl. ders., ebd., Anm. 15.

[5] Die strafrechtliche Vermögenseinziehung ist heute im anglo-amerikanischen Rechtskreis in der Form des sogenannten „escheat" als Folge der Verurteilung wegen Hoch- und Landesverrates, verbunden mit der „outlawry", bekannt. Vgl. ders., ebd., Anm. 17. Eine abgemilderte Form des Klostertodes, die ein kirchliches Heimfallrecht an dem Vermögen eines Geistlichen begründet, findet sich noch in katholischen Staaten der spanisch-portugiesischen Rechtsgruppe. Vgl. *Lehmann*, ebd., Anm. 25.

[6] Vgl. z. B. in §§ 1922 ff. BGB.

[7] Vgl. z. B. in §§ 833, 836, 844 BGB oder in §§ 211 ff. StGB.

[8] Vgl. dazu *Hanack*, in: DÄ 1969, S. 1328 f.; *Lüttger*, in: JR 1971, S. 309.

[9] Vgl. dazu *Westermann*, H., in: Fortschritte der Medizin und die Grenzen der ärztlichen Pflicht, Jahresschrift der Gesellschaft zur Förderung der Westfälischen Wilhelms-Universität 1968, S. 87 ff. (87).

rung des Beginns des Lebens eingeschlagen hat, nämlich aus dem Sterbeprozeß ein Ereignis herauszugreifen und zum rechtlich allein maßgebenden zu machen[10]. Dabei bleibt, wie schon bei der Übernahme des klassischen Todesbegriffes, für die Rechtswissenschaft grundsätzlich die Möglichkeit offen, die neue medizinische Begriffsbestimmung zu übernehmen. Dies würde dann heißen, daß auch rechtlich im Hirntod das wesentliche Ereignis des Sterbens gesehen würde und daß der Hirntod den Tod des Menschen im Rechtssinne bedeutete.

1. Meinungen zum Todesbegriff

Die Stellungnahmen in der Literatur zu dieser Problematik gehen fast einhellig von der Lokalisierung des Todes des Menschen im Erlöschen der Gehirnfunktion aus. Jedoch finden sich auch Zweifel, ob auf diese Art und Weise sachgerechte Lösungen für die ärztliche Praxis gefunden werden können.

a) Verzicht auf eine eigene juristische Definition

So scheint für *Schönig* vor dem Hintergrund der modernen Reanimationsverfahren und der Herztransplantationen die Grenze zwischen Leben und Tod nicht mehr nach objektiven Kriterien bestimmbar zu sein[11]. Von der Zielsetzung her, Transplantationen zu ermöglichen, könne das entscheidende Kriterium nur in der subjektiven Entscheidung des Arztes gesucht werden. Es sei daher zweckmäßig, in den Fällen, in welchen der Gesamtkreislauf zum Zwecke der Organverpflanzung künstlich aufrechterhalten werde, den Tod als zu dem Zeitpunkt eingetreten zu betrachten, zu dem ein Arzt oder ein Ärztegremium der Überzeugung sei, daß ein selbständiges, d. h. von Wiederbelebungsgeräten unabhängiges Leben nicht mehr wiederhergestellt werden könne.

In ähnlicher Weise deutet *Geilen*[12] die rechtstheoretische Möglichkeit an, das Problem des Abbruchs von Reanimationsmaßnahmen bei einem Unvermögen, den Patienten zu irgendwelchen spontanen Lebensäußerungen oder gar ins Bewußtsein zurückzuholen, über die erlaubte Form der passiven Euthanasie zu lösen. Der Arzt dürfe zwar nicht in einem positiven Sinne an den Patienten „Hand anlegen", er sei aber umgekehrt nicht verpflichtet, bis zur Sinnlosigkeit alles in seinen Kräften stehende zur Lebensverlängerung zu tun. Es liege in seiner Hand, Reanimationsversuche zu unterlassen und begonnene abzubrechen.

---

[10] Vgl. *Westermann*, H., ebd. S. 88.
[11] Zur Feststellung des Todeszeitpunktes, *Schönig*, in: NJW 1968, S. 189 f.
[12] *Geilen*, in: FamRZ 1968, S. 125.

Auch wenn diese Lösung, getragen von dem Vertrauen auf eine umfassende ärztliche Erfahrung und auf die traditionellen Regeln der ärztlichen Standesethik in der medizinischen Praxis Beifall finden könnte[13], vermag sie rechtlich nicht zu überzeugen[14]. Damit will der Jurist weder sein Mißtrauen gegenüber der ärztlichen Verantwortlichkeit ausdrücken, noch selbst Streitfragen medizinischer Art entscheiden. Dies bleibt Aufgabe des medizinischen Sachverständigen[15]. Bedenken ergeben sich, weil die subjektive Gewissensentscheidung des einzelnen Arztes das allein maßgebende Kriterium sein würde, ohne daß irgendwelche festen Orientierungspunkte bestünden. Das Recht kann aber mit solch relativierten Begriffen nicht arbeiten. Es braucht objektive Merkmale für seinen Todesbegriff, um die naturwissenschaftlichen Aussagen, von denen für die Rechtsperson weitreichende Folgen abhängig gemacht sind, auf ihren juristischen Beweiswert kontrollieren und im Zweifelsfall die Verfügung des Arztes über Leben und Tod nachprüfen zu können[16].

b) Übernahme des medizinisch-biologischen Begriffes vom Gehirntod

In der juristischen Literatur[17] besteht weitgehend die Übereinstimmung, den medizinischen Todesbegriff zu übernehmen und auch in der Rechtswissenschaft in allen Rechtsinstituten den Organtod des Gehirns als maßgebend für den Todesbegriff anzusehen.

---

[13] Es darf nicht verkannt werden, daß die Entscheidung über Leben und Tod, über die Durchführung der Reanimation oder ihren Abbruch in der Praxis letztlich nur von dem subjektiven Verantwortungsbewußtsein des einzelnen Arztes geprägt sein wird. Vgl. zu dieser Problematik auch *Westermann*, H., in: Fortschritte der Medizin, S. 90.

[14] Vgl. zu den ablehnenden Stellungnahmen *Kallmann*, Rechtsprobleme bei der Organtransplantation, in: FamRZ 1969, S. 572 ff. (574); *Lüttger*, in: JR 1971, S. 313 m. w. N.

[15] Vgl. zur Zuständigkeit des Juristen in medizinischen Fragen *Hinderling*, Die Transplantation von Organen als Rechtsproblem, in: SchwJZ 1968, S. 65 ff. (65).

[16] Vgl. *Hanack*, in: DÄ 1969, S. 1320.

[17] Vgl. im einzelnen: *Ackermann*, Der Eintritt d. Todes als medizinisches und rechtliches Problem, in: FAZ v. 16. 6. 1969, S. 12; *Bockelmann*, Strafrecht d. Arztes, S. 109; v. *Bubnoff*, Rechtsfragen zur homologen Organtransplantation, in: GA 1968, S. 65 ff. (76); *Engisch*, Rechtsfragen zur homologen Organtransplantation, in: Chirurg 1967, S. 252 ff. (252); *Heinitz*, in: v. *Kress—Heinitz*, Ärztliche Fragen — Rechtliche Fragen der Organtransplantation; *Hinderling*, in: SchwJZ 1968, S. 67 f.; *Kaiser*, Juristische und rechtspolitische Probleme der Transplantation und Reanimation, in: Med. Klinik 62 (1967), S. 643 ff. (645); *Kallmann*, in: FamRZ 1969, S. 574; *Kohlhaas*, in: NJW 1967, S. 1493; *Lüttger*, in: JR 1971, S. 312; *Schröder*, in: *Schönke—Schröder*, StGB, Rdnr. 10 b vor § 211; *Stratenwerth*, in: Festschrift für Engisch 1969, S. 544; *Welzel*, Deutsches Strafrecht, S. 280.

Begründet wird die Übernahme zum einen mit dem auch in der Medizin genannten anthropologischen Argumenten, daß der Geist und das Gehirn die Einzigartigkeit der menschlichen Individualität bedingten[18]. Daneben steht die Aussage, das Gehirn sei im biologischen Sinne Funktions- und Integrationszentrum des Organismus, nach dessen Ausfall der menschliche Körper irreversibel dem Individualtod verfallen müsse[19]. Hinzu tritt die mehr pragmatische Ansicht, mit der automatischen Anpassung des Todesbegriffes an die geänderten Erkenntnisse werde die Einheit von geschriebenem Recht und Lebenswirklichkeit gewährleistet[20]. Diese Übereinstimmung erleichtere die juristische Prüfung, man habe wiederum eine den Bedürfnissen der Rechtspraxis entsprechende klare Grenze und einen sicher bestimmbaren Todeszeitpunkt. Der Hirntod sei nicht manipulierbar, seine Feststellung unterliege daher auch nicht dem menschlichen Mißbrauch[21].

Diese im wesentlichen der medizinischen Wissenschaft entlehnten Argumente könnten eine Lokalisation des Todes des Menschen im irreversiblen Ausfall seiner Hirnfunktionen stützen. Bedenken ergeben sich allein in der Richtung, daß der neue Todesbegriff seiner Herkunft entsprechend auf besondere medizinische Bedürfnisse und Problemstellungen zugeschnitten ist, nicht zuletzt, um unter dem Eindruck des technischen Fortschritts eine Grenze für die Reanimationsbemühungen zu setzen und um die Möglichkeit zu erhalten, Organe im lebensfrischen Zustand für Transplantationszwecke zu gewinnen[22]. Eine Übernahme des Todesbegriffes findet daher zunächst nur insoweit ihre innere Rechtfertigung, wie sich die Probleme der Rechtswissenschaft in den solcher Art und Weise vorgezeichneten Grenzen halten. Soweit aber andersartige juristische Fragen auftauchen und zu behandeln sind, muß untersucht werden, ob die dem Todesbegriff zugrunde liegende Wertentscheidung einen so allgemeinen Charakter hat, daß sie über ihren ursprünglichen Anwendungsbereich hinauszugreifen und auch in einem weiteren Rahmen eine befriedigende Begründung für die Lösung zu geben vermag.

Nun betreffen die Reanimations- und Transplantationsfälle nur einen geringen Bruchteil der in der ärztlichen und juristischen Praxis auftauchenden Probleme. Der Arzt steht in der Regel nicht vor der Frage, ob er eine Transplantation oder eine Reanimation vornehmen soll, sondern muß sich

[18] Vgl. so *Bockelmann*, Strafrecht des Arztes, S. 109.
[19] Vgl. dazu u. a. *Lüttger*, in: JR 1971, S. 312 m. w. N.
[20] Vgl. den Hinweis bei *Westermann*, H., in: Fortschritte der Medizin, S. 88.
[21] Vgl. *Kallmann*, in: FamRZ 1969, S. 574.
[22] Vgl. dazu v. *Kress*, in: Handbuch der Allgemeinen Pathologie, 1. Bd., S. 221.

trotz aller medizinischen Möglichkeiten eingestehen, daß er einen Krankheitsverlauf therapeutisch nicht mehr beeinflussen kann und ihm exspektativ gegenübertreten muß. Für den Juristen steht in der Regel nicht das Problem im Vordergrund, ob eine Transplantation rechtswidrig war, sondern wann ein Mensch gestorben ist, wie zum Beispiel bei der Erteilung eines Erbscheines.

Weiter darf nicht vergessen werden, daß die Feststellung des Gehirntodes einen erheblichen Einsatz von geschultem Personal und umfangreiche technische Apparaturen verlangt[23]. Ihr Wert ist dennoch für die Feststellung des genauen Todeszeitpunktes gering, da die isoelektrische Stille im EEG nichts über den Augenblick aussagt, in welchem die Gehirnfunktnon irreversibel erloschen ist. Aus ihr läßt sich nur schließen, und das auch nur nach einer längeren Beobachtungszeit, daß sie irgendwann einmal irreversibel erloschen sein muß[24]. Ist es unpraktikabel und teilweise sogar unmöglich, sich in jedem Einzelfall, zum Beispiel bei der Erteilung eines Erbscheines, vor der Todeserklärung von dem definitiven Verlust der Gehirnfunktion zu überzeugen, so sollte in diesen Fallgruppen eine andere juristische Wertung über den Inhalt des Todesbegriffes eingreifen.

c) *Aufspaltung des Todesbegriffes*

Um die angeschnittene Problematik sachgerecht lösen zu können, schlägt H. *Westermann*[25] die Aufspaltung des Todesbegriffes vor. In einer differenzierenden Betrachtungsweise müsse der einheitliche Todesbegriff für alle Rechtsgebiete aufgegeben und durch zwei verschieden definierte Todesbegriffe ersetzt werden, und zwar durch einen Handlungsbegriff vom Tod und einen Feststellungsbegriff vom Tod. Dort, wo der festgestellte Tod die Grundlage einer Handlung oder Unterlassung sein soll, insbesondere bei der Entscheidung, ob eine lebenserhaltende Maßnahme abgebrochen oder eine Organentnahme zum Zwecke der Transplantation durchgeführt werden darf, müsse vom Gehirntod ausgegangen werden. Er fülle inhaltlich den Handlungsbegriff vom Tod aus. Komme es dagegen lediglich auf die Feststellung des eingetretenen Todes, wie etwa bei der Erteilung eines Erbscheines oder bei der Feststellung der Beendigung einer Ehe, an, so könne der vereinfachten Feststellung wegen wie bisher auf die Kriterien des Kreislauf- und Atemstillstandes abgestellt werden. Es sei im Zeitpunkt der Feststellung sicher, daß menschliches Leben, welches sich in irgendeiner Körperfunktion äußern könnte, irreversibel erloschen sei.

---

23 Vgl. Hinweis bei *Wawersik,* in: Studium Generale 1970, S. 321.
24 Vgl. dazu *Wawersik,* in: Studium Generale 1970, S. 321.
25 *Westermann,* H., in: Fortschritte der Medizin, S. 89.

H. *Westermann* kommt so zu einer Gegenüberstellung von Handlungsbegriff und Feststellungsbegriff vom Tode, die es ermögliche, „die modernen medizinischen Erkenntnisse ohne besondere gesetzgeberische Maßnahme in unser Rechtssystem einzufügen“[26], und außerdem die vereinfachte Feststellung des klinischen Todes in der Mehrzahl der Fälle widerspruchslos beizubehalten.

Die Kritik von *Kallmann*[27] an der Aufspaltung des Todesbegriffes in einen Handlungs- und Feststellungsbegriff kann schon an dieser Stelle zurückgewiesen werden. Wenn *Kallmann* der Auffassung ist, der Handlungsbegriff wende sich nur an den Arzt, der Feststellungsbegriff dagegen nur an den Juristen, so daß für die rechtliche Beurteilung insgesamt auf den Herztod abzustellen sei, dann interpretiert er H. *Westermann* nicht richtig. Die Aufspaltung des Todesbegriffes bedeutet keine Aufspaltung in einen medizinischen und juristischen Todesbegriff, sondern sie orientiert sich an den jeweiligen Funktionen, die der Todesbegriff in den einzelnen Institutionen zu erfüllen hat. Der festgestellte Hirntod ist die Grundlage der ärztlichen Handlung in der Reanimation und bei der Transplantation, wie er es ebenso bei der juristischen Überprüfung dieses Eingriffs bleibt, und nicht der Herztod. Solche Maßnahmen brauchen daher auch nicht über die Zulässigkeit einer passiven Euthanasie gerechtfertigt zu werden. Denn es ist im Gehirntod ein klares Kriterium gesetzt, nach welchem unzweifelhaft gesagt werden kann, „ob die zu beurteilende Handlung das Leben des Menschen beendet hat oder nicht“[28].

2. Inhalt der Normfunktionen

Von den vorgeschlagenen Lösungen zur inhaltlichen Ausfüllung des Todesbegriffes in der Rechtswissenschaft verläßt allein diejenige von H. *Westermann* die gewohnten Bahnen. Die Gegenüberstellung eines Handlungsbegriffes und eines Feststellungsbegriffes vom Tode übernimmt nicht schlechthin die medizinisch-biologischen Ergebnisse, sondern wird von dem Prinzip der Funktionsgerechtigkeit der Rechtsbegriffe, d. h. von der Übereinstimmung mit der Funktion der Rechtsinstitute, in welche der Begriff jeweils hineingestellt ist, getragen[29].

Daß dieser Weg auch für die empirischen Allgemeinbegriffe, wie „Tod“, methodische Leitlinie sein muß, ist oben nachgewiesen worden[30]. Denn vor dem Hintergrund des Dualismus zwischen den Seinsgegebenheiten als der zu

[26] *Westermann*, H., in: Fortschritte der Medizin, S. 89.
[27] *Kallmann*, in: FamRZ 1969, S. 574.
[28] *Kallmann*, ebd., S. 574.
[29] Vgl. *Westermann*, H., in: Fortschritte der Medizin, S. 89.
[30] Vgl. oben S. 8 ff.

regelnden Materie und den Prinzipien der rechtlichen Gestaltung ist in die Definition des Todesbegriffes „seine Beziehung auf den Rechtssatz, auf seine Zwecke, seine Funktion und seine Stellung im größeren Ganzen“[31] mit einzuschließen. Und weil aus dem Zweck des Gesetzes die einzelnen begriffsbestimmenden Merkmale zu gewinnen sind, ist auch der Begriffsinhalt nicht absolut vorgegeben, sondern hat sich den sachlichen Verschiedenheiten der Rechtsverhältnisse, in denen er Anwendung findet, anzupassen. Der Rechtsbegriff „Ende des Lebens“ ist insoweit von einer gewissen Bedingtheit und Elastizität[32]. Aber nur auf diese Weise können die sich ergebenden Probleme sichtbar gemacht und auf Grund ihrer spezifischen Interessenlage gelöst werden.

Nach den Grundsätzen der teleologischen Rechtsfindung ist zu überprüfen, welche „ratio legis“ der in Frage kommenden Rechtssätze hinter dem Todesbegriff sichtbar wird. Es ist zu untersuchen, welche Aufgabenstellungen die Normfunktionen kennen und ob entsprechend dem Vorschlag von H. *Westermann* Handlungs- und Feststellungsgesichtspunkte als immanente Sinngehalte der Gesetze jeweils ihre konstruktive Kraft entfalten.

a) Als Rechtssatzbegriff hat der Rechtsbegriff „Ende des Lebens“[33] eine vornehmlich heuristische Aufgabe zu erfüllen, die sich an den Anforderungen der Rechtsanwendung orientiert. Er soll die Tatsache beschreiben, daß ein menschliches Leben sein biologisches Ende gefunden hat. Da der Mensch ein Wesen in zeitlicher und räumlicher Gebundenheit, und da durch den allmählichen Übergang vom Leben zum Tod im Sterben ein Zeitfaktor miteinzubeziehen ist, müssen zwei Fragen beantwortet werden: einmal, ob überhaupt der Tod eines Menschen eingetreten, und zum anderen, wann dieser eingetreten ist. Der Todesbegriff dient soweit den generellen Funktionen, eine Todeserklärung abzugeben und notwendigerweise damit den Todeszeitpunkt festzustellen[34].

Es fällt auf, daß der Todesbegriff in der Darstellung seines Begriffsgegenstandes diesen Zwecken nicht in einer einheitlichen, sondern in einer unterschiedlichen Formulierung nachkommt. Das Gesetz benutzt einmal Wendun-

---

[31] Vgl. *Engisch*, in: Deutsche Landesreferate 1958, S. 69.

[32] Vgl. so *Müller—Erzbach*, in: Iherings Jb 61 (1912), S. 350.

[33] Folgende Tatbestände haben u. a. den Tod des Menschen zum Inhalt:

§§ 1922 ff. BGB, Tod als Voraussetzung des Eintritts der Erbfolge, § 2106 BGB, der Nacherbfolge,

§ 1482 BGB, Tod als Grund für die Auflösung d. Ehe, § 1494 BGB als Grund für die Auflösung der Gütergemeinschaft,

§ 727 BGB, § 131 HGB, Tod als Grund für die Auflösung einer Personengesellschaft,

§§ 211 ff. StGB als strafrechtliche Sanktion, §§ 823, 833, 836, 844 BGB als schadensrechtlicher Ausgleich für die Herbeiführung des Todes eines anderen.

gen, wie „wird ein Mensch getötet ...“[35], „... der Getötete ...“[36] oder „wer tötet ...“[37], während es in anderen Zusammenhängen auf die Ausdrücke „... mit dem Tode ...“[38], „... durch den Tod ...“[39] zurückgreift.

(b) Diese unterschiedlichen Formulierungen können erste Anhaltspunkte dafür sein, daß in rechtlicher Hinsicht der Tod des Individuums unter verschiedenen Aspekten zu sehen ist, daß die Bestimmung des Endes des Menschseins jeweils von der inhaltlichen Bedeutung des Personseins abhängt. Verfolgt man den Weg weiter, so findet sich der Begriff „Tod“ in den Institutionen, in denen eine Aussage über das Ende der Rechtsfähigkeit und ihre Folgen gemacht wird. Andererseits beschränken sich die Worte „Töten“ oder „Tötung“ allein auf Normen, die eine lebensbeendende Handlung mit einer strafrechtlichen Sanktion oder zivilrechtlichem Schadensausgleich belegen.

aa) Soweit das Gesetz wie zum Beispiel in §§ 211 ff. StGB oder in §§ 823, 833, 836, 844 BGB die „Tötung“ eines Menschen meint, beschreibt es Handlungen, die den Erfolg „Tod eines anderen“ konkret verursacht haben. Weil das menschliche Leben in der Wertskala an oberster Stelle steht, ein bis zum letzten Augenblick absolut schutzwürdiges und -bedürftiges Gut des einzelnen ist, fällt die Rechtsordnung über solche lebensbeendenden Handlungen ein Unwerturteil oder — anders ausgedrückt — postuliert ein Achtungsgebot gegenüber dem menschlichen Leben. Seine Einhaltung wird in dem Vergleich des Zustandes des menschlichen Organismus vor dem Eingriff und des nach dem Eingriff erfragt, wobei der Lebensweg in chronologischer Reihenfolge nachzuvollziehen ist. Erst wenn dieser seinen letzten Augenblick vollendet hat, ist eine tatbestandsausfüllende Kausalität zu verneinen. Da die Handlung der Anknüpfungspunkt, der konkrete Erfolg das Ende der verbindenden Kausalkette bildet, muß jeder, der das Achtungsgebot einhalten will, ex ante prüfen, ob ein Erfolgseintritt noch herbeigeführt werden kann oder ob der Mensch schon tot ist. Will sich der Arzt in der Praxis von seiner Pflicht zur Lebenserhaltung orientieren, so hat er zunächst das „Ob“ des Todeseintrittes zu objektivieren[40]. Der Feststellung des genauen Zeitpunktes, des „Wann“, kommt nur eine sekundäre Bedeutung zu.

Der Rechtsbegriff „Ende des Lebens“ hat in diesem Rahmen eine Aufgabe zu erfüllen, die eindeutig als Schutzfunktion zu klassifizieren ist. Sie

---

[34] Vgl. OLG Hamm vom 21. 7. 1970, in: MDR 1971, S. 142.
[35] Vgl. §§ 833, 836 BGB.
[36] Vgl. § 844 II 1 BGB.
[37] Vgl. §§ 211 ff. StGB.
[38] Vgl. § 1922 BGB.
[39] Vgl. §§ 1482, 727 BGB, § 131 HGB.
[40] Vgl. *Spann*, Strafrechtliche Probleme an der Grenze zwischen Leben und Tod, in: DZ Ger. Med. 1966, S. 26 ff. (26); *Pribilla*, in: DÄ 1968, S. 2256.

liegt dem von H. *Westermann* gebildeten Handlungsbegriff vom Tode zugrunde[41], nach dem nur der festgestellte Tod Grundlage eines Eingriffs in den menschlichen Körper sein darf.

bb) Auf der anderen Seite bestimmt das Gesetz, wie zum Beispiel in §§ 1922 ff. BGB, § 2106 BGB, § 1482 BGB, § 727 BGB oder § 131 HGB, daß der „Tod" des Menschen seine Rechtsfähigkeit beendet[42]. Auf Grund dieses Ereignisses wird eine rechtliche Neuordnung, wie zum Beispiel der Übergang der Rechte und Pflichten, die Auflösung einer personenrechtlichen Gemeinschaft usw., getroffen und gefragt, ob mit dem Tod die Bedingung dafür eingetreten ist[43]. Die Betonung liegt auf der Beziehung zwischen dem eingetretenen „Tod" und den sich daraus ergebenden Rechtsfolgen, die ex post festgestellt werden[1]. Ein Schutz zugunsten des einzelnen spielt nur noch insofern eine Rolle, als wegen der Identität von Menschsein und Personsein kein Mensch vor seinem biologischen Ende seine Rechtsfähigkeit verlieren darf. Der Begriff „Tod" hat insofern eine Ordnungsfunktion zu erfüllen, die sich im wesentlichen mit den von H. *Westermann* im Feststellungsbegriff vom Tod[2] gemeinten Gesichtspunkten deckt.

(c) Als Fazit der ersten Überlegungen kann festgehalten werden, daß die Konkretisierung der generellen Normfunktion in den Rechtssätzen, denen das Ende des Menschseins als juristische Tatsache zugrunde liegt, auf unterschiedliche Zielrichtungen hinweist. Sie ergeben sich aus der zweifachen Bedeutung, die das Personsein im Recht charakterisiert: aus den Vorteilen der Rechtsfähigkeit und dem Schutz der Rechtsordnung.

Im Ausgangspunkt mag die Bestimmung des Todes eine naturwissenschaftliche Frage bleiben. Bei der Übernahme der medizinischen Erkenntnisse in die Rechtswissenschaft muß der Jurist jedoch in eigener Verantwortung die Grenzen zwischen Leben und Tod ziehen, die seine Wertungen erfordern. Er hat zwischen der Schutzfunktion und der Ordnungsfunktion des Todesbegriffes zu differenzieren und entsprechend ihren speziellen Interessenbewertungen eine sachgerechte Lösung zu finden.

---

[41] *Westermann*, H., in: Fortschritte der Medizin, S. 89.

[42] Vgl. zu den einzelnen Nachwirkungen der Rechtspersönlichkeit über den Tod hinaus, insbesondere zum Weiterwirken des Persönlichkeitsrechts: *Westermann*, H. P., Das allgemeine Persönlichkeitsrecht nach dem Tode seines Trägers, in: FamRZ 1969, S. 561 ff. m. w. N.

[43] Vgl. dazu *Enneccerus—Nipperdey*, § 145 B 3. Am Beispiel des Wirksamwerdens eines Testamentes wird gezeigt, daß der Tod als seine Bedingung, als „condicio juris" anzusehen ist.

[1] Vgl. dazu auch *Liebhardt*, Zivilrechtliche Probleme an der Grenze zwischen Leben und Tod, in: DZ Ger. Med. 1966, S. 31 ff. (34).

[2] *Westermann*, H., in: Fortschritte der Medizin, S. 89.

II. ENDE DES LEBENS ALS ENDE DES SCHUTZES DES MENSCHEN

Der Schutz des Menschen hat das Lebensrecht des Individuums um eben seiner Persönlichkeit willen bis zur äußersten Möglichkeit des menschlichen Lebens, bis zum symbolischen letzten Atemzug zu verwirklichen[3]. In welchem Augenblick aber dieses Ereignis eintritt, kann nur auf Grund der biologischen Vorgegebenheiten gesagt werden.

Die gestellte Aufgabe war relativ einfach nach dem klassischen Todesbegriff, der sich im Stillstand von Kreislauf und Atmung an der Pragmatik der letzten Eingriffsmöglichkeit des Arztes orientierte[4]. Im Zeichen der modernen Reanimationsverfahren dagegen bestehen Schwierigkeiten, die sich in Fragen widerspiegeln, wielange im konkreten Fall der Arzt verpflichtet bleiben soll, organisches Leben unter allen Umständen aufrechtzuerhalten, wann er berechtigt ist, Wiederbelebungsmaßnahmen abzubrechen, wann er dem menschlichen Körper Organe entnehmen darf, deren Verlust der Spender biologisch nicht überlebt[5].

Nicht behandelt werden können hier die strittigen Fragen, unter welchen Voraussetzungen von Verstorbenen Organe zum Zweck der Transplantation entnommen werden dürfen. Sie haben mit dem eigentlichen Problem des Todes des Menschen nichts zu tun und betreffen lediglich den Pietätsschutz des Leichnams[6].

1. Konkretisierung der Schutzfunktion

Im Mittelpunkt der Schutzfunktion steht das Gebot der Lebenserhaltung und das Verbot der Lebensvernichtung. Sie schließt eine Vermutung zugunsten des Lebens ein[7]. „Der Mensch lebt, solange er stirbt"[8]. Der Mensch kann in dieser Übergangsphase noch taugliches Objekt einer Tötungshandlung sein[9].

---

[3] Vgl. auch *Maurach*, Strafrecht, BT, S. 13.

[4] Vgl. dazu *Geilen*, in: FamRZ 1968, S. 124.

[5] Vgl. zur Problemstellung auch *Stratenwerth*, in: Festschrift für Engisch 1969, S. 544.

[6] Vgl. im einzelnen zu den Fragen der Organentnahme von Verstorbenen: *Eichholz*, Zur Transplantation von Leichenteilen aus zivilrechtlicher Sicht, in: NJW 1968, S. 2272 ff.; *Kiessling*, Verfügung über den Leichnam oder Totenfürsorge, in: NJW 1969, S. 533 ff.; *Kohlhaas*, in: NJW 1967, S. 1489 ff.; *Trockel*, Das Recht zur Vornahme einer Organtransplantation, in: MDR 1969, S. 811 ff.

[7] Vgl. dazu *Lüttger*, in: JR 1971, S. 315.

[8] *Bockelmann*, Strafrecht des Arztes, S. 109.

[9] Vgl. dazu *Maurach*, Strafrecht, BT, S. 13 m. w. N.

Ebenso muß bei der inhaltlichen Bestimmung des Todesbegriffes vom Menschen und seinem Leben ausgegangen werden. Solange noch die Möglichkeit eigener Individualität besteht, ist die entscheidende Grenze nicht überschritten, liegen die Kriterien des Todes noch nicht vor. Bei der Lokalisierung dieses letzten denkbaren Zeitpunktes des menschlichen Lebens kommt es mehr auf den Schutzgedanken an als auf alle anderen Gesichtspunkte wie Zweckmäßigkeit und Praktikabilität.

Dementsprechend darf man auch nicht mehr das Sterben und den Tod als eine Einheit sehen. Vielmehr ist der Sterbeprozeß in seinen Einzelheiten zu analysieren und sind die einzelnen Durchgangsstationen der mit der funktionellen Wecheslebeziehung der Organe untereinander zusammenhängenden Absterbefolge zu isolieren und abstrahieren[10]. In einer von ihnen ist dann der Tod des Menschen und mit ihm das Ende seines Schutzes festzusetzen. Dazu wird es notwendig, dem irreversiblen Organtod einzelner Organe und Organbezirke das Partialüberleben des Organismus, bei dem das Leben des Individuums in seinen Äußerungen mehr oder weniger erhalten bleibt, gegenüberzustellen[11]. Erst aus dem wertenden Vergleich beider kann die Frage nach dem Tod des Menschen und der Grenze der ärztlichen Pflicht zur Lebenserhaltung beantwortet werden. Die sich dem Juristen stellende Aufgabe beschränkt sich nicht nur darauf, klinische Symptome des Todes aus der Medizin zu übernehmen. Ebenso wird eine erweiterte Kenntnis vom Sterben und vom eingeschränkten Leben erforderlich, in welchen die einzelnen Formen der Sterbesyndrome abgegrenzt und die Möglichkeiten des Partialüberlebens bewertet werden.

2. Lösungsmöglichkeiten

Nach den medizinisch-biologischen Erkenntnissen vom Sterben — als dem allmählichen Übergang zwischen der vollen Funktionstüchtigkeit des Gesamtorganismus, der Reduzierung einzelner Funktionssysteme und dem endgültigen Stillstand aller lebenswichtigen Funktionen — bieten sich als mögliche Kriterien des Todes folgende Ereignisse an: einmal der im klassischen Todesbegriff beschriebene irreversible Ausfall von Kreislauf und Atmung[12] und zum anderen das irreversible Erlöschen der Hirnfunktionen[13]. Welches von beiden geeignet ist, die Problematik eines umfassenden Lebensschutzes zu lösen, vermag nur mit einem Blick auf die Konsequenzen, zu denen ihre Wahl als maßgebender Todeszeitpunkt führt, gesagt zu werden.

---

[10] Vgl. *Geilen*, in: JZ 1971, S. 43.
[11] Vgl. *Gerlach*, in: MMW 1968, S. 981.
[12] Vgl. oben S. 111 ff.
[13] Vgl. oben S. 112 ff.

Dagegen scheidet der sicherste Endpunkt des Lebens, der absolute biologische Tod, von vornherein aus den Überlegungen aus. Wenn auch mit der notwendigen begrifflichen Strenge vom Tod des Menschen als dem „Endzustand nach Aufhören aller Lebenserscheinungen“[14] erst dann gesprochen werden dürfte[15], so besteht doch kein Zweifel, daß schutzwürdiges menschliches Leben in diesem Augenblick nicht mehr besteht. Denn der Tod der letzten Körperzelle tritt Tage nach dem irreversiblen Verlust der notwendigen Vitalfunktionen ein, während der Organismus sich schon in einem Zustand hochgradiger Autolyse befindet[16]. In bezug auf biologisches Leben mag in einer früheren Grenzziehung zwischen Leben und Tod ein Stück Euthanasie liegen, wenn Euthanasie ohne Einschränkung jede lebensverkürzende Maßnahme ist. Sie ist es nicht, wenn menschliches Leben in einem engeren Sinne als Leben des Organismus und damit durch die biologische Möglichkeit zur Entfaltung spezifisch menschlicher Eigenschaften überhaupt definiert wird[17]. Solches ist beim Sterben der letzten Körperzelle schon lange erloschen.

a) Ausfall von Kreislauf und Atmung

Zunächst wäre zur Bestimmung des Endes des Lebensschutzes an die Möglichkeit zu denken, den klassischen Todesbegriff beizubehalten und auch weiterhin für die Grenze der ärztlichen Pflicht zur Lebenserhaltung an den irreversiblen Ausfall von Kreislauf und Atmung anzuknüpfen. Dieser Augenblick ist auch für den Juristen nicht ohne weiteres von der Hand zu weisen, wie aus der Stellungnahme der Kommission der Deutschen Gesellschaft für Chirurgie hervorgeht: „Aus medizinischer Sicht können als Zeichen des Todes wie bisher die fehlende Atmung und Herztätigkeit sowie sekundäre Erscheinungen der Abkühlung, Muskelstarre und Totenflecke gelten[18].“

aa) Eine solche Definition erfaßt ohne weiteres die Fälle des Sterbens nach einem physiologischen Alterungsprozeß oder einer progredienten und unheilbaren Krankheit, in deren Verlauf es zum definitiven und unersätzlichen Verlust eines lebenswichtigen Organs oder zum Verfall der vitalen Funktionen in ihrer Gesamtheit gekommen ist[19]. Zudem darf als gesicherte medizinische Erkenntnis angenommen werden, daß in diesen Fällen schon mit der ersten eintretenden Bewußtlosigkeit die Gehirnfunktion irreversibel geschädigt ist und keine Möglichkeit mehr besteht, ein Partialüberleben aufrechtzuerhalten.

---

[14] So *Pribilla*, in: DÄ 1968, S. 2257.

[15] Vgl. auch *Gerlach*, in: MMW 1968, S. 981.

[16] Vgl. *Spann*, in: MMW 1969, S. 2254.

[17] Vgl. zu der Frage, inwieweit im Todesbegriff auch ein Stück Euthanasie praktiziert wird, *Geilen*, in: FamRZ 1968, S. 125 u. in JZ 1968, S. 151.

[18] In: Chirurg 1968, S. 196.

[19] Vgl. *Wawersik*, in: Studium Generale 1970, S. 321.

Daher wird auch in der juristischen Literatur im Grunde nicht bestritten, daß bei einem solchen Sterben mit dem Atem- und Kreislaufstillstand die ärztliche Pflicht zur Lebenserhaltung endet[20]. Der Arzt steht hier an der Grenze seiner Kunst, da der Erfolgseintritt unvermeidbar und ein erfolgsverhinderndes Verhalten unmöglich geworden ist. Insoweit hat im Tatsächlichen keine Veränderung gegenüber den Voraussetzungen des klassischen Todesbegriffes stattgefunden. Würde dagegen von den Kriterien des Gehirntodes ausgegangen werden, bliebe der Arzt verpflichtet, eine ansonsten sinnlose Tätigkeit zu entwickeln und das biologische Leben bis zum irreversiblen Erlöschen der Gehirnfunktionen zu verlängern. Allein auf Grund seiner technischen Möglichkeiten müßte er „die gnädigen Aspekte des Todes zerstören und dem Tode, der zum Leben gehört, ein Schrecknis geben, das er nicht von sich aus hat“[21].

Weiter entspricht die Anwendung des klassischen Todesbegriffes beim physiologischen Sterben praktischen Überlegungen. Der Arzt erhält zur Bestimmung des Todes klare und leicht faßbare Merkmale und wird nicht gezwungen, unter allen Umständen den Gehirntod zu objektivieren. Er würde von einer Aufgabe befreit, die wegen der Kompliziertheit der Meßtechnik und der benötigten umfangreichen Apparaturen schwierig und zeitraubend ist. Die Voraussetzung, daß es sich bei aller klinischen Erfahrung um einen sterbenden Organismus handelt, müßte genügen, um den Todeszeitpunkt schon im irreversiblen Ausfall von Kreislauf und Atmung sehen zu können.

Bedenken ergeben sich in medizinischen Zweifelsfällen, wenn nicht sicher ist, ob eine vielleicht nur geringe, aber realisierbare Heilungschance besteht. Hier würde der Arzt durch eine zu früh gezogene Grenze aus seiner Verantwortlichkeit für ein Untätigbleiben entlassen und manchmal doch der Gefahr unterliegen, nicht alles in seiner Kraft stehende zu tun, um den einzelnen zu retten.

bb) Seine juristisch-definitorische Bedeutung hat der Ausfall von Kreislauf und Atmung aber sicherlich beim akuten Sterben verloren. Hier wird noch nicht einmal so sehr an die alarmierenden Symptome, wie zum Beispiel den koronaren Insult mit dem Ausfall der Kreislauftätigkeit und der damit gekoppelten Atmung gedacht, wenn durch Herzmassage oder durch andere Maßnahmen[22] die Möglichkeit besteht, die Funktionen vollständig wieder-

---

[20] Vgl. *Hanack*, in: DÄ 1969, S. 1322; *Geilen*, in: FamRZ 1968, S. 126; *Lüttger*, in: JR 1971, S. 312 Anm. 49; *Stratenwerth*, in: Festschrift für Engisch, 1969, S. 538.

[21] *Hanack*, in: DÄ 1969, S. 1328.

[22] Vgl. zu Entwicklungen wie Respiratoren usw. auch *Stratenwerth*, in: Festschrift für Engisch, 1969, S. 533.

herzustellen[23]. Ebenfalls kann der zeitweilige Ersatz dieser spontanen Lebensfunktionen, wie beispielsweise durch die künstliche Beatmung bei infolge Poliomyelitis Gelähmter oder durch Herz-Lungen-Maschinen bei Herzoperationen, als unproblematisch angesehen werden[24]. De jure liegt in keinem Fall der Tod des Menschen vor, auch nicht nach dem klassischen Todesbegriff. Allein die Möglichkeit, das aufgetretene Versagen therapeutisch beheben zu können, die Irreversibilität des einen Organtodes nicht Wirklichkeit werden zu lassen, ist um einige Anwendungsfälle erweitert worden. Der Zustand der Organfunktion ist als reversibel zu bezeichnen, unabhängig davon, ob die Spontanfunktion selbst wieder in Gang kommt oder apparativ ersetzt werden muß[25].

So wird es nicht notwendig, die von den Medizinern an dieser Stelle genannten Standardbeispiele eingehend zu behandeln[26]. Nach ihnen soll es wegen einer zentralen oder peripheren Ateminsuffizienz oder wegen einer anderen Ursache zu einem irreversiblen Herzstillstand gekommen sein, während das Zentralnervensystem selbst bis zu diesem Zwischenfall intakt und erfahrungsgemäß erholungsfähig war[27]. Nur derjenige, der das Merkmal der Irreversibilität im klassischen Todesbegriff einschränkend auf den spontanen Ausfall von Kreislauf und Atmung interpretiert, kann den Tod des Menschen und die Grenze der ärztlichen Pflicht zur Lebenserhaltung annehmen.

(1) Die entscheidenden Gründe gegen den klassischen Todesbegriff liegen dort, wo es durch die modernen Reanimationsverfahren möglich geworden ist, den irreversiblen Ausfall lebenswichtiger Grundfunktionen so zu kompensieren, daß nicht mehr das Sterben insgesamt irreversibel dem biologischen Tod entgegensteuert, sondern nur noch der Partialtod irreversibel bleibt[28]. Das Merkmal des klassischen Todesbegriffes, die Irreversibilität des Sterbens, hat insofern eine eingeschränkte Bedeutung. Es sagt allein etwas über die fehlende Umkehrbarkeit des Partialtodes, aber nichts mehr über die Entwicklungsrichtung der „vita reducta“[29]. Das Leben des Organismus selbst kann in anderen Funktionen, wie zum Beispiel in der Gehirnfunktion, auf-

[23] Vgl. die Beispiele bei *Sunder—Plassmann,* in: Fortschritte der Medizin, S. 75 f.

[24] Vgl. dazu *Spann,* in: DZ Ger. Med. 1966, S. 28.

[25] Vgl. ebenso *Lüttger,* in: JR 1971, S. 310.

[26] Vgl. beispielsweise *Spann—Liebhardt,* in: MMW 1966, S. 1412.

[27] Nicht eindeutig ist nach den medizinischen Aussagen, wie lange ein irreversibler Ausfall der spontanen Herz- und Atemfunktion überbrückt werden kann. Vgl. dazu u. a. *Mollaret,* in: MMW 1962, S. 1541; *Gerlach,* Syndrome des Sterbens und der Vita reducta, in: MMW 1969, S. 169 ff.

[28] *Lüttger,* in: JR 1971, S. 310, scheint den Begriff der Irreversibilität nur auf das Sterben insgesamt zu beziehen.

[29] Vgl. *Geilen,* in: FamRZ 1968, S. 125 Anm. 26.

rechterhalten werden, wenn auch nicht mehr auf der Stufe, die eine Wiederherstellung sämtlicher Lebensfunktionen einschlösse.

Eine neue Fragestellung zum Tod des Menschen wird notwendig, in der Partialüberleben und Partialtod im Sterben gegenübergestellt werden.

(2) Und weiter ergeben sich Bedenken, wenn zwar der Gehirntod eingetreten ist, etwa infolge eines intracraniellen Druckanstieges oder einer direkten Schädigung, aber die Herzaktion und periphere Organfunktionen noch tätig sind. Hier stellt sich die Frage, wie lange die Pflicht des Arztes andauert, um das Leben des Patienten zu kämpfen, ob eine begonnene Reanimation bis zum totalen Zusammenbruch von Kreislauf und Atmung oder bis zum Ausfall der eingesetzten Apparaturen auch dann durchgeführt werden müßte, wenn nach dem Hirntod sicher diagnostiziert werden kann, daß ein solches Bemühen sozial sinnlos ist[30], daß der Individualtod früher oder später eintreten muß[31].

Es entstehen Probleme, falls einem Organismus mit abgestorbenem Hirn, aber spontaner Herztätigkeit und Atmung Organe zum Zwecke der Transplantation entnommen werden sollen[32]. Denn nach dem klassischen Todesbegriff müßte unbedingt das Leben eines Menschen bejaht werden, dem prinzipiell der strafrechtliche Lebensschutz zukäme[33].

Will man aber über den Hirntod hinaus keine derartige Pflicht begründen, so bleibt nur die Frage offen, ob für die lebensverkürzende ärztliche Maßnahme ein Rechtfertigungsgrund gegeben sein kann. Denn es muß beachtet werden, daß nach dem klassischen Todesbegriff jedes Handeln, das vor dem irreversiblen Erlöschen von Kreislauf und Atmung einsetzt, menschliches Leben betrifft und eine Verfügung über Leben und Tod bedeutet. Inwieweit dieser Weg geeignet ist, die entstandenen Probleme zu bewältigen, soll an den jeweiligen Vor- und Nachteilen, mit denen sich schon *Stratenwerth*[34] beschäftigt hat, aufgezeigt werden.

(a) So könnte der Abbruch der Reanimation unter dem Stichwort „Sterbehilfe" erlaubt sein[35]. Es findet sich in der Literatur die Auffassung,

---

[30] Vgl. *Spann,* in: MMW 1969, S. 2253.

[31] Fraglich ist, in welchem Zeitraum nach dem irreversiblen Gehirntod der biologische Tod eintritt. Vgl. dazu *Mollaret,* in: MMW 1962, S. 1542 f. u. *Käufer—Penin,* in: DMW 1968, S. 679.

[32] Vgl. zu den medizinischen Problemen der Organtransplantation v. *Kress,* in: Handbuch der Allgemeinen Pathologie, 1. Bd., S. 211 m. w. N.

[33] Vgl. zum Schutz von Schwerkranken und tödlich Verletzten: BGH, in: st. Rspr. vom 31. 3. 1955, in: BGHSt 7, S. 287 ff. (288) und vom 26. 4. 1963, in: VRS 25, S. 42 ff. (43).

[34] Vgl. *Stratenwerth,* in: Festschrift für Engisch, 1969, S. 538 ff.

[35] Vgl. zu Fragen der Euthanasie: *Ehrhardt,* Euthanasie, in: *Göppinger,* Arzt und Recht, S. 96 ff. (98 ff.).

daß sogar dann, wenn der vollständige Gehirntod zwar durch die Reanimation aufgehoben worden ist, aber das Hirn schon irreversible Schäden davongetragen hat und keine Möglichkeiten mehr bestehen, den Patienten zu eigenen spontanen Lebensäußerungen oder gar in das Bewußtsein zurückzuholen, daß dann die Beendigung der Reanimierungsversuche eine Form der erlaubten passiven Euthanasie ist.

Geilen[36] argumentiert beispielsweise, das Abschalten der medizinischen Apparaturen, die zur Reanimation notwendig seien, sei nur vordergründig eine aktive Handlung. Dem sozialen Sinn nach sei es einer abgebrochenen oder unterlassenen manuellen Behandlung gleichzustellen, auch wenn es sich auf einer höheren technischen Ebene vollziehe. Ebenso müsse rechtlich die Handlung des Arztes als Unterlassung gewertet werden[37]. Ein solches Unterlassen sei nach herrschender Meinung statthaft, wenn keine Rechtspflicht zum Handeln bestehe. Diese liege bei einem irreversibel Bewußtlosen nicht vor. Denn der Arzt sei nicht verpflichtet, bis zur Sinnlosigkeit alles in seinen Kräften stehende zu tun[38].

Dagegen wendet sich ausdrücklich *Bockelmann*[39]. Für ihn ist ein aktiver, tötender Eingriff ebenfalls dann gegeben, wenn ein Reanimator zu dem Zeitpunkt abgeschaltet wird, in dem man nicht sicher sei, ob der Tod bereits unumstößliche Tatsache geworden sei. Denn dies sei nicht anders zu bewerten als beispielsweise die Auftrennung einer Wundnaht oder die Entfernung eines Verbandes, die eindeutig positives Tun beinhalten und nicht nur die Unterlassung einer weiteren Maßnahme. Ebenso liege eine Tötungshandlung vor, wenn ein Dritter aus purer Bosheit, um das Sterben zu beschleunigen, den Apparat abstelle. Dann könne aber für den Arzt nichts anderes gelten.

Stratenwerth[40] fügt ergänzend hinzu, daß zur passiven Sterbehilfe ein Konflikt zwischen der Pflicht, Leben zu erhalten, und der nicht minder elementaren Pflicht, menschliches Leiden zu verhüten oder doch zu mildern, gehöre. Davon könne aber bei dem irreversibel Bewußtlosen und bei dem Hirntoten nicht gesprochen werden. Der Patient leide nicht. Es gehe bei ihm nicht mehr darum, Qualen zu verringern, sondern sein Leben zu beenden, dessen Sinnlosigkeit in vegetativer Form der bestimmende Grund

[36] Vgl. *Geilen,* in: FamRZ 1968, S. 125 f. und S. 126 Anm. 35; ihm folgend *Lenckner,* Ärztliche Hilfeleistungspflicht und Pflichtenkollision, in: Med. Klinik 64 (1969), S. 1000 ff. (1004); *Hanack,* in: DÄ 1969, S. 1324; *Roxin,* An der Grenze von Begehung und Unterlassung, in: Festschrift für *Engisch* 1969, S. 380 ff. (398).

[37] Vgl. so *Lenckner,* in: Med. Klinik 64 (1969), S. 1004.

[38] *Hanack,* in: DÄ 1969, S. 1325.

[39] Vgl. *Bockelmann,* Strafrecht des Arztes, S. 112.

[40] Vgl. *Stratenwerth,* in: Festschrift für *Engisch* 1969, S. 539.

sei[41]. Daher verbiete es sich kategorisch, irgendeinen Abbruch lebenserhaltender Maßnahmen auch nach dem Hirntod als Sterbehilfe zu charakterisieren.

Mögen auch hinter den Bedenken die Befürchtungen einer schrankenlosen Ausweitung der Euthanasie bis hin zur Vernichtung „lebensunwerten Lebens"[42] stehen, so scheinen sie im Prinzip nicht gegen eine Anwendung der Konstruktion einer erlaubten passiven Euthanasie bei den schon irreversibel Hirntoten zu sprechen, wenn man den klassischen Todesbegriff zugrunde legt. Eine Grenze, die auf das eindeutige Kriterium des irreversiblen Funktionsverlustes des Gehirns abstellt, bietet genügend Sicherheit gegen die mißbräuchliche Ausweitung der passiven Sterbehilfe, vielleicht mehr sogar als die unklaren Voraussetzungen, wie „Leiden verhüten" oder „Qualen verringern"[43]. Dabei erscheint es nur als ein begrifflicher Unterschied, ob man die Grenze der ärztlichen Pflicht zur Lebenserhaltung über die Lokalisation des Todesbegriffes im Gehirn oder über die Annahme einer erlaubten passiven Euthanasie konstruiert. Diese Problematik zeigt gleichzeitig die engen Berührungspunkte zwischen einer Definition des Todesbegriffes, die die maßgebende Zäsur vor dem Individualtod zieht, und der Erfassung der Euthanasie[44]. Soweit die Schutzfunktion zugunsten des menschlichen Lebens zu erörtern ist, liegt ihr gemeinsamer Nenner in einer Wertung über die Grenzen der ärztlichen Pflicht zur Lebenserhaltung.

(b) In ähnlicher Weise könnten auch bei der Anwendung des klassischen Todesbegriffes diejenigen Sachverhalte gelöst werden, bei denen gefragt wird, ob die Reanimation eines Patienten, dessen Gehirntätigkeit schon irreversibel erloschen ist, zugunsten eines anderen, der unbedingt die Apparaturen benötigt, abgebrochen werden darf[45]. Solange der Abbruch der Rettungsmaßnahme juristisch als Unterlassung zu bewerten ist und keine Rechtspflicht besteht, die begonnenen Bemühungen fortzuführen, respektiert das Recht die Entscheidung des Arztes für den einen und gegen den anderen Patienten. In diesen Fällen ergäben sich aus der Beibehaltung des klassischen Todesbegriffes jedenfalls keine unlösbaren rechtlichen Schwierigkeiten.

(c) Jedoch werden die klassischen Todeskriterien des irreversiblen Ausfalls von Kreislauf und Atmung dann problematisch, wenn nicht nur die Unterlassung weiterer Reanimationsmaßnahmen, sondern die Entnahme

---

[41] Vgl. ebenso *Kallmann*, in: FamRZ 1969, S. 574.

[42] So bringt *Stratenwerth*, a. a. O., vor, gerade die Erfahrungen der NS-Zeit hätten bewiesen, daß die Erlaubnis zur Euthanasie an enge Voraussetzungen zu binden sei.

[43] Vgl. ähnlich *Hanack*, in: DÄ 1969, S. 1325.

[44] Vgl. zur Definition des Todesbegriffes durch den Gehirntod als einer apokryphen Form der Euthanasie *Geilen*, in: JZ 1968, S. 151.

[45] Vgl. zu dieser Fallgestaltung ausführlich: *Lenckner*, in: Med Klinik 64 (1969), S. 1004 f.

lebenswichtiger Organe zur Diskussion steht[46]. Unabdingbare Voraussetzung des Eingriffs ist der endgültige Tod des Spenders, sonst müßte rechtlich von einer Tötung gesprochen werden. Andererseits kommt es bei einer Herztransplantation wesenlich darauf an, daß das Herz noch nicht irreversibel geschädigt, sondern lebensfrisch ist, um seine Funktionen im Empfängerorganismus wiederaufnehmen zu können[47]. Von welcher Seite man dann das Problem angeht, es ist nach dem klassischen Todesbegriff aus dem endgültigen Stillstand von Kreislauf und Atmung unmöglich, den Tod des Spenders festzustellen.

Ein Ausweg aus diesem Dilemma darf nicht über den Begriff „Euthanasie" erfolgen, da der Arzt nicht nur in einer Unterlassung den irreversiblen Ausfall von Kreislauf und Atmung Wirklichkeit werden läßt, sondern durch aktives Tun die Kriterien des Todes herbeiführen würde[48].

Es versagt die Überlegung, ob eine vorherige Einwilligung des moribunden Spenders in die Entnahme den Eingriff rechtfertigen würde, da es rechtlich eine Einwilligung in die eigene Tötung nicht gibt[49].

Die Figur des übergesetzlichen Notstandes, um bei einer vielleicht akuten Lebensgefahr des Empfängers sein Leben auf Kosten der Verkürzung des Lebens des Spenders zu retten[50], überzeugt nicht. Es ist nicht rechtswidrig, daß nur das Mögliche geschieht, wenn mehrere Menschen in Gefahr sind, aber nicht alle gerettet werden können[51]. Jedoch darf eine Entscheidung zwischen nur zwei Individuen nicht aus einer Abwägung des jeweiligen ideellen Lebenswertes getroffen werden. Das Recht kennt keinen Unterschied zwischen lebenswertem und lebensunwertem Leben, wonach der eine ein größeres Lebensrecht hätte als der andere[52]. Jedes positive Tun oder Unterlassen, das zum Tode eines Menschen führt, ist ein großes Unheil. „Daß das Leben eines Menschen nicht auf Kosten des Lebens eines anderen gerettet werden darf, gehört zu den ganz unbestrittenen juristischen Regeln[53]."

---

[46] Vgl. dazu für viele: *Geilen*, in: FamRZ 1968, S. 121 f.; *Lüttger*, in: JR 1971, S. 311; *Stratenwerth*, in: Festschrift für *Engisch* 1969, S. 539 f.

[47] Vgl. v. *Kress*, in: Handbuch einer Allgemeinen Pathologie, 1. Bd., S. 211.

[48] Vgl. *Stratenwerth:* a. a. O., S. 540; *Lüttger*, in: JR 1971, S. 310.

[49] Vgl. *Baumann*, Strafrecht, AT, S. 298; *Bockelmann*, Strafrecht des Arztes, S. 110.

[50] Vgl. so ausgehend von *Welzel*, Strafrecht, S. 179; *Geilen*, in: FamRZ 1968, S. 122 Anm. 1 a.

[51] Vgl. dazu die Rspr. zum „übergesetzlichen entschuldigenden Notstand" bei BGHSt vom 28. 11. 1952, in: NJW 1953, S. 513.

[52] Ebenso *Lenckner*, in: Med. Klinik 64 (1969), S. 1003 f., und *Bockelmann*, Strafrecht des Arztes, S. 112 f.

[53] *Stratenwerth*, in: Festschrift für *Engisch* 1969, S. 541.

Einziger Ausweg bei der Anwendung des klassischen Todesbegriffes bliebe eine generelle Befugnis des Arztes, in Transplantationsfällen nach dem eigenen Gewissen über Leben und Tod des einzelnen zu unterscheiden, in seiner Allgemeinheit ein unvorstellbarer Gedanke, da er weit über das vom Recht gesetzte Maß ärztlicher Verantwortlichkeit hinausginge[54].

cc) Zusammenfassend kann daher gesagt werden, daß ein Festhalten an den klassischen Todeskriterien des irreversiblen Ausfalls von Kreislauf und Atmung zwar in den Fällen der Reanimation keine unlösbaren juristischen Probleme aufwirft, jedoch ansonsten in der zu aktiven Handlungen berechtigenden Verfügungsmacht über Leben und Tod eine Grenze erreicht, die nicht ohne Bedenken überschritten werden sollte. Der Entschluß des Arztes, ob er sich für das Leben oder den Tod entscheidet, wird zum alleinigen Kriterium. Eine derartige Subjektivierung der Grenzen der ärztlichen Pflicht, Leben zu bewahren, trägt die Gefahr in sich, die Pflicht selbst zu relativieren.

b) Irreversibler Verlust der Gehirnfunktion

Die Aussage der Medizin, daß mit dem irreversiblen Funktionsverlust des Gehirns das Bewußtsein des Menschen unwiderruflich verlorengegangen ist, daß durch den Ausfall dieses zentralen Steuerungsorgans die gesamtorganismisch notwendige Koordination in eine auf die Dauer nicht zu behebende Krise gelangt ist[55], weist auf die Möglichkeiten hin, im Rahmen der Schutzfunktion in dem irreversiblen Ausfall der Gehirnfunktionen die maßgebende Zäsur zu sehen. Der Tod des Menschen wäre dann mit der „grob anatomischen oder feinstrukturellen Zerstörung des Gehirns in seiner Gesamtheit“[56] gegeben, wie es die heute in der Literatur eindeutig herrschende Meinung vertritt[57].

---

[54] Eine solche Verfügungsmacht des Arztes würde auf den Vorschlag von *Schönig*, in: NJW 1968, S. 189, hinauslaufen.

[55] Vgl. dazu *Käufer—Penin*, in: DMW 1969, S. 679; v. *Kress*, in: Handbuch der Allgemeinen Pathologie, 1. Bd., S. 221; *Masshoff*, in: MMW 1968, S. 2479; *Pribilla*, in: DÄ 1968, S. 2396 ff.; *Spann—Liebhardt*, in: MMW 1966, S. 1412; *Wawersik*, in: Studium Generale 1970, S. 320 f.

[56] Vgl. so die Entschließung der Deutschen Gesellschaft für Chirurgie, in: Chirurg 1968, S. 196.

[57] Vgl. im einzelnen: *Bockelmann*, Strafrecht des Arztes, S. 109; v. *Bubnoff*, in: GA 1968, S. 76; *Engisch*, in: Chirurg 1967, S. 252; *Geilen*, in: FamRZ 1968, S. 124 und JZ 1968, S. 151; *Hanack*, in: DÄ 1969, S. 1322, in Nervenarzt 1969, S. 507, und in Studium Generale 1970, S. 432; *Heinitz*, in: v. *Kress—Heinitz*, S. 18 f.; *Hinderling*, in: SchwJZ 1968, S. 67; *Kaiser*, in: Med. Klinik 62 (1967), S. 645; *Kallmann*, in: FamRZ 1969, S. 574; *Kohlhaas*, in: NJW 1967, S. 1493; *Lüttger*, in: JR 1971, S. 312; *Stratenwerth*, in: Festschrift für *Engisch* 1969, S. 543; *Westermann*, H., in: Fortschritte der Medizin, S. 89.

Mit dem Begriff vom Gehirntod lassen sich ohne weiteres die Schwierigkeiten einer Begrenzung der ärztlichen Pflicht zur Lebenserhaltung in den Fällen des akuten Sterbens lösen. Bei einer plötzlichen Desintegration eines der großen Organsysteme wäre der Arzt bis zur sicheren Feststellung des zerebralen Todes verpflichtet, Wiederbelebungsmaßnahmen durchzuführen. Er dürfte andererseits mit dem zerebralen Tod die Reanimation beenden. Eingriffe, die nach dem Eintritt des Gehirntodes erfolgten, erfüllten weder den Tatbestand der Körperverletzung noch den der Tötung, so daß der Arzt ohne Bedenken dem Körper eines Verstorbenen Organe zum Zwecke der Transplantation entnehmen dürfte[58].

Fraglich bliebe nach *Bockelmann*[59], ob die isolierte Hirntodfeststellung auch bei noch automatischer Herztätigkeit ausreichend ist oder ob zu den Ausfallsymptomen noch der endgültige Herzstillstand gehört. Soweit die medizinischen Meßtechniken den irreversiblen Funktionsausfall der Gehirntätigkeit nachweisen, kann auf ergänzende Todeskriterien verzichtet werden. Diese Abstrahierung von den anderen Organen und Organsystemen hängt mit der Lokalisierung des Todes im Gehirn wesensnotwendig zusammen. Es kann daher auch zugunsten des Herzens kein Vorbehalt gemacht werden[60].

Insgesamt gesehen handelt es sich dabei um die Frage, welche Methode der Hirntodfeststellung einen sicheren Beiweis für das Funktionserlöschen des Gehirns bietet[61]. Sie beinhaltet ein rein medizinisches Problem, zu dessen Beantwortung dem Juristen die sachliche Zuständigkeit fehlt und der deswegen dazu nicht Stellung nehmen sollte. Auch der Ruf nach dem Gesetzgeber, um der Rechtssicherheit wegen die Mindestvoraussetzungen einer Diagnose gesetzlich zu fixieren, scheint mir verfehlt zu sein[62]. Sie müßten in kürzerer oder längerer Zeit überholt sein und würden dann nur noch die Einheit von geschriebenem Recht und Lebenswirklichkeit behindern[63].

Wären somit auf der einen Seite klare Grenzen der ärztlichen Pflicht zur Lebenserhaltung gewonnen, blieben andererseits Probleme des Sterbens nach einer progredienten Krankheit oder einem physiologischen Alterungsprozeß

[58] Vgl. zu den weiteren rechtlichen Problemen der Organtransplantation *Geilen*, Probleme der Organtransplantation, in: JZ 1971, S. 41 ff. m. w. N.

[59] *Bockelmann*, Strafrecht des Arztes, S. 111.

[60] So *Geilen*, in: JZ 1971, S. 43.

[61] Beachte zu den medizinischen Fragen: *Pribilla*, in: DÄ 1968, S. 2318 ff.; *Spann—Kugler—Liebhardt*, in: MMW 1967, S. 2161 ff.; *Wawersik*, in: Studium Generale 1970, S. 322 f.

[62] So etwa *Kohlhaas*, in: NJW 1967, S. 1492 und *Stratenwerth*, in: Festschrift für *Engisch* 1969, S. 547.

[63] Gegen eine gesetzliche Fixierung: *Bockelmann*, Strafrecht des Arztes, S. 118; v. *Bubnow*, in: GA 1968, S. 77; *Hanack*, in: Studium Generale 1970, S. 439; *Heinitz*, in: v. *Kress—Heinitz*, S. 19 f.; *Lüttger*, in: JR 1971, S. 315.

weitgehend offen. Klinisch kommt es hier in der Regel nach einer längeren Periode der Kreislaufdepression, die therapeutisch nicht mehr beeinflußbar ist, zum Atem- und Kreislaufstillstand, das Ende des Lebens steht im wesentlichen fest. Obwohl es den begrifflichen Voraussetzungen entsprechen würde, kann nun nicht die ärztliche Pflicht darin bestehen, diese Moribunden zum Beispiel an eine Herz-Lungen-Maschine anzuschließen, um den Hirntod um einige Minuten, Stunden oder Tage hinauszuschieben[64].

Die Lösung der gestellten Problematik müßte in dem oben umrissenen Rahmen der erlaubten passiven Sterbehilfe erfolgen. Der Ansicht von *Bockelmann*[65] kann hier nicht gefolgt werden. Er fordert, daß der Arzt zur Erhaltung des Lebens das Äußerste, was ihm seine Mittel erlaubten, auch dann tun müsse, wenn er mit Sicherheit nicht imstande sei, es auf die Dauer zu bewahren. Diese Pflicht bestehe selbst, wenn es eben nur um eine kurze Frist ginge und das Leben in der kurzen verbleibenden Spanne nur ein klägliches, trostloses Leben sein könne, vielleicht nur ein Dahindämmern in dumpfer Bewußtlosigkeit. In letzter Konsequenz bedeutet diese Auffasung, und deshalb ist sie abzulehnen, daß der Arzt bis an die Grenzen der technischen Möglichkeiten die Verlängerung eines selbst unrettbar verlorenen Lebens fortsetzen müßte, daß er in den geschilderten Fällen durch künstliche Beatmung und den Einsatz der Herz-Lungen-Maschine die zum Stillstand gekommenen vitalen Funktionen solange aufrechterhalten müßte, bis das Leben endgültig erloschen ist.

Ist schon die Abhängigkeit einer solchen Verpflichtung von den gegebenen Mitteln und Möglichkeiten, die der Arzt im konkreten Fall zur Reanimation zur Verfügung hat, als rechtliches Kriterium bedenklich, so geht sie gänzlich an der ärztlichen Praxis vorbei und läßt dem Arzt nur wenig Zeit, um seine eigentliche Aufgabenstellung, krankhaftes Leben zu heilen, zu erfüllen. Sie verkennt die Problematik, ob die technisch durchführbare Verlängerung der biologischen Existenz schon an sich gut, wertvoll und erstrebenswert ist, ob der Arzt um jeden Preis eine Lebensverlängerung durchführen soll[66]. Wiederholt wird in diesem Zusammenhang darauf hingewiesen, daß als Regulativ zu den Verführungen durch die medizinisch-technischen Fortschritte der Mensch ein elementares Recht auf einen „natürlichen Tod“[67], auf seinen Tod habe, zumal irgendeinmal immer der Tod die ärztlichen Bemühungen überwinden werde[68].

---

[64] Vgl. *Westermann*, H., in: Fortschritte der Medizin, S. 90.

[65] *Bockelmann*, Strafrecht des Arztes, S. 113 ff.

[66] Vgl. dazu *Ehrhardt*, in: *Göppinger*, Arzt und Recht, S. 109; *Hanack*, in: DÄ 1969, S. 1327 f.

[67] So *Geilen*, in: FamRZ 1968, S. 126.

[68] Vgl. auch *Ehrhardt*, a. a. O., S. 109; *Hanack*, in: DÄ 1969, S. 1327 f.

Eine Abgrenzung der ärztlichen Pflicht zur Lebenserhaltung in diesen differenzierteren Fällen des physiologischen Sterbens in juristischen und judikablen Formen ist schwer, wahrscheinlich sogar unmöglich. H. *Westermann*[69] ist zuzustimmen, daß der Jurist hier die Grenzen seiner Disziplin erkennen und die Entscheidung des Arztes unter solchen Voraussetzungen im letzten als rechtlich nicht mehr erfaßbar akzeptieren muß. Jedes Ausweichen vor dieser Entscheidung durch den Rückgriff auf die verfügbaren Möglichkeiten bedeutet gleichzeitig ein Ausweichen vor der Verantwortung gegenüber dem Leben. Diese Verantwortung kann im Grunde aber nur der Arzt tragen. Der Jurist sollte sie mit im Wesen weder bestimmbaren noch nachprüfbaren rechtlichen Maßstäben nicht beeinflussen[70].

3. Übernahme des Gehirntodes

Als Ergebnis der bisherigen Untersuchung kann festgehalten werden, daß noch nach dem irreversiblen Ausfall von Kreislauf und Atmung die medizinische Wissenschaft organisches Leben des menschlichen Körpers aufrechterhalten kann. Daran geht aber ein Todesbegriff vorbei, der wie der klassische Todesbegriff gerade auf solche Kriterien abstellt und schon den Beginn des Sterbens als maßgebenden Zeitpunkt ansieht. Der Inhalt des Todesbegriffes muß vielmehr in eine Wertung über den Partialtod der einzelnen Organe und das Partialüberleben des Organismus gefunden werden, die fragt, in welchem Augenblick des Sterbens das eine das andere überwiegt[71].

Nach den medizinisch-biologischen Erkenntnissen stellt das Erlöschen der Gehirnfunktion eine entscheidende Zäsur im Ablauf des Sterbens dar, daß mit ihm von einem Abschluß des menschlichen Lebens gesprochen werden darf. Dann das Versagen des primären Steuerungsorgans, des Zentralnervensystems, führt die menschliche Existenz an die Grenze der Lebensmöglichkeit. Klinische Maßnahmen vermögen die Disfunktion dieses Organsystemes nicht zu beherrschen oder nur temporär zu beheben und sind nicht imstande, die gesamtorganisch notwendige Koordination wiederherzustellen[72]. Mit der anatomischen Zerstörung der Gehirnzellen schwindet auch die letzte noch denkbare Potenz zu spezifisch menschlichen Äußerungen.

Sicherlich ist mit dieser Unterscheidung zwischen dem menschlichen Leben im eigentlichen Sinne und dem nur biologischen Leben ein Zuordnungsproblem aufgeworfen worden[73], dessen Lösung sich an der anthropologischen

---

[69] Vgl. *Westermann*, H., in: Fortschritte der Medizin, S. 90.
[70] ders., ebd., S. 90.
[71] Vgl. *Gerlach*, in: MMW 1968, S. 981; *Spann*, in: MMW 1969, S. 2254.
[72] Vgl. dazu *Masshoff*, in: MMW 1968, S. 2479.
[73] Vgl. so auch *Geilen*, in: JZ 1968, S. 151.

Relevanz orientiert. Und nicht zuletzt resultieren hieraus auch die Schwierigkeiten, die Frage zu beantworten, wann im Ablauf des Sterbens der Tod des Menschen gegeben ist. Ihr beredter Ausdruck sind die Verlegenheitsbezeichnungen für das, was nach dem Verlust der sogenannten „vita humana" als „lebendes Organpräparat"[1] bezeichnet wird[2]. Aber wenn das Sterben schon vorher begonnen hat und noch lange nachher andauert, dann muß gesagt werden, warum dem Partialüberleben einiger Organe, wie zum Beispiel dem des Herzens, nach dem Gehirntod nur noch eine periphere Bedeutung zukommen soll, warum der Mensch in diesem Stadium schon seinen Endzustand erreicht hat, obwohl noch nicht sämtliches Leben erloschen ist. Es muß eine Wertung getroffen werden, was als unbeseelte, lebende Materie und was als menschliches Leben zu betrachten ist[3]. Und diese Wertung kann nur nach anthropologischen Gesichtspunkten über das eigentlich Menschliche getroffen werden[4].

III. ENDE DES LEBENS ALS ENDE DER RECHTSFÄHIGKEIT

Der Rechtsbegriff „Ende des Lebens" erstreckt sich des weiteren auf die Aufgabe, das Ende der Rechtsfähigkeit anzuzeigen und mit ihr eine Bedingung für die Neuordnung von Rechtsverhältnissen zu setzen[5]. In dieser Ordnungsfunktion spielt er auf erb-, familien- und gesellschaftsrechtlichem Gebiet eine Rolle, wie er für die Fragen von Renten- und Pensionszahlungen im Sozial- und Versicherungsrecht von Bedeutung ist.

1. Konkretisierung der Ordnungsfunktion

Lag in der Fragestellung nach der Grenze der ärztlichen Pflicht zur Lebenserhaltung die Betonung auf der letzten Möglichkeit menschlichen Lebens, so geht das Gesetz im Rahmen der Ordnungsfunktion vom Eintritt des Todes aus, wenn es eine bestimmte Rechtsfolge befiehlt[6]. Der Tod ist das maßgebende Ereignis, auf Grund dessen nach § 1922 BGB das Vermögen

---

[1] Vgl. den Ausdruck bei *Lüttger*, in: JR 1971, S. 312.

[2] Vgl. *Gerlach*, in: Fortschritt der Medizin 88 (1970), S. 400.

[3] Vgl. *Spann*, in: MMW 1968, S. 2254.

[4] Vgl. zu den ethischen Problemen: *Pribilla*, in: DÄ 1968, S. 2396 ff.

[5] Vgl. dazu *Enneccerus—Nipperdey*, § 154 B 3; *Lehmann*, in: *Staudinger*, BGB, Anm. 2 vor § 1922.

[6] Sollte der Eintritt des Todes, Grundlage der gesetzlichen Regelung, zweifelhaft sein, so wird in einer eigenen Todeserklärung nach dem Verschollenheitsgesetz eine Vermutung aufgestellt. Vgl. zu den einzelnen Fragen *Böhle—Stamschräder*, in: *Erman*, BGB, Einl. zum VerschG, Anm. 2.

einer Person auf eine oder mehrere andere Personen übergehen soll, das maßgebende Ereignis, welches nach § 1482 BGB eine Ehe beendet oder nach § 727 BGB und § 131 HGB eine Personengesellschaft auflöst.

Und ebenso beschäftigt sich der Jurist bei der Prüfung, ob jene Rechtsfolgen eingetreten sind, erst einige Zeit später mit der Frage des Todeseintrittes. Er geht nicht mehr von dem Leben des Menschen, sondern von seinem irreversiblen Tod aus und ermittelt in einer rückschauenden Betrachtungsweise, wann der Übergang vom Leben zum Tod Wirklichkeit geworden ist.

Durch die veränderte Fragestellung verschieben sich in der inhaltlichen Bestimmung des Todesbegriffes zwischen seinen beiden Bestandteilen, Todeserklärung und Todeszeitfeststellung[7], die Akzente. Bei der Konkretisierung der Schutzfunktion stand in der Überlegung, wielange im Sterben von einem spezifisch menschlichen Leben gesprochen werden muß, generell die Todeserklärung im Vordergrund, die Bestimmung des Todeszeitpunktes war ihr untergeordnet. Von der Tatsache des Todes kann jetzt ausgegangen werden, so daß im Rahmen der Ordnungsfunktion die Todeserklärung nebensächlich wird und nur noch festzustellen bleibt, wann „mit dem Tode einer Person“[8] die Voraussetzung für einen Rechtswechsel eingetreten ist.

Nun gibt es verschiedene Methoden, wie zur Bestimmung des Todeszeitpunktes aus dem Sterbeprozeß ein Ereignis als rechtlich maßgebend fixiert werden kann. Bevor aber über den richtigen Weg weitergehende Erörterungen angestellt werden, ist das Augenmerk auf ein Vorbild zu richten, das der Gesetzgeber im Verschollenheitsgesetz gegeben hat[9]. Läßt sich im Falle der Verschollenheit einer Person ein bestimmter Todeszeitpunkt nicht ermitteln, so begründet § 9 VerschG eine Vermutung. Sie erstreckt sich in der Regel auf den Zeitpunkt, zu dem die die Verschollenheit begründete Lebensgefahr eingetreten ist, wie zum Beispiel in § 9 III c „der Zeitpunkt, in dem das Schiff untergegangen, das Luftfahrzeug zerstört oder das sonstige die Verschollenheit begründende Ereignis eingetreten oder — falls dies nicht feststellbar ist — der Verschollene zuerst vermißt worden ist“, und in Ziffer d „... der Beginn der Lebensgefahr“.

Mit einer solchen Regelung der Todeszeitfeststellung bringt der Gesetzgeber sein besonderes Streben nach Einfachheit, Zweckmäßigkeit und Praktikabilität zum Ausdruck. Soweit das Ende der Rechtsfähigkeit zur Diskussion steht, ist es unnötig, die letzte Wahrscheinlichkeit des Lebens zu berücksichtigen. Es können vielmehr die gesamten Umstände des Sterbens von seinen Anfängen bis zu seinem Ende in die Überlegungen miteinbezogen

[7] Vgl. OLG Hamm vom 21. 7. 1970, in: MDR 1971, S. 147.

[8] Vgl. so § 1922 BGB.

[9] Vgl. dazu *Böhle—Stamschräder*, in: *Erman*, VerschG, § 9 Anm. 2; *Enneccerus—Nipperdey*, § 86 II.

werden, das Sterben kann zum rechtlich maßgebenden Zeitpunkt erst begonnen haben oder schon abgeschlossen sein. Ebenso ist erlaubt, das Sterben als Einheit zu sehen und, ohne den Tod in irgendwelchen Zwischenstationen zu lokalisieren, für das Ganze den Anfang zu nehmen und in dem Beginn des Sterbens das entscheidende Ereignis für das Ende des Lebens zu sehen.

2. Lösungsmöglichkeiten

Entsprechend diesen Grundsätzen ist aus dem Sterbeprozeß das Ereignis, das den Tod symbolisiert, zu fixieren. Als mögliche Zäsuren kommen wiederum der irreversible Stillstand von Kreislauf und Atmung und der Gehirntod in Betracht, während der absolute biologische Tod im Erlöschen aller Lebenserscheinungen ebenfalls als unpraktikabel ausgeschlossen werden kann.

a) Irreversibler Verlust der Gehirnfunktion

Soweit in der rechtswissenschaftlichen Literatur[10] Erörterungen zur Bestimmung des Todesbegriffs im Hinblick auf das Ende der Rechtsfähigkeit angestellt werden, besteht im wesentlichen Einigkeit, daß auch der Gehirntod das maßgebende Ereignis des Sterbeprozesses sei. Diese Lösung stimme allein mit der medizinischen Auffassung vom Ende des Lebens überein und garantiere somit die Einheit von Lebenswirklichkeit und geschriebenem Recht[11].

Jedoch ergeben sich gegen die Übernahme des Gehirntodes für die Ordnungsfunktion Bedenken. Sie basieren auf Gesichtspunkten der Einfachheit und Praktikabilität der zu gewinnenden Lösung.

So bestehen in den Fällen, in denen es wegen einer progredienten Krankheit oder eines physiologischen Alterungsprozesses zu einer Devitalisierung der Funktionen des Organismus gekommen ist, keine Notwendigkeit, von der klaren Gestaltung des klassischen Todesbegriffes abzuweichen und statt dessen den Gehirntod zu übernehmen. Denn mit dem Ausfall von Kreislauf und Atmung ist das Sterben des Menschen in diesen Fällen auf einem Punkt angelangt, an dem therapeutisch keine Einflußnahme mehr möglich ist und an dem entsprechend auch der Arzt seine Bemühungen einstellt[12]. In der rückschauenden Betrachtungsweise findet zu diesem Zeitpunkt der Übergang von der Dynamik des Lebens zur Statik des Todes statt. Eine Aufgliederung

---

[10] Vgl. dazu *Bockelmann*, Strafrecht des Arztes, S. 114; *Geilen*, in: FamRZ 1968, S. 124; *Hanack*, in: DÄ 1969, S. 1322; *Stratenwerth*, in: Festschrift für *Engisch* 1969, S. 543.

[11] Vgl. auch die Bemerkung bei *Westerman*, H., in: Fortschritte der Medizin, S. 88.

[12] Für den Arzt endet hier die Pflicht zur Lebenserhaltung. Der Tod tritt für ihn mit dem Ausfall von Kreislauf und Atmung ein. Vgl. dazu die Stellungnahme der Kommission der Deutschen Geselschaft für Chirurgie, in: Chirurgie 1968, S. 196.

des Sterbens in seine einzelnen Phasen und die Lokalisierung des Todes in einem bestimmten Organ[13] würde die in biologischer Hinsicht bestehende Einheit zerstören. Zwänge man nun den Arzt wegen der rechtlichen Definition des Todes, den irreversiblen Ausfall der Hirnfunktion zu berücksichtigen, müßte er nachträglich den Sterbeprozeß aufspalten und entweder die Spanne zwischen Herztod und Hirntod nach seinen Erfahrungen aus den jeweils gegebenen Verhältnissen und Umweltbedingungen zu schätzen[14] oder aber den Funktionsverlust von Stammhirn und Hirnrinde zu objektivieren versuchen. Beide Methoden zeigen Nachteile.

Eine Schätzung des Todeseintrittes müßte zu viele Faktoren berücksichtigen, die der Arzt im Einzelfall sicherlich nicht sofort berücksichtigen kann. So hängt beispielsweise der irreversible Funktionsverlust vom Zustand der Gehirnzellen beim Ausfall von Kreislauf und Atmung ab, von der Toleranzzeit des Gehirns gegenüber Energie- und Sauerstoffeinschränkungen. Sie ist bei jüngeren Menschen länger als bei älteren, bei denen schon zu Lebzeiten wegen der fortschreitenden Differenzierung Funktionseinbußen in den vegetativen Zentren feststellbar sind[15]. Günstige Umweltbedingungen andererseits verlängern die Toleranzzeit, wie zum Beispiel die Wiederkehr des Bewußtseins bei einem Einbruch in eisiges Wasser noch acht bis zwölf Minuten nach dem klinischen Tod beobachtet werden kann[16].

Daher muß eine Schätzung des Hirntodes zu vage bleiben. Um einen sicheren Anhaltspunkt für den Eintritt gewichtiger vermögens- und familienrechtlicher Folgen geben zu können, benötigt das Recht aber gerade hier einfach festzustellende und klar zu beweisende Zäsuren[17].

Andererseits stößt auch die Objektivierung des Gehirntodes auf so große praktische Schwierigkeiten, daß sie nicht zur Regel gemacht werden darf. Dem Arzt, der zum Sterbenden gerufen wird, stehen im allgemeinen weder die notwendigen Apparaturen noch das geschulte Personal zu einer Durchführung zur Verfügung.

Aber auch in den Fällen, in denen der Gehirntod tatsächlich durch ein EEG oder durch eine Angiographie objektiviert worden ist, sprechen gewichtige Argumente gegen eine Übernahme des Gehirntodes. Verständlich werden sie aus den Methoden der Hirntodfeststellung und aus dem Zweck,

---

[13] Vgl. dazu *Geilen*, in: FamRZ 1968, S. 124 f.

[14] Vgl. so den Vorschlag von *Hanack*, in: DÄ 1969, S. 1322.

[15] Die Gehirnzellen wandeln sich um in Nervenzellen, so daß das Höhersteigen der Organisation mit Verlusten erkauft werden muß. Vgl. dazu v. *Kress*, in: Handbuch der Allgemeinen Pathologie, 1. Bd., S. 208.

[16] Bei Absinken der Temperatur wird der Sauerstoffverbrauch eingeschränkt. Vgl. dazu *Pribilla*, in: DÄ 1968, S. 2257; v. *Kress*, Handbuch der Allgemeinen Pathologie, 1. Bd., S. 211.

[17] Vgl. *Geilen*, in: FamRZ 1968, S. 124.

der hinter ihnen steht, nämlich eine Entscheidungsgrundlage über den Abbruch der Reanimation oder über die Durchführung einer Transplantation zu gewinnen. Es steht der sicher eingetretene Zustand des Todes im Vordergrund und nicht die Feststellung des exakten Zeitpunktes des Überganges.

Zum anderen kann der Funktionsausfall des Gehirns nicht durch direkte, sondern nur durch indirekte Zeichen nachgewiesen werden. Die isoelektrische Stille im EEG ergibt sich, wenn die Energieausschöpfungskurve des Gehirns in den Bereich der erloschenen Erregbarkeit eintritt, wenn also die verfügbare Energie auf einem Niveau angelangt ist, auf dem die Funktion zwar erloschen, aber die Zellen noch solange lebensfähig sind, wie die Grenze des Strukturerhaltungsumsatzes nicht erreicht ist. Sie zeigt also eine Funktionsblockierung an, aus der erst nach einem längeren Zeitraum in Verbindung mit anderen Symptomen der Nachweis des Gehirntodes getroffen werden kann[18].

Und selbst wenn man theoretisch im EEG den Augenblick, zu dem die Energieausschöpfungskurve in den Bereich des Zelltodes eintritt, momentan erfassen könnte, wäre damit noch nicht der Zeitpunkt des Gehirntodes bestimmt. Denn mit dem EEG werden nur die Ströme der Hirnrinde gemessen. Es dürfte aber wiederum von der jeweiligen Zeitkonstante abhängen, bis auch die ausgedehnten Teile der Gehirnsubstanz zugrunde gegangen sind, so daß man vom irreversiblen Verlust der Gehirnfunktionen in ihrer Gesamtheit sprechen könnte[19].

Daraus kann gefolgert werden, daß der Gehirntod mit den heutigen Meßmethoden zeitlich exakt nicht objektivierbar ist[20]. Man kann nach einem EEG wie nach einer Angiographie nur sagen, daß wegen einer zerebralen Schädigung die Gehirnfunktion erloschen ist, aber keine Aussage darüber hinaus treffen. Diese Methode ist angemessen, um eine genügende Sicherheit für die Grenze der ärztlichen Pflicht zur Lebenserhaltung zu gewinnen, sie hat aber im Rahmen der Ordnungsfunktion für die Todeszeitfeststellung nur einen begrenzten Aussagewert. Denn der effektive Eintritt des Gehirntodes wird in dieser Erklärung, die erst nach einem Sicherheitsintervall abgegeben werden kann, nicht berücksichtigt[21].

Ein anschauliches Beispiel für diese Mängel findet sich bei *Geilen*[22] in einer Besprechung über die erste in Deutschland durchgeführte Lebertransplan-

---

[18] Vgl. zu den Meßmethoden *Wawersik,* in: Studium Generale 1970, S. 323 ff.

[19] Vgl. dazu v. *Kress,* in: Handbuch der Allgemeinen Pathologie, 1. Bd., S. 211 f. m. w. N.

[20] Vgl. auch *Mollaret,* in: MMW 1962, S. 1544.

[21] Vgl. zu den im einzelnen als notwendig vorgeschlagenen Zeitspannen: *Käufer—Penin,* in: DMW 1969, S. 682; *Spann—Kugler—Liebhardt,* in: MMW 1969, S. 2162; *Pribilla,* in: DÄ 1968, S. 2320 f.

[22] Vgl. *Geilen,* in: JZ 1971, S. 41.

tation. Er berichtet, daß man als Todeszeitpunkt des Organspenders den Zeitpunkt in der Sterbeurkunde ausgewiesen habe, der faktisch mit dem Zeitpunkt der Organentnahme identisch gewesen sei. Es kann aber angenommen werden, daß das Gehirn in diesem Augenblick seine Funktionen schon sicher verloren hatte, wahrscheinlich schon einige Stunden vorher, um jede Möglichkeit des Überlebens auszuschließen. Wann es aber tatsächlich abgestorben ist, bleibt nach der Erklärung offen. Eine solche Differenz zwischen dem tatsächlichen Todeseintritt und seiner Feststellung widerspricht aber den Bedürfnissen nach einer möglichst hohen Genauigkeit innerhalb der Ordnungsfunktion.

b) Ausfall von Kreislauf und Atmung

Daher bleibt zu überlegen, ob nicht dem Vorschlag von H. *Westermann*[23] zu folgen ist, den Rechtsbegriff „Ende des Lebens", soweit es lediglich auf eine spätere Feststellung des Todeszeitpunktes ankommt, wie bisher durch die Merkmale des klassischen Todesbegriffes zu definieren. „Der irreversible Verlust von Kreislauf und Atmung, verbunden mit dem Aufhören der Tätigkeit des Zentralnervensystems und gefolgt von dem Absterben aller Zellen und Gewebe des Organismus"[24], würde zum rechtlich fixierten und allein maßgebenden Ereignis aus dem Sterbeprozeß.

Eine solche Definitition sieht den Übergang zwischen der vollen Funktionstüchtigkeit des Organismus, der Reduzierung der einzelnen Funktionssysteme und dem endgültigen, irreversiblen Stillstand aller Lebensfunktionen als Einheit. Schon der Beginn des Sterbens symbolisiert das Ende des menschlichen Lebens, so daß es nicht notwendig wird, die einzelnen Phasen des Sterbens zu analysieren, eine von ihnen zu isolieren und in ihr den Tod des Menschen zu lokalisieren. Dieser Verzicht auf eine Differenzierung zwischen dem Partialüberleben des Organismus und dem Partialtod bestimmter Organe beinhaltet eine Vereinfachung der Todesfeststellung. Er erlaubt, in der rückschauenden Betrachtung an den Augenblick anzuknüpfen, in dem das Herz aufgehört hatte zu schlagen, die Atmung sistierte und die Koordination des organismischen Stoffwechsels zusammenbrach, in dem sich also der Tod des Menschen als unumstößliche Wirklichkeit angekündigt hatte. Der Todesbegriff, definiert durch den Ausfall von vitalen Funktionen, deren Vorhandensein an direkten äußeren Zeichen und ohne besondere medizinische Vorkenntnis nachgewiesen werden kann, gewinnt so den Vorteil klarer und greifbarer Zäsuren für sich.

---

[23] Vgl. *Westermann*, H., in: Fortschritte der Medizin, S. 89.

[24] *Hansen*, Gerichtliche Medizin, S. 10.

aa) Füllt man den Feststellungsbegriff vom Tode mit einem solchen Inhalt aus, dann lassen sich ohne Schwierigkeiten die weitaus häufigeren Sterbefälle, und zwar diejenigen nach einer progredienten Krankheit oder einem physiologischen Alterungsprozeß erfassen. Klinisch kommt es in der Regel nach einer längeren Periode der Kreislaufdepression, die therapeutisch nicht mehr beeinflußbar ist, zum Atem- und Herzstillstand. Wiederbelebungsmaßnahmen sind ausichtslos, so daß eine Herzmassage oder künstliche Beatmung beispielsweise nicht in Betracht kommt. Der Arzt kann dem weiteren Verlauf des Sterbens nur noch exspektativ gegenüberstehen. Daher hat der klassische Todesbegriff in diesen inkurablen Situationen noch nichts von seiner Bedeutung verloren[25].

bb) Ebenso besitzt bei einem akuten Sterben der Ausfall von Kreislauf und Atmung indiziellen Charakter für den Eintritt des Todes, wenn einem plötzlich auftretenden Herz- und Kreislaufversagen, wie bei einem koronaren Insult, nicht abgeholfen wurde. In der Ex-post-Analyse des Sterbens kann festgestellt werden, daß der Kausalverlauf gemäß der Absterbefolge der einzelnen Organe und Organbezirke untereinander ohne Unterbrechung zum absoluten biologischen Ende geführt hat. Gehirn, Herz, Leber, Lunge haben ihre Wiederbelebungszeit überschritten, ihre Funktionen sind irreversibel erloschen, und der endgültige Zerfall des Organismus ist eingetreten. Eine Diskussion über die Frage, ob die Irreversibilität des Sterbens schon im Augenblick des Ausfalls von Kreislauf und Atmung gegeben war, ist überflüssig, da sie sich im weiteren Verlauf des Sterbens eingestellt hatte.

cc) Schwierigkeiten, ex post eine Entscheidung über den Eintritt des Todes nach den Kriterien des klassischen Todesbegriffes zu gewinnen, treten in den Fällen auf, in denen der irreversible Ablauf des Sterbens durch eine ärztliche Maßnahme aufgehoben wurde und in denen deswegen zwischen dem Beginn des Sterbens und seinem absoluten Ende kein ununterbrochener Kausalzusammenhang festgestellt werden kann.

Der klassische Todesbegriff scheint daher seinen juristischen Definitionswert verloren zu haben, wenn durch eine direkte Traumatisierung des Gehirns infolge einer äußeren Gewalteinwirkung oder eines intracraniellen Druckanstieges der irreversible cerebrale Funktionsverlust eingetreten ist, aber Kreislauf und Atmung über diesen Augenblick intakt bleiben und künstlich unterstützt werden[26].

---

[25] Vgl. *Spann—Liebhardt,* in: MMW 1966, S. 1412.

[26] Die Möglichkeiten, den Gehirntod über längere Zeit durch eine Reanimation zu überwinden, sind klinisch begrenzt. Der biologische Tod tritt heute noch innerhalb dieser kürzeren Frist notwendig ein. Vgl. dazu *Käufer—Penin,* in: DMW 1968, S. 681.

Allein auf Grund des irreversiblen Erlöschens der Hirnfunktionen könnte der Tod des Menschen nicht festgestellt werden, so daß die Voraussetzungen für den Eintritt zivilrechtlicher Folgen auf dem Gebiet des Erb-, Familien- und Gesellschaftsrechts nicht vorlägen. Bis zum totalen Zusammenbruch von Kreislauf und Atmung oder bis zum Ausfall der eingesetzten Apparaturen, wie einer Herz-Lungen-Maschine, würde der Patient mit allen rechtlichen Konsequenzen weiterleben und könnte theoretisch nicht sterben[27]. Da auch für den Arzt keine Pflicht besteht, eine Reanimation abzubrechen, stände es in seinem Belieben, den Eintritt des Todes zu manipulieren und zur Sicherung der Erbfolge oder des Fortbestehens eines Rentenanspruchs eine bestimmte Rechtslage abzuwarten[28].

Ebenfalls bestehen in umgekehrter Richtung Bedenken, wenn zwar Kreislauf und Atmung irreversibel geschädigt sind, aber noch Hirnaktivitäten festgestellt werden können. Klinisch mag es heute noch nicht möglich sein, die sogenannten Funktionen über längere Zeit künstlich zu ersetzen[29], so daß trotz aller Bemühungen der Gehirntod und der biologische Tod eintreten müssen, jedoch soll eine solche Möglichkeit in die Erörterungen miteinbezogen werden. Von dem uns heute utopisch anmutenden, aber theoretisch nicht undenkbaren Fall, daß man das Gehirn zu isolieren und allein zu ernähren vermag, darf hier abgesehen werden. Die Frage, „ob das in einer Nährflüssigkeit still vor sich hin pulsierende Gehirn noch der lebende Mitmensch ist“[30], würde den Rahmen dieser Untersuchung sprengen[31].

Aber nur scheinbar tritt hier eine Differenz zwischen dem Ende des Schutzes des menschlichen Lebens und dem Ende der Rechtsfähigkeit des Menschen auf. Fragen, ob es möglich sei, daß einerseits der Mensch nicht mehr rechtsfähig ist, andererseits aber noch den Schutz der Rechtsordnung genießt und umgekehrt, verkennen die Voraussetzungen des klassischen Todesbegriffes. Haben Reanimationsmaßnahmen Erfolg, wenn etwa nach Unfällen die Herz- und Atemtätigkeit wieder spontan einsetzt oder apparativ unterstützt wird, kann nur derjenige vom Tod des Menschen sprechen,

---

[27] Vgl. *Spann—Liebhardt,* in: MMW 1966, S. 1412.

[28] Vgl. die Hinweise auf die zivilrechtliche Problematik bei *Bockelmann,* Strafrecht des Arztes, S. 114; *Hanack,* in: DÄ 1969, S. 1322—1326; *Stratenwerth,* in: Festschrift für *Engisch,* 1969, S. 544 m. w. N.

[29] Vgl. dazu *Käufer—Penin,* in: DMW 1968, S. 681, aber auch *Wawersik,* in: DÄ 1969, S. 1316.

[30] *Geilen,* in: FamRZ 1968, S. 127.

[31] Zur Lösung der Problematik wird man Überlegungen derart anstellen müssen, an welche Voraussetzungen die Rechtsfähigkeit geknüpft ist, welche Voraussetzungen insbesondere an die Fähigkeit gebunden sind, personenrechtliche Beziehungen einzugehen, ob etwa eine besondere Fähigkeit, die personenrechtliche Gemeinschaft ausfüllen und verwirklichen zu können, verlangt werden muß.

der das Merkmal der Irreversibilität innerhalb des klassischen Todesbegriffes außer acht läßt. Die bisherige Todesdefinition versagt hier keineswegs, allein die Umkehrbarkeit des Todes ist um einige weitere Anwendungsfälle bereichert worden. Gleiches gilt für den Ersatz der spontanen Lebensfunktionen durch Apparaturen. Denn es kommt nach dem klassischen Todesbegriff nicht auf die Selbständigkeit von Kreislauf und Atmung an. So redet keiner von einem Toten, wenn während einer Operation der Kreislauf und die Atmung des Patienten durch eine Herz-Lungen-Maschine ersetzt werden. Rechtlich gilt es eben zu beachten, daß als Folge des technischen Fortschritts jeder Stillstand von Kreislauf und Atmung aufgehoben werden kann und demnach zunächst als reversibel betrachtet werden muß.

Diese Überlegungen über die Reversibilität von Lebensfunktionen kommen dann nicht mehr zum Tragen, wenn in der Definition des Todesbegriffes vom sicher feststehenden Tod des Menschen ausgegangen wird. Der biologische Tod ist unumstößliche Tatsache, die Lebensfunktionen müssen einmal irreversibel erloschen sein. Aufgabe des Definierenden bleibt allein, ex post zu sagen, wann dieser zunächst reversible Stillstand irreversibel geworden ist, durch welches Ereignis das Sterben des Menschen ohne eine weitere Unterbrechung bis zum biologischen Tod verursacht worden ist.

Ohne Zweifel liegen daher bei einer erfolgreichen Reanimation, die das Sterben wenigstens für eine kurze Dauer aufgehoben hat, die Voraussetzungen des klassischen Todesbegriffes nicht vor. Andererseits erfüllt aber auch der Abbruch der Reanimation an der Grenze der ärztlichen Pflicht zur Lebenserhaltung, der mit Abschalten der Apparaturen das Sterben in seinem weiteren Verlauf irreversibel werden läßt, seine Voraussetzungen. Das Erlöschen der künstlichen Lebensfunktionen ist insoweit als rechtlich maßgebendes Ereignis anzusehen.

Mag ein solches Vorgehen in den geschilderten Grenzfällen künstliche und natürliche Funktionen gleichsetzen, so zieht es doch nur die Schlußfolgerung aus der Tatsache, daß vitale Lebensfunktionen des Menschen künstlich ersetzt werden können und so sein Leben für eine längere Zeit aufrechterhalten. Auf Grund der Vielfalt der klinischen Sterbesyndrome und Sterbetypen[33], bei denen ein „klinischer Tod" von einem „physiologischen Tod", ein „Individualtod" vom „biologischen Tod", ein „Partialtod" vom „totalen Tod", ein „Hirntod" vom „Herztod" unterschieden wird[34], ist es unmöglich, ein einziges natürliches äußeres Ereignis aus dem Sterben

[32] Vgl. dazu *Spann*, in: DZ Ger. Med. 1956, 1966, S. 29, sowie *Lüttger*, in: JR 1971, S. 310, mit ähnlichen Erwägungen auf strafrechtlichem Gebiet.

[33] Vgl. *Mollaret*, in: MMW 1962, S. 1545.

[34] Vgl. die Übersicht bei *Wawersik*, in: Studium Generale 1970, S. 319.

herauszugreifen und in ihm auf einfache Weise allgemeingültig den Tod des Menschen zu lokalisieren. Nur die innere Funktion, sei sie spontan oder sei sie apparativ ersetzt, die Lebenserscheinungen des Organismus insgesamt können nach den medizinisch-biologischen Erkenntnissen geeignet sein, leicht faßbar eine Aussage über das Leben und sein Ende zu machen. In der Praxis ist es daher notwendig, die Lebensprinzipien in ihren Erscheinungsformen zu erkennen und in ihrem irreversiblen Erlöschen den Beginn des Sterbens und die maßgebende Zäsur für den Tod des Menschen im rechtlichen Sinne zu sehen. Besondere Schwierigkeiten bestehen dabei nicht, da sich der Beginn des letzten Lebens- und Sterbeabschnittes mit dem Abschalten der künstlichen Lebensfunktionen ergibt, wen der Arzt an der Grenze seiner Pflicht zur Lebenserhaltung die Reanimation beendet.

3. Übernahme des klassischen Todesbegriffes

Zusammenfassend kann gesagt werden, daß die von H. *Westermann*[35] vorgeschlagene Aufspaltung des Todesbegriffes in einen Handlungsbegriff und in einen Feststellungsbegriff vom Tod geeignet ist, zu sachgerechten und praktikablen Lösungen zu führen. War es bei der Problematik der Grenzen der ärztlichen Pflicht zur Lebenserhaltung zwingend, menschliches Leben bis zum letzten denkbaren Augenblick zu schützen, so kommt es unter Ordnungsgesichtspunkten auf klare und einfach zu beweisende Zäsuren an. Und solche sind mit den Kriterien des klassischen Todesbegriffes gegeben, die in der Regel den Ausfall der spontanen Funktionen von Kreislauf und Atmung meinen und nur ausnahmsweise in Reanimationsfällen diesen apparativ übernommene Funktionen gleichstellen. Auf diese leicht faßbaren Merkmale würde aber der Jurist verzichten, wenn er ebenfalls in der ex-post-Bestimmung des Todeszeitpunktes den Todesbegriff durch den Gehirntod definieren würde. Nicht nur sind die Methoden der Hirntodfeststellung in zeitlicher Hinsicht zu ungenau, um einen sicheren Anhaltspunkt zu geben, auch der Mediziner sieht wegen der mit ihr verbundenen Schwierigkeiten in den meisten Fällen des Sterbens keine Notwendigkeit, den Gehirntod festzustellen[36].

Bedenken könnten sich allein aus der Tatsache ergeben, daß in Reanimationsfällen die Herbeiführung der Todeskriterien durch den Arzt manipuliert werden könnte[37]. Ein ausreichendes Regulativ stellt die Grenze der ärztlichen Pflicht zur Lebenserhaltung dar. Jede andere Annahme, etwa daß

---

[35] Vgl. *Westermann*, H., in: Fortschritte der Medizin, S. 89.

[36] Vgl. Stellungnahme in Chirurg 1968, S. 196 f.

[37] Vgl. mit diesen Bedenken *Stratenwerth*, in: Festschrift für *Engisch*, 1969, S. 544.

ein Arzt unnötigerweise nach dem Gehirntod vegetatives Leben aufrechterhält, wäre angesichts der praktischen Verhältnisse in unseren Krankenhäusern wirklichkeitsfremd. Aber auch bei einer Definition des Feststellungsbegriffes vom Tode durch den Gehirntod ist die faktische Lage nicht anders. Die Methoden der Hirntodfeststellung bergen einen so großen Spielraum, daß der Jurist in dieser Richtung vom medizinischen Sachverständigen abhängig bleibt[1].

Zusammenfassung

Werden und Vergehen des Menschen zeigen sich gegenüber früheren Jahren heute dem Blick des Juristen in einer verwirrenden Vielfalt von Erscheinungsformen. War die Geburt eines Kindes das einzig sicher greifbare Ereignis der menschlichen Entstehung, von dem die rechtliche Ordnung ausgehen konnte, so wissen wir heute um die physiologischen Prozesse bei der Befruchtung, ihre Voraussetzungen, ihre Dynamik, aber auch um ihre Manipulierbarkeit. War der klinische Tod das einzige „Atrium des Todes“ und der absolute Endpunkt des Lebens, so unterscheiden wir in der „vita reducta“ die verschiedensten Sterbesyndrome und Sterbetypen.

Um diese neue Wirklichkeit in ihrer Bedeutung für die Gemeinschaftsordnung zu begreifen, erfordern die zu regelnden Sachverhalte eine differenzierte Rechtsbehandlung und damit differenzierte und neue Rechtsbegriffe. Deswegen können die Begriffe „Beginn und Ende des Lebens“ nicht einfach aus der sie vorformulierenden Medizin in die Rechtswissenschaft übernommen werden, sondern haben einen Prozeß teleologischer Umformung zu erfahren, in dem der Bedingtheit ihrer Erkenntnisfunktion von ihrer jeweiligen Sollensfunktion Rechnung getragen wird. Der Jurist spricht angesichts dieser Besonderheit von der „Relativität der Rechtsbegriffe“, die die Begriffsinhalte aus dem besonderen Sinn der Rechtssätze, in welche sie hineingestellt sind, auf ihre Funktion und ihren größeren Zusammenhang bezieht.

So kommt die Elastizität des Rechtsbegriffes „Beginn des Lebens“ in den unterschiedlichen Grenzen zum Ausdruck, in denen jeweils das maßgebende Ereignis rechtlich fixiert wird.

Stand der Beginn des Lebensschutzes zur Diskussion, so konnte gesagt werden, daß der Schutz des vollentwickelten Lebens mit dem Beginn der Geburt, der als Beginn der Austreibungsperiode zu interpretieren war, einsetzte. Dagegen stand der Schutz des werdenden Lebens gegen Angriffe in

---

[1] Das Beispiel bei *Geilen*, in: JZ 1971, S. 41, dürfte die Behauptung von *Kallmann*, in: FamRZ 1969, S. 574, widerlegen, der Gehirntod sei nicht manipulierbar, also auch nicht der Zeitpunkt seiner Feststellung.

seine körperliche Integrität, konkretisiert im Rechtsbegriff „Leibesfrucht", im Spannungsfeld zwischen legitimen Interessen der Mutter und dem Recht des ungeborenen Kindes auf sein Dasein. Nach der Abwägung der einzelnen Gesichtspunkte, wie die erst allmählich sich vollziehende Ausprägung des Keimes, seine in den ersten Tagen und Wochen mehr potentielle als tatsächlich verfestigte Lebenschance einerseits, wie die Einsichten in die Notwendigkeit einer Familienplanung andererseits, wurde der Schutz des werdenden Lebens nicht schon von der Befruchtung an als in der Strafrechtsnorm verfestigt angesehen.

Die Fähigkeit des Menschen, Zuordnungssubjekt von Rechten und Pflichten zu sein, beginnt dagegen nach der gesetzlichen Entscheidung generell erst mit der Vollendung der Geburt. Sie ist mit der räumlichen Trennung von Mutter und Kind gegeben. Jedoch zeigte es sich, daß neben den Einzelvorschriften, in denen schutzwürdige Interessen des nasciturus berücksichtigt sind, weitere ungelöste Sachverhalte bestanden. Vor allem bei der Frage, ob das ungeborene Kind wegen einer Verletzung seiner Gesundheit und seines Körpers dem Schädiger gegenüber einen Anspruch erwirbt, wurde das Unbefriedigende der gesetzlichen Regelung gesehen. In Übereinstimmung mit der Literatur und Rechtsprechung wurde seine Schutzbedürftigkeit bejaht. Jedoch galt es, hinsichtlich der Begründung dieses Schutzes der besonderen Lebenssituation der Leibesfrucht gerecht zu werden. Um die Problematik entsprechend den Vorschriften des Deliktsrechts zu lösen, mußte der nasciturus selbst einen Anspruch wegen der Verletzung seines Lebensgutes „Gesundheit" erhalten, mußte er als „ein anderer" im Sinne des § 823 I BGB angesehen werden.

Der Rechtsbegriff „Ende des Lebens" durfte sich auf Grund der Fortschritte der Medizin in Reanimation und Transplantation nicht mit der bisherigen Definition begnügen. Es galt einmal, den Raum, in welchem der Mensch schutzwürdig und -bedürftig ist, abzustecken und die Grenzen der ärztlichen Pflicht zur Lebenserhaltung neu zu formulieren. Entsprechend der herrschenden Meinung muß vom Gehirntod ausgegangen werden, wenn der Tod die Grundlage einer Handlung oder Unterlassung sein soll, wie bei der Entscheidung, ob eine Reanimation beendet oder ein Organ dem menschlichen Körper entnommen werden darf. Denn mit dem irreversiblen Erlöschen der Gehirnfunktion ist eine klinisch im Grunde nicht mehr behebbare Disregulation der Organsysteme eingetreten, hat die menschliche Persönlichkeit mit dem Aufhören des Geistes ein Ende gefunden.

Andererseits war zu beachten, daß die Übernahme des Gehirntodes in alle Rechtsinstitute den Erfordernissen und Problemen der Rechtsanwendung widersprach. Seine Feststellung ist zu kompliziert, als daß er in der Praxis jedesmal objektiviert werden kann. Es mußte daher gefragt werden, ob nicht bei der nachträglichen Bestimmung des Todes, wie zum Beispiel bei der Erteilung eines Erbscheines, andere Gesichtspunkte zum Tragen kommen. Aus Gründen der Praktikabilität wird der Todesbegriff im Rahmen der Ordnungsfunktion durch die Kriterien des klassischen Todesbegriffes definiert, der in einer vereinfachenden Feststellung dem Juristen greifbare und leicht zu beweisende Zäsuren in die Hand gibt.

Mit dieser Aufspaltung des Todesbegriffes, die H. *Westermann* in seinem Handlungsbegriff vom Tode und seinem Feststellungsbegriff vom Tode vorgezeichnet hat, gelingt es, die Erkenntnisse der modernen Medizin ohne Schwierigkeiten und praktikabel in die Rechtswissenschaft zu übernehmen.

FSC
www.fsc.org
MIX
Papier | Fördert
gute Waldnutzung
FSC® C083411

Kolibri 360 GmbH
Ferdinand-Jühlke-Straße 7
99095 Erfurt, Deutschland
produktsicherheit@kolibri360.de